HANS LIETZMANN

# PETRUS UND PAULUS
## IN ROM

# PETRUS UND PAULUS
## IN ROM

LITURGISCHE UND ARCHÄOLOGISCHE STUDIEN

VON

## HANS LIETZMANN

MIT SECHS PLÄNEN

BONN
A. MARCUS UND E. WEBER'S VERLAG
1915

DER

EVANGELISCH-THEOLOGISCHEN FAKULTÄT
ZU BONN

ALS ZEICHEN EHRERBIETIGEN DANKES

FÜR DIE MIR AM 15 JUNI 1908 EHRENHALBER
VERLIEHENE
THEOLOGISCHE DOKTORWÜRDE

GEWIDMET

# VORWORT

Die Frage, ob die Apostel Petrus und Paulus wirklich zu Rom den Märtyrertod gestorben sind und in den von der katholischen Kirche bis auf den heutigen Tag feierlich verehrten Gräbern ruhen, ist jahrhundertelang vorwiegend unter konfessionellen Gesichtspunkten behandelt worden, derart, daß die negative Beantwortung der protestantischen Theologie ebenso eine Selbstverständlichkeit war, wie das Gegenteil den Katholiken. Mit dem Erstarken einer nach historischer Objektivität strebenden kirchengeschichtlichen Forschung ist zwar im allgemeinen die Leidenschaft geschwunden, die bei der Behandlung dieses Problems den Blick zu trüben pflegte, aber das Mißtrauen der Kritik gegen Traditionen der urchristlichen Zeit, gegen indirekte Schlüsse, und nicht zum wenigsten die Geringschätzung archäologischer Arbeit ließ nach wie vor ein Unmöglich oder höchstens Non liquet als die einzige wissenschaftlich zu rechtfertigende Antwort auf jene Frage erscheinen. Und doch führt gerade eine scharfe Kritik der Quellen, welche den liturgischen Traditionen, den apokryphen und legendären Erzählungen rücksichtslos zu Leibe geht und die sicheren Ergebnisse der Ausgrabungen am rechten Orte zu werten weiß, zu einem Ergebnis, welches der von allem Wust befreiten alten Lokaltradition zwar keine historische Gewißheit, aber doch recht hohe Wahrscheinlichkeit zuerkennen muß.

Das soll in diesem Buche gezeigt werden, und zwar in der Weise, daß ich meine Auffassung im Zusammenhang entwickele. So glaube ich zugleich am besten den Erörterungen anderer Gelehrter, die einen abweichenden Standpunkt vertreten — ich denke besonders an Männer wie Lipsius, Victor Schultze, Erbes — entgegentreten zu können. Polemik im Einzelnen ist übel angebracht und führt leicht zur Kleinlichkeit, wenn es sich um eine grundsätzlich verschiedene Einschätzung der Quellen handelt, oder um die Frage, was möglich oder wahrscheinlich ist. Nur durch positiven Vortrag meiner Ansicht darf ich da hoffen, Andersdenkende zu überzeugen: möglich, daß die neu zutage getretenen Tatsachen mich dabei unterstützen.

Der liturgische Teil des Buches war im Juli 1914 fertiggestellt: für den archäologischen hoffte ich im Herbst des Jahres in Rom weitere Studien machen zu können. — Es ist anders gekommen, und so muß ich jetzt vorlegen, was mit dem hier Erreichbaren in kargen Mußestunden zu erzielen war, in der Hoffnung, daß daraus die Anregung zu weiterem Forschen und Graben erwachsen möge. Eine photographische Probe des Codex Cassinensis (S. 48 ff.) habe ich heute durch G. Mercatis Güte erhalten. Die saubere Schrift ist jüngere Unziale, hat aber nicht die charakteristischen Merkmale der sicher um 750 geschriebenen Handschriften, so daß ich die Ansetzung um 700 für wahrscheinlicher halte als die von mir S. 50 und 64 ins Auge gefaßte Möglichkeit einer Datierung um 800. Freilich meint Bethmann (Archiv f. ältere deutsche Gesch. 1874, 540), die sicher dem Beginn des IX (so ist natürlich S. 50 Zeile 15 statt VIII zu lesen) Jahrhunderts angehörenden Fragmente aus Assisi würde man auf Grund der Schrift allein gern ins VIII Jahrhundert hinauf datieren: leider ist mir keine Schriftprobe erreichbar. Auch ist es bekannt, daß gerade liturgische Bücher gern in der Schrift archaisieren. Aber es wird mir überhaupt immer wahrscheinlicher, daß das Palimpsest in Monte Cassino ein Zeuge der „verderbten" Handschriften älterer Zeit ist. Dann bietet das Schicksal des Gregorianischen Sakramentars eine volle Parallele zu dem der Benediktinerregel.

Herr Rechtsanwalt Dr. E. Schamel aus Würzburg, der als Feldgrauer in Cambrai stand, hat seine Mußestunden dazu benutzt, eine photographische Kopie der S. 38 genannten Handschrift herzustellen und sie der Universität Jena zu schenken, wofür auch an dieser Stelle herzlich gedankt sei. Wir hoffen, den wertvollen Codex in Lichtdruck der gesamten Wissenschaft zugänglich zu machen. Durch A. Rattis freundliche Mitteilung habe ich im August d. J. erfahren, daß H. A. Wilson das Gregorianum unter Benutzung dieser Handschrift und der von Muratori herangezogenen im Juni 1915 ediert hat (The Gregorian Sacramentary under Charles the Great, London 1915, Henry Bradshaw Society vol. 49; es ist mir gelungen, das Buch zu erhalten) um dieselbe Zeit, als mir die Göttinger Gesellschaft der Wissenschaften die Mittel für den gleichen Zweck bewilligte. Leider hat sich Wilson damit begnügt, den Codex Reginae einfach abzudrucken und die beiden andern Zeugen am Rande zu kollationieren: jede weitere wissenschaftliche Bearbeitung, wie sie doch seine Ausgabe des Gelasianums bringt, ist unterlassen, vor allem aber das S. 39 entwickelte reizvolle textkritische Problem überhaupt nicht erkannt.

Es sind heute zehn Jahre verflossen, daß mein lieber Lehrer Hermann Usener von uns gegangen ist. Eine unverhoffte Freude war es mir, als ich sah, wie der bei diesen Untersuchungen eingeschlagene Weg zur Fortsetzung seiner eigenen Studien über das Weihnachtsfest einlud, und ich bin die Seitenpfade gern gegangen, denn sie führten mich im Geiste zurück in das abendliche Studierzimmer des greisen Meisters zu Bonn. Er hatte eine besondere Liebe zur altkirchlichen Liturgie, und er wußte sie auch in seinen Schülern zu erwecken. Aber diese Liebe wurzelte in einer tiefinnerlichen Ehrfurcht vor der Religiosität überhaupt in allen ihren Erscheinungsformen, auch den fremden und fremdartigen: und das ist wohl das Beste, was ich von dem großen Bonner Doktor der Theologie gelernt habe. Mit stählerner Pflugschar bricht der Weltkrieg im Acker unseres Volkes die Furchen auf: auch diesen Samen gilt es hineinzuwerfen!

Jena, am 21 Oktober 1915

D. Hans Lietzmann

## INHALT

I FILOKALUS der Hofbuchhändler des Damasus 1. Seine Angaben über Petrus und Paulus 2.

II NATALES EPISCOPORUM 3. Petri Stuhlfeier 3. Seit wann werden natales episcoporum in Rom gefeiert? 4. Übersichtstafel 7. Beginn der Notierungen im III Jahrhundert. Fabians Reform 10. Petri Stuhlfeier um 300 entstanden 12.

III DIE ÄLTESTEN PAPSTLISTEN 13. Seit wann werden die Regierungsjahre der Päpste notiert? 13. Epiphanius und seine Quellen 14. Hegesipp 18. Hippolyt. Iulius Africanus 19.

IV DER RÖMISCHE FESTKALENDER 19. Das doppelte Datum der Stuhlfeier Petri 19. Die römischen Sakramentarien: Leonianum 21: seine Datierung 23. Gelasianum 24: älteste Form in V, während RS an das Gregorianum angleichen 25. Gregorianum 33: Direkte Abschriften. Alkvins Ausgabe 34. Das Aachener Urexemplar 38. Überarbeitete Handschriften 39. Der Codex Eligii des Menardus 40. Das Palimpsest von Monte Cassino 48. Das Gregorianische Antiphonar und Lektionar 50. Außerrömische Quellen der abendländischen Liturgie 52. Der römische Festkalender des IV—VIII Jahrhunderts verglichen mit den außerrömischen Kalendern: Übersichtstafel 54.

V DIE HEILIGENREIHE DES CANON MISSAE enthält die ältesten Hauptheiligenfeste 62. Zusätze des VI Jahrhunderts 65. Der Mailänder Kanon hat eine ältere Form 66. Die Urform 68.

VI PETRI STUHLFEIER 70. Der 18 Januar ist gallikanischen Ursprungs 71. In Rom wird seit dem V Jahrhundert Petri Stuhlfeier nicht mehr begangen 72. Im IX Jahrhundert kehrt sie aus dem Frankenreich nach Rom zurück 74.

## INHALT

VII EPIPHANIE IN ROM 75: ursprünglich als Geburtsfest Christi gefeiert 75. Warum fehlt das Fest bei Filokalus? 79.

VIII DER 29 JUNI 258: der ursprüngliche Text des Filokalus 81. Translationsdaten bei Filokalus: Parthenius und Calocerus 84. Bassilla 87. Der 29 Juni 258 bezeichnet die Überführung in die Katakomben 89. Vorher gab es noch kein Petrusfest 90. Vor 200 keine liturgischen Märtyrerfeiern in Rom. Ianuarius 90.

IX DIE BEGLEITFESTE DER WEIHNACHT 92. Das morgenländische Peter-Paulsfest am 28 Dezember 92. Der morgenländische Weihnachtsfestkreis 93: sein Prinzip 95. S. Stefani 96. SS. Iacobi et Iohannis 98. SS. Petri et Pauli 99. Umstellungen 99. Übernahme durch das Abendland 100. SS. Innocentium im Abendland an die Stelle des Peter-Paulsfestes gesetzt 103. Omnium Apostolorum 105.

X DIE APOSTELGRUFT AD CATACUMBAS 106. Die Damasusinschrift 107. Die Basilica ad Catacumbas 109. Die Platonia als Quirinusmausoleum erbaut 111. Mittelalterliche Nachrichten über die Apostelgruft unter der Kirche 113. Die Entdeckung der Apostelgruft durch P. Styger 116.

XI DIE APOKRYPHEN APOSTELAKTEN UND DER LIBER PONTIFICALIS 121. Ortsangaben der Akten 122. Die Legende vom Leichenraub 123: entstanden im v Jahrhundert 124. Ortsangaben des Liber pontificalis 125. Die Terebinthe des Nero 128. Die via Cornelia 130.

XII LUCINA 131: in der Vita und Passio Cornelii 132. Passio Marcelli 133. Acta S. Anthimi et sociorum 134. Acta S. Sebastiani 136. Acta SS. Processi et Martiniani 138. Wer war Lucina? 139.

XIII DIE PETERSKIRCHE 140. Bau unter Konstantin 141. Ausgrabungen 1615 an der Confessio 142. Ausgrabungen 1626 für das Tabernakel 144. Grabmal des Agricola 149. Ergebnis: das Petrusgrab liegt auf einem heidnischen Friedhof 151. Das Grab ist älter als die Kirche 153. Das Zeugnis des Gaius 155.

XIV DIE PAULSKIRCHE durch die drei Kaiser erbaut 157. Die Säuleninschrift 159. Die ältere Paulskirche 161. Grabungen an der via Ostiensis 162. Ausgrabungen bei der Confessio 163. Die Grabstelle ist älter als die Kirche 164.

XV Das Alter der Apostelgräber 165. Das Vorhandensein der Gräber ein dogmatisch-praktisches Postulat des II Jahrhunderts 166. Klemens von Rom über Petrus und Paulus 167. Weitere Zeugnisse für den Aufenthalt Petri in Rom 170. Schicksale des Paulus: der Schluß der Apostelgeschichte 171. Die spanische Reise 175. Der Ortsbefund der Gräber spricht für ihre Echtheit 176.

Anhang

I Zur Papstchronologie 178.

II S. Sebastiano 180. Plan 1 der Gesamtanlage 181. Plan 2 der Ausgrabungen von 1915 183.

III Die Peterskirche 184. Plan 3 des Benedikt Drei bei S. 184 Plan 4 der alten und neuen Peterskirche bei S. 185. Bericht Grimaldis über den Zustand der alten Kirche 184.

IV Die Paulskirche 186. Plan 5 der Lage an den Straßen 187. Plan 6 der ältesten Basilika 188. De Rossis Bericht über die Säuleninschrift 186.

# I

Den Ausgangspunkt der kritischen Untersuchung muß der Kalender für die Stadt Rom bilden, den Furius Dionysius Filocalus im Jahre 354 herausgegeben hat und der uns, seinem Hauptteil nach in zwei jungen Kopien einer alten Handschrift erhalten, in zwei Ausgaben Mommsens [1] vorliegt. Filocalus scheint auch der Erfinder der eigentümlich stilisierten Buchstabenformen der von Papst Damasus gestifteten Inschriften zu sein, da er an den Rand des Epigramms nr. 18 (Ihm) gemeißelt hat: *Furius Dionysius Filocalus scribsit, Damasi papae cultor atque amator.* Auf dem Titelblatt des Kalenders sagt er von sich: *Furius Dionysius Filocalus titulavit*; wir werden in ihm also, wenn nicht den Redaktor, so doch den Verleger des Werkes zu sehen haben, der in engen Beziehungen zum päpstlichen Hofe stand, der als Meister künstlerischer Schriftformen und eleganter Buchausstattung geschätzt wurde. So wird er dem bischöflichen Sekretariat auch die quellenmäßigen Unterlagen für die kirchlichen Angaben seines Kalenders zu verdanken haben.

Kirchengeschichtlich bedeutsam sind in diesem Werke für uns drei Stücke: die *Depositio episcoporum* [2], welche mit dem 27 Dezember beginnend, nach der Reihenfolge des Kalenders geordnet, die *dies depositionis,* die Tage der Beisetzung und damit, weil das Begräbnis sofort nach festgestelltem Tode zu

---

[1] Abh. d. sächs. Gesellsch. d. Wissensch. phil.-hist. Classe. Bd. I (1850) S. 549 ff. und in den Monum. Germ. Auctores Antiquissimi IX (= Chronica minora I) 13 ff.

[2] Mommsen Abh. S. 631 Chron. S. 70 Duchesne Liber pontificalis I S. 10; auch bei Lietzmann Kleine Texte n. 2 S. 2.

erfolgen pflegte, die Todestage von zehn [1] römischen Bischöfen von Lucius († 254) bis Silvester († 335) bucht. Am Ende folgen außer der Reihe der 7 Oktober als Todestag des Marcus († 336) und der 12 April als Todestag des Julius († 352). Daraus ergibt sich die Entstehung der Liste im Jahre 336: sie ist dann bis zur Regierungszeit des Liberius jeweils durch Nachtrag vervollständigt worden.

Die *Depositio martyrum* [2] bringt ein Verzeichnis nicht nur der Märtyrertage, sondern auch der übrigen unbeweglichen Feste: das Kirchenjahr beginnt[3] mit dem Weihnachtsfest am 25 Dezember, und diesen Anfang hatte es, wie aus der Reihenfolge der Tage in der *Depositio episcoporum* zu ersehen ist, schon im Jahre 336.

Der *Catalogus Liberianus* [4] gibt eine ausführliche Papstliste von Petrus bis Liberius mit reichlicheren Notizen über Amtsdauer und besondere Begebenheiten der Regierung der Päpste: aus ihm ist der *Liber pontificalis* des VI Jahrhunderts erwachsen.

Nicht in Betracht kommt für uns die Angabe des *Catalogus* über Petrus:

*Petrus ann. XXV, mense uno, diebus VIIII. Fuit temporibus Tiberii Caesaris et Gai et Tiberi Claudi et Neronis, a consulatu Minuci* [lies *Vinici*] *et Longini [30] usque Nerone et Vero* [lies *Vetere 55*]. *Passus autem cum Paulo die III Kl. Iulias, consulibus suprascriptis, imperante Nerone.*

Daß sie in ihren Angaben historisch völlig wertlos ist, darf als allerseits zugestanden gelten: die Zahlen über die Re-

---

1 Es fehlt Marcellus; hierüber s. Mommsen Liber pont. S. LIII. Xystus († 258) und der ältere Fabian († 250) stehen in der Liste der Märtyrer.

2 Mommsen Abh. S. 631 Chron. S. 71 Duchesne S. 11 Lietzmann S. 3.

3 Darüber vgl. H. Usener Weihnachtsfest I² S. 375 ff.

4 Mommsen Abh. S. 634 Chron. S. 73 Duchesne S. 1—9. In Mommsens Ausgabe des Liber pontificalis I (Mon. Germ.) ist der Biographie jedes Papstes der Text des *Catal. Liberianus* und der *Dep. episc.* beigedruckt. Auch Harnack Chronologie I 144 ff. druckt den Catalogus ab.

gierungszeiten der ersten römischen Bischöfe sind unbrauchbar, wie u. a. bei Duchesne S. CCXLVI ff. und Eduard Schwartz in der Vorrede zu Eusebs Kirchengeschichte (Bd. III S. CCXXVIII ff. vgl. S. 6 f.) nachgewiesen ist. Lehrreich ist an dieser Notiz für uns lediglich die Tatsache, daß der uns vorliegende Text des Kalenders von entstellenden Fehlern nicht frei ist.

Dagegen bietet die *Depositio martyrum* zum 29 Juni die unbedingt wertvolle Bemerkung:

*III. Kal. Iul. Petri in Catacumbas
et Pauli Ostense Tusco et Basso cons.* [258],

sowie zum 22 Februar die Notiz

*VIII Kal. Martias natale Petri de cathedra.*

Beide Angaben bedürfen einer sorgfältigen Untersuchung, um richtig verstanden und historisch gewürdigt werden zu können.

II

Beginnen wir mit **Petri Stuhlfeier** am 22 Februar. Sprachlich ist *natale de cathedra* so zu interpretieren wie die Überschriften im Sacramentarium Gelasianum[1] *in natali S. Agnetis de passione sua* und *item in natali eiusdem de nativitate*. Das *de* ist gebraucht, um den doppelten Genitiv zu vermeiden; statt „Gedächtnistag der Cathedra des Petrus" sagt man lieber „Gedächtnistag des Petrus von seiner Cathedra". *Natalis* oder *natale* ist längst schon nicht nur der Geburtstag, obwohl auch diese Bedeutung noch durchaus geläufig ist, sondern bezeichnet einfach jeden Gedächtnistag. Die *natales Caesarum*, deren Liste der Filocalianische Kalender an anderer Stelle[2] gibt, sind freilich Geburtstage, der *natalis Virgilii* im Kalender des Polemius Silvius[3] von 449 soll des Dichters Ge-

---

[1] Ausgabe von Wilson (1894) S. 164 f.
[2] Corp. Inscr. Lat. I, 1 2. Aufl. S. 255.
[3] Ebenda S. 275: *II Id. Octob:* vgl. aber die Donat-Suetonvita bei E. Diehl Die Vitae Vergilianae S. 8₆ *id. Octobr.*

burtstag sein, aber der *natalis Constantini* am *VIII. Kal. Aug.*
(25 Juli) bei Silvius ist der Tag des Regierungsantrittes Constantins I (306), und die Notiz *X Kal. Nov. natalis Valentiniani purpurae* bezeichnet dieselbe Feier für Valentinian III (23 Okt. 425), den damals regierenden Kaiser.

Nun haben die römischen Bischöfe gleichfalls die Gewohnheit gehabt, den Tag ihres Amtsantrittes festlich zu begehen. Von Leo I sind uns fünf Predigten erhalten [1], die er an seinen eigenen *natales* gehalten hat. Die alten Sakramentarien [2] haben uns eine Reihe alter Meßgebete *in natale episcoporum* erhalten, welche klärlich zeigen, daß sie vom amtierenden Bischof am Gedächtnistag seines Regierungsantrittes [3] gesprochen wurden. Daß diese Tage gleichfalls in die kirchlichen Kalender eingetragen wurden, hat Duchesne in seiner Vorrede zum Martyrologium Hieronymianum [4] betont.

Auch der Catalogus Liberianus notiert die Tage des bischöflichen Amtsantrittes, und zwar regelmäßig erst seit Gaius (282): A. Jülicher hat die historische Zuverlässigkeit dieser Tagesdaten glänzend nachgewiesen [5] und gezeigt, daß man mit ihrer Hilfe die Fehler in den Jahresangaben des Catalogus beseitigen kann. Daß es alter Brauch sei, die Bischofsweihe am Sonntag vorzunehmen, wissen wir u. a. durch Leo den Großen (epist. 6, 6. 9, 1): es zeigt sich, daß alle angegebenen Ordinationsdaten des Catalogus tatsächlich auf einen Sonntag fallen, sobald wir die vor Silvester liegenden Jahresangaben in derselben Richtung um eine Einheit verschieben. Nur bei Dionysius ist

---

1 Leo opera ed. Ballerini sermo 1—5 t. I p. 7 ff.

2 Vgl. das Leonianum in Leo opera ed. Ballerini t. II p. 114 ff., Feltoe p. 123 ff. Gelasianum I n. 100 f. (ed Wilson p. 153).

3 z. B. Leon. p. 114 Ball. orat. I *ut in me, quem ad sacerdotale ministerium .. promovisti, tua dona persequendo perficias; .. Haec namque gloriae pontificalis erit vera festivitas* .... usw.

4 Acta Sanct. Novemb. tom. II p. [L].

5 bei C. Mirbt Quellen zur Geschichte d. Papsttums [3] S. 482 f.

ein weiterer Fehler anzunehmen, da hier die Jahreszahl in umgekehrter Richtung verschoben werden muß, um einen Sonntag als Ordinationstag zu finden.

Für die Überlieferung des Catalogus Liberianus ist es lehrreich, daß eine falsche Tagesangabe gerade bei Liberius sich findet: *ex die XI Kal. Iun.* ist unrichtig, denn der 22 Mai 352 ist ein Freitag. Das Martyrologium Hieronymianum gibt, wie Duchesne [1] gesehen hat, das richtige Datum [2] *XVI Kal. Iun.*: der 17 Mai 352 ist ein Sonntag. Dieser Fehler stand natürlich nicht im Original, denn Filocalus kannte den Festtag des damals regierenden Bischofs selbstverständlich; erst spätere Abschreiber haben *XVI* zu *XI* werden lassen. Weit vor dieser Reihe steht im Zusammenhang der vita des Pontianus der Ordinationstag des Anteros: auch dieser ist mit einem Fehler behaftet. Es heißt von Pontian *discinctus est* (d. h. er legte sein Amt nieder) *IIII Kl. Octobr. et loco eius ordinatus est Anteros XI Kl. Dec. consulibus suprascriptis* (d. h. 235). Der 21 Nov. 235 ist ein Sonnabend, was natürlich den Verdacht nahelegt, daß auch hier ein Sonntag gemeint sei. Aber durch einfache Verschiebung auf ein benachbartes Jahr ist der Fehler nicht zu beheben, da der 21 Nov. 234 auf Freitag, der 21 Nov. 236 als im Schaltjahr um zwei Tage weiter auf Montag springt. So muß der Fehler im Tagesdatum liegen: am nächsten liegt die Korrektur [3] von *XI Kl. Dec.* in *X Kl. Dec.*, denn der 22 Nov. 235 ist ein Sonntag.

---

1 Lib. pont. I p. CCL.
2 Mart. Hier. ed. de Rossi-Duchesne p. [62] *depositio Liberi episcopi*, was auf einem naheliegenden Mißverständnis beruht: die Quelle hatte *natalis Liberi episcopi*, der Redaktor interpretierte *natalis* als „Todestag", was es ja auch heißt, statt als „Tag des Amtsantrittes".
3 Als Todestag ist der 3 Jan. sicher, auch durch das Mart. Hier. bestätigt: die Fristzahlen sind verschieden überliefert: *m. I d. X* führt auf den 24 Nov., der aber nur 233 Sonntag war; *m. I d. XII*, was man aus dem Lib. Pont. und dem „Index" herauslesen kann, bringt den 22 Nov. vgl. Anhang I.

## II Natales episcoporum

Da es für unsere Untersuchung von Wert ist, zu bestimmen, wann die Sitte aufkam, den *dies natalis* des Papstes festlich zu begehen, so ist ein näheres Eingehen auf die Angaben des Catalogus und der ihm nahestehenden Quellen unerläßlich. Wir haben, wie bereits bemerkt, im Filocalianischen Kalender eine Liste der Todestage der Päpste von Lucius († 254) bis Julius († 352), die *Depositio episcoporum* und die *Depositio martyrum*, welche u. a. die Todestage des Fabianus († 250) und Xystus († 258) mitteilt. Diese Listen sind unabhängig vom Catalogus: sie bringen uns die Todesdaten des Stephanus, Felix und Marcellinus und variieren gelegentlich im einzelnen. Aber auch der Catalogus hat diese Quellen nicht benutzt, sonst hätte er ihnen die ihm fehlenden Notizen entnommen. Sodann ist uns in zahlreichen Handschriften ein um 500 entstandenes Papstverzeichnis erhalten, welches zu jedem Namen Jahre, Monate und Tage der Amtsdauer hinzufügt: Mommsen hat es zuletzt kritisch herausgegeben [1] und ihm den Namen des „Index" beigelegt. Aus ihm schöpft der Liber pontificalis vornehmlich seine Angaben über die Regierungszeit der Päpste. Der Catalogus Liberianus bringt nun von Anteros ab, wenn auch unregelmäßig, die Daten des Amtsantrittes und des Todes der einzelnen Päpste, sowie gleichfalls die Angabe der Amtsdauer. Die auf S. 7 folgende Tabelle stellt nebeneinander: die nach Möglichkeit richtiggestellten Daten des Catalogus, die danach berechnete tatsächliche Amtsdauer, die Angaben über die Amtsdauer, welche der Catalogus und welche der Index (oder, wenn er von ihm abweicht, auch der Liber pontificalis) macht.

Als erste auffällige Tatsache ergibt sich, daß die Amtsdauerzahlen des Catalogus nicht aus den Ordinations- und Todesdaten desselben Buches stammen. Sonst wären die Differenzen — es kommt hier weniger auf die Jahre, als auf Monate und Tage an — bei Nr. 2, 8, 14, 18 unmöglich. Man kann sie nicht einfach als Kopistenfehler betrachten, denn in Nr. 8 hat

---
[1] Lib. pont. I p. XXXIII ff.

## Übersichtstafel

|  | Wahre Dauer J. M. T. | Catalogus | Index (Liber pontificalis) |
|---|---|---|---|
| 1. Pontianus dankt ab 28 Sept. 235 | | | |
| 2. Anteros 22 (21) Nov. 235 — 3 Jan. 236 | 0. 1. 12 | 0. 1. 10 | 12. 1. 12 |
| 3. Fabianus [*10 Jan.*] 236 — 20 Jan.[1] 250 | 14. 0. 10 | 14. 1. 10 | 14. 2. 11 (14. 11. 11) |
| 4. Cornelius[2] 251 — *253* (252) | 2. —. — | 2. 3. 10 | 2. 2. 3 |
| 5. Lucius 253 (252) — 5 März *254* (255) | 1. —. — | 3. 8. 10 | 3. 3. 3 |
| 6. Stephanus 254 (253) — *2 Aug.*[3] 256? (255) | 2. —. — | 4. 2. 21 | 6. 5. 2 |
| 7. Xystus [*14 Sept.*] 256 — 6 Aug. 258 | 1. 10. 23 | 2. 11. 6 | 1. 10. 23 |
| 8. Dionysius 22 Juli *260* (259) — 26 Dez.[4] *267* (268) | 7. 5. 4 | 8. 2. 4 | 6. 2. 4 |
| 9. Felix [*5 Jan.*] *268* (269) — 30 Dez.[3] 273 (274) | 5. 11. 25 | 5. 11. 25 | 4. 3. 25 |
| 10. Eutychianus [*4 Jan.*] *274* (275) — 7 Dez.[5] *282* (283) | 8. 11. 3 | 8. 11. 3 | 1. 1. 1 |
| 11. Gaius 17 Dez. *282* (283) — 22 Apr. *295* (296) | 12. 4. 5 | 12. 4. 7 | 11. 4. 12 |
| 12. Marcellinus 30 Juni *295* (296) 15 Jan.[3] 304 | 8. 6. 15 | 8. 3. 25 | 9. 4. 16 |
| 13. Marcellus (308) — (309)? | —. —. — | 1. 7. 20 | fehlt (5. 7. 21) |
| 14. Eusebius 18 Apr. *308* — 17 Aug. 308[6] | 0. 3. 29 | 0. 4. 16 | 6. 1. 3 |
| 15. Miltiades 2 Juli *310* (311) — *10* (11) Jan.[7] 314 | 3. 6. 8 | 3. 6. 8 | 4. 0. 0 (4. 7. 8) |
| 16. Silvester 31 Jan. 314 — *31 Dez.*[8] (1 Jan.) 335 | 21. 11. 0 | 21. 11. 0 | 23. 10. 11 |
| 17. Marcus 18 Jan. 336 — 7 Okt. 336 | 0. 8. 19 | 0. 8. 20 | 2. 0. 20 (2. 8. 20) |
| 18. Julius 6 Febr. 337 — 12 Apr. 352 | 15. 2. 6 | 15. 1. 11 | 15. 2. 7 |

*Kursiv* gedruckte Daten sind Korrekturen der in ( ) dahinter notierten Überlieferung: was in [ ] steht, ist ohne direkte Überlieferung erschlossen. [1] 20 Jan. Dep. Mart. und Mart. Hier., 21 Jan. Catal. ist wohl nur ein Fehler der Handschrift. [2] fehlt in der Dep. episc. [3] Das Datum gibt die Dep. episc. [4] 27 Dez. die Dep. episc., aber den 26 Dez. bestätigt das Mart. Hier. [5] 8 Dez. Dep. episc. Mart. Hier. [6] 26 Sept. Dep. episc. Mart. Hier. Ein Jahr nennt der Catalogus überhaupt nicht. [7] 10 Jan. ist statt 11 Jan. nach Dep. episc. zu verbessern: dann stimmt auch die Fristangabe des Catalogus. [8] Die Handschriften des Catalogus haben 1 Jan.: aber hier ist ein Schreibfehler sicher, weil die Konsuln des Jahres 335 angegeben werden. Die Dep. episc. hat richtig *pridie Kal. Ian.*

der, wie sich gleich zeigen wird, vom Catalogus unabhängige Index die gleiche widersprechende Monatsangabe. Bei Nr. 11 ist bezeichnenderweise anders wie sonst gerechnet: der Terminus a quo ist mitgezählt. Vor allem aber werden für Nr. 3—7. 9. 10 Fristzahlen geboten, während die Antrittsdaten fehlen. Daß der Index vom Catalogus unabhängig ist, zeigt ein einfacher Blick auf die fast in allem auseinandergehenden Zahlenreihen, insbesondere aber der Umstand, daß er in Nr. 18 den Tagesdaten des Catalogus (bei Einrechnung des Terminus a quo) entspricht, in Nr. 12 vollends dem überhaupt erst durch Kombination zu gewinnenden Tatbestand sich in ganz eigenartiger Weise nähert, wiederum mit Anrechnung des Terminus a quo.

Prüfen wir nun den historischen Wert dieser beiden Listen, so empfiehlt es sich, von rückwärts zu beginnen, da die späteren Daten des Catalogus die sichereren sind. Bei Nr. 18 dürfen wir die Tages- und Jahresdaten des Catalogus als unbedingt richtig ansehen: zu ihnen stimmt die Fristangabe des Index, während die Frist des Catalogus (15 J. 1 M. 11 T.) auf den 1 März 337, einen Dienstag, als Ordinationstermin führen würde — was unmöglich ist: vielleicht ist *m. II d. VI* statt *m. I d. XI* zu korrigieren? Für Nr. 17. 16. 15 stimmt die Fristangabe des Catalogus mit den tatsächlichen Daten derselben Quelle [1], während der Index allem Anschein nach dieselbe Überlieferung gekannt, aber entstellt hat: bei Nr. 15 und 17 wird vermutlich der verderbte Text des Index aus dem Liber pontificalis zu verbessern sein. Bei Nr. 14 Eusebius ist der Ordinationstag 18 April 308 als Sonntag festgelegt: ob

---

[1] Es ist nicht überflüssig, anzumerken, wie diese Fristen zu zählen sind, und Nr. 17 ist infolge der Übereinstimmung aller Daten ein gutes Muster. Vom *XV Kal. Febr.* als dem Ordinationstag bis zum *XV Kal. Oct.* (= 17 Sept.) sind 8 Monate; vom 18 Sept. bis 7 Oktober sind 20 Tage. Die volle Zahl der Monate wird nicht schon am *XIV Kal. Oct.* (= 16 Sept.) erreicht. Wer also z. B. *Kal. Ian.* antritt und *Kal. Febr.* stirbt, hat 1 Monat, nicht 1 Monat und 1 Tag regiert vgl. Nr. 16; doch kommt auch diese letzte, den Anfangstag voll zählende Rechnungsweise vor. Näheres darüber in Anhang I.

nun der Todestag der 17 August oder der 26 September war, die Fristzahlen des Catalogus sowohl wie des Index zeigen keine Spur von Kenntnis der richtigen Daten. Die Unsicherheit bei Nr. 13 ist nicht verwunderlich; um so auffälliger dagegen, daß bei Nr. 12 der Index augenscheinlich auf das richtige Tagesdatum zurückgeht, wenn auch die Jahres- und Monatszahl entstellt ist, während die Liste des Catalogus Monat und Tag falsch angibt. Bei Nr. 11 Gaius hat der Catalogus die richtige Frist, der Index scheint entstellt zu sein. Bei Nr. 10 hat der Catalogus sehr wahrscheinlich die richtige Fristzahl, da 8 J. 11 M. 3 T. auf einen Sonntag, den 4 Jan. 274 als Ordinationstag des Eutychian führen: der Index hat offenbar keine Überlieferung vor sich gehabt und willkürliche Zahlen erfunden. Auch bei Felix (Nr. 9) führt die Fristangabe des Catalogus auf einen Sonntag, den 5 Jan. 268 als Ordinationstag: das ist um so höher anzuschlagen, als der Text des Catalogus auch den Todestag nicht nennt: wir kennen ihn nur durch die Depos. episcoporum und das Martyrologium Hieronymianum. Hier scheint auch der Index eine Tradition vor sich gehabt zu haben, da er die Zahl der Tage richtig angibt; aber Jahre und Monate sind entstellt. Für Nr. 8 geben Catalogus und Index gemeinsam die Fristzahl der Tage richtig, die der Monate falsch an: bei 2 M. 4 T. käme der 22 Oktober als Ordinationstag heraus, der in den Jahren 258—262 nicht auf einen Sonntag gefallen ist: der 26 Dezember als Todesdatum ist unverrückbar; also hat der Text des Catalogus Recht gegenüber beiden Listen. Die Zahlen der Jahre stimmen bei beiden weder zur vermutlich wahren Dauer des Pontifikats noch zu den im Text überlieferten Konsulatsjahren. Der Tod des Xystus (Nr. 7) am 6 Aug. 258 gehört zu den unbedingt sicheren Daten der Papstgeschichte: das Tagesdatum melden übereinstimmend der Catalogus, die Dep. mart., das Mart. Hier.; dieses und das Jahr bestätigt epist. 80, 1 des am 14 Sept. 258 enthaupteten Cyprian, wo es heißt *Xistum autem in cimiterio animadversum sciatis VIII id. Aug. die et cum eo diacones quattuor.* Berechnet man nach

## II Natales episcoporum

der Fristzahl des Catalogus (2 J. 11 M. 6 T.) den Ordinationstag, so erhält man den 31 August 255, einen Freitag; die Annahme eines Fehlers in der Jahreszahl führt uns auf Sonntag, den 31 August 256: dann hätten wir den Tod des Vorgängers, Stephanus, auf den 2 August 256 anzusetzen, was nicht unmöglich erscheint. Für das Jahr 256 als Antrittsdatum des Xystus kann man außerdem geltend machen, daß es der überlieferten Konsulatsangabe entspricht. Nehmen wir dagegen die Zahl des Index 10 M. 23 T., so ergibt sie Sonntag den 14 Sept. 256 als Ordinationstag, wozu auch die Jahresfrist 1 J. des Index stimmt: Größere Wahrscheinlichkeit ist hier nicht zu erzielen. Für Nr. 6 Stephanus ergeben unsere beiden Listen kein brauchbares Datum: weder der 12 oder 13 Mai noch der aus dem Index resultierende letzte Februartag fallen in 254 und nächster Umgebung auf einen Sonntag. Bei Lucius (Nr. 5) ergäbe sich aus den 8 M. 10 T. des Catalogus Sonntag der 26 Juni 253 bei Einrechnung des Terminus a quo als Ordinationstag. Für Cornelius (Nr. 4) nennt uns keine Quelle den Todestag: es ist also nicht möglich, die Fristzahlen zu kontrollieren. Nimmt man bei Fabian (Nr. 3) die Tageszahl des Catalogus als richtig überliefert an, so ergibt sich Sonntag der 10 Jan. 236 als wahrscheinliches Datum des Amtsantrittes: die Monatszahl wird in beiden Quellen entstellt sein. Von Anteros (Nr. 1) ist bereits vorhin gesprochen.

Das für unseren Hauptzweck in Betracht kommende Resultat ist also folgendes: dem Verfasser des Liberianischen Catalogs waren die Ordinationstage der Päpste bis 282 lückenlos[1] bekannt: aus früherer Zeit konnte er nur noch die beiden Daten für Dionysius und Anteros ermitteln. Aber die Listen der Amtsdauer im Catalogus und im Index belehren uns trotz ihrer starken Verderbnisse, daß anderweitig die Reihe der Daten bis Anteros, wenn auch durchaus nicht lückenlos, so doch vollständiger bekannt gewesen war. Man buchte von

---

[1] Von Marcellus sehe ich ab.

Pontian an die Todestage und die Dauer des Pontifikates: zu letzterem Zwecke mußte man sich natürlich zunächst den Tag des Amtsantrittes eines Papstes merken, konnte ihn aber nach seinem Tode wieder vergessen.

Und nun halte man sich vor Augen, daß Pontian der erste Papst ist, der in der sog. Papstgruft der Kallistkatakombe seine Ruhestätte gefunden hat: Wilpert hat 1909 seine Grabplatte wieder ans Licht gefördert [1]. Er starb in der Verbannung auf Sardinien, ebenso sein Gegner Hippolyt. Es entspricht durchaus der Wahrscheinlichkeit, daß Fabianus es gewesen ist, der seine Gebeine in die Heimat überführte [2] und an dem Orte beisetzte, der von nun an als Grabstätte der römischen Bischöfe dienen sollte: es kann kaum einem Zweifel unterliegen, daß die Worte des Catalogus Liberianus *(Fabianus) multas fabricas per cymiteria fieri iussit* in erster Linie die Erbauung der Papstkrypta bezeugen, in der mit einziger Ausnahme des Cornelius die Päpste von Pontianus († 235) bis Eutychianus († 282) ihre Ruhestätte gefunden haben.

Chronographie und Archäologie vereinigen sich also zur Bekräftigung der Erkenntnis, daß unter Fabian um 240 eine stärkere Betonung der amtlichen Eigenschaften der römischen Bischöfe eingesetzt hat: man begann die Pontifikatsdauer und die Todestage zu notieren und schuf den Trägern des hohen Amtes eine gemeinsame bevorzugte Grabstätte. Die Gedächtnisfeier ihrer Todestage war noch keine amtliche, in liturgischen Büchern vorgeschriebene Handlung, sondern eine freiwillige Selbstverständlichkeit, die außer Übung kam, wenn der be-

---

1 Wilpert La cripta dei Papi e la cappella di S. Cecilia. Rom 1910.

2 Der Lib. pontif. notiert bei Pontian: *quem beatus Fabianus adduxit navigio et sepelivit in cymiterio Callisti via Appia*. Natürlich wurden auch des Hippolytos Überreste mitgebracht, aber sie konnten selbstverständlich nicht in der Papstgruft ihre Ruhestätte finden: man setzte ihn *in via Tiburtina* bei. Beide Depositionen fanden an demselben Tage, einem 13 August statt (vgl. Dep. mart.).

treffende Papst vergessen war. Aber allmählich traten auch hier feste Regeln ein, und man buchte die Todestage in liturgischen Tabellen. Doch hat der im Jahre 336 zusammengestellte Kalender der *Depositiones episcoporum* eine liturgische Tradition nur bis Lucius († 254) gekannt, die früheren Päpste werden nicht erwähnt. So bildet dieser Kalender den Abschluß einer unter Fabian einsetzenden Entwicklung, welche darauf ausgeht, den Papst als solchen liturgisch dem Märtyrer anzugleichen. Wir haben aus der vorangehenden Untersuchung gelernt, daß die Aufzeichnungen über die Ordinationstage beträchtlich unsicherer überliefert sind: die Verfasser der beiden Listen mit den Angaben der Regierungsdauer sind, wenn auch unter mancherlei Irrnissen, bis Pontian vorgedrungen und lehren uns, daß ihnen eine echte Tradition zugänglich war. Der Verfasser des Catalogus Liberianus, der ein Interesse auch am Tagesdatum selbst nimmt, hat nur bis 282 gelangen können und aus der früheren Zeit nur noch vereinzelte Daten ausfindig gemacht[1]. Man wird also nicht fehlgehen in der Annahme, daß ein amtliches Jahrgedächtnis der Ordination des lebenden Bischofs vor 282 nicht stattgefunden hat: vielmehr wird sich diese Sitte erst langsam aus freiwilligen Feiern entwickelt haben, genau wie die Feiern der Todestage der verstorbenen Vorgänger. Und wie die Zusammenfassung der Depositionstage in einen nach dem Kirchenjahr geordneten Kalender ein äußeres Zeichen für den Abschluß des Entwicklungsprozesses bietet, so ist die offizielle Durchführung der Ordinationsfeier des jeweils lebenden Bischofs markiert durch die Schaffung eines neuen Festes, der Stuhlfeier Petri. Wenn es sich schon als untunlich erwies, die Ordinationstage auch der verstorbenen Päpste im Kalender als Feiertage zu notieren, so sollte doch wenigstens von einem der früheren Bischöfe

---

[1] Wie vergänglich diese Daten waren, lehrt auch das Mart. Hieron., das von allen bisher behandelten Ordinationstagen nur zwei notiert, den des Miltiades (*VI non. Iul.*) und den des Liberius (*XVI kal. Iun.*), aber beide mißverstanden als — *depositiones*!

dieser Tag festlich begangen werden als liturgisches Urbild der jeweils dem Lebenden gewidmeten Feier: was lag näher, als die Stuhlbesteigung des Stifters des römischen Episkopats zum jährlich wiederkehrenden Fest zu erheben? Wenn die Feier der Depositionstage die römischen Bischöfe den Märtyrern anglich, so brachte die Stuhlfeier Petri es dem Volke deutlicher zum Bewußtsein, wer derjenige war, dem die andere Stuhlfeier im Laufe des Jahres gewidmet wurde. Die liturgische Parallele wie die sonstigen chronologischen Daten lassen demnach auf eine Entstehung dieses Festes um 300 schließen. Daß man als Tagesdatum den 22 Februar wählte, hatte, wie längst erkannt ist [1], den Grund, daß man durch dies neue Fest das alte römische Stadtfest der *Caristia* mit seinem Totenkult zu verdrängen wünschte. Die liturgische Notierung der Stuhlfeier Petri kann demnach in keiner Weise als alte Tradition über Lebensschicksale des Apostels in Anspruch genommen werden [2].

## III

Der Catalogus Liberianus erweist sich also aus einleuchtenden Gründen als eine vortreffliche Quelle für die Papstchronologie seit Anteros. Die Frage liegt nahe, welche Glaubwürdigkeit dem älteren Teil derselben Schrift zukommt, und sie mag hier kurz beantwortet werden, weil die Antwort geeignet ist, unser bisher gewonnenes Resultat zu bestätigen. Es ist längst nicht mehr zweifelhaft, daß für die Anfangsperiode die Angaben der Monate und Tage der jeweiligen Regierungsdauer willkürliche Erfindung sind: dabei mag es ganz dahingestellt bleiben, ob sie aus einem alten Exemplar des sogenannten „Index" nachlässig übernommen oder erst später in den „Index" aus einer verstümmelten Handschrift des Liberianus eingetragen

---

[1] H. Usener Weihnachtsfest[2] S. 274.
[2] Das hat noch C. Erbes Die Todestage des Paulus und Petrus (Texte u. Unters. hrsg. v. Gebhardt-Harnack N. F. IV 1) S. 37 ff. versucht.

sind [1]. Wertlos sind sie allein schon darum, weil kein Tagesdatum von Amtsantritt oder Tod eines Papstes vor Anteros bekannt ist. Ernsthaft kann nur die Frage aufgeworfen werden, ob die Zahlen der Jahre auf Überlieferung beruhen, und wie weit diese hinaufreicht. Mit anderen Worten: seit wann tauchen Papstlisten mit Angabe der Regierungsjahre auf?

Irenaeus III 3, 3 gibt als ältester Zeuge eine Liste der römischen Bischöfe von Linus bis zu „dem zwölften" in der Reihe, seinem Zeitgenossen Eleutherius; Zahlen der Amtsdauer teilt er nicht mit.

Aus Epiphanius haer. 27, 6 hat nun aber nach Lightfoots Vorgang Harnack [2] auf die Existenz einer dem Irenaeus mindestens gleichzeitigen römischen Liste geschlossen, welche mit Fristzahlen versehen war. Damit würde also bereits für die Zeit des Irenaeus die Sitte erwiesen sein, die Amtsdauer zu notieren, und die uns erhaltenen Listen würden nach Beseitigung der Fehler der Überlieferung jedenfalls von der Mitte des zweiten Jahrhunderts an, damit also überhaupt seit dem Eintritt des monarchischen Episkopats, auf amtliche Zuverlässigkeit Anspruch machen dürfen. Der Beweisgang ist etwa der folgende:

An der genannten Stelle schreibt der kyprische Bischof Epiphanius nach einer Schilderung der Karpokratianischen Sekte: Ἦλθεν δὲ εἰς ἡμᾶς ἤδη πως Μαρκελλῖνά τις ὑπ' αὐτῶν ἀπατηθεῖσα, ἣ πολλοὺς ἐλυμήνατο ἐν χρόνοις Ἀνικήτου ἐπισκόπου Ῥώμης, τοῦ μετὰ τὴν διαδοχὴν Πίου καὶ τῶν ἀνωτέρω. Dieses εἰς ἡμᾶς soll aber nicht „nach Kypros" bedeuten, sondern heißt „nach Rom", wie eine Seite später derselbe Epiphanius ausdrücklich sagt: ἐν χρόνοις τοίνυν, ὡς ἔφημεν, Ἀνικήτου ἡ προδεδηλωμένη Μαρκελλῖνα ἐν Ῥώμῃ γενομένη usw. Dasselbe bezeugt Irenaeus I 25, 6, der am Ende seiner Schilderung der Karpokratianer bemerkt *unde et Marcellina, quae Romam sub*

---

1 Vgl. darüber Mommsen in der Ausgabe des Lib. pont. I p. XLI und Anm. 2 ebenda.
2 Chronologie I 184 ff. 187 ff.

## Eine römische Quelle des Epiphanius? 15

*Aniceto venit, cum esset huius doctrinae, multos exterminavit.*
Dadurch wird sichergestellt, daß Epiphanius 27, 6 eine römische Quelle wörtlich und mechanisch ausschreibt. Ihr Alter ist dadurch festgelegt, daß auch Irenaeus sie benutzt, freilich mit mehr Aufmerksamkeit, da er — in Lyon — das εἰς ἡμᾶς sinngemäß gewandelt hat.

Ist dies zutreffend, so wird andrerseits höchst wahrscheinlich, daß die Worte von ἐπισκόπου, zum mindesten aber von Ῥώμης an nicht in der alten römischen Quelle standen — wie sie ja auch bei Irenaeus fehlen. Wer statt „nach Rom" εἰς ἡμᾶς sagt, wird schwerlich sofort das Bedürfnis haben, seine Leser zu belehren, in welcher Stadt Aniket Bischof war. Mag sein, wird man einwenden, daß also Ῥώμης Zusatz des Epiphanius ist: aber die Angabe über die Vorgänger des Aniket ist alt. Der römische Schriftsteller konnte vielleicht nicht voraussetzen, daß man auswärts wußte, wann Aniket amtiert hatte, und nannte deshalb die Vorgänger „Pius und die anderen"; vielleicht ist sogar „die anderen" Verkürzung des Epiphanius, und in der Quelle stand die ganze Liste von Petrus oder Linus an. Ein wunderlicher Mann, dieser römische Schriftsteller! Er ist älter als Irenaeus, schreibt also entweder auch wie dieser unter Eleutheros oder unter Soter — oder gar unter Aniket. Wenn er also seine Leser belehren will, wann Aniket regiert hat, so braucht er nur zu sagen: „er war der Vorvorgänger oder der Vorgänger des jetzt amtierenden Bischofs", oder „er amtiert jetzt": dann wußten seine Leser Bescheid. Hegesipp bei Euseb hist. eccl. IV 22, 3 handelt in der gleichen Lage so: er erwähnt Aniket und fügt dann zur Erläuterung hinzu, daß der jetzige Bischof Eleutheros sein Diakon gewesen sei, dazwischen aber noch Soter amtiert habe. Bei solcher Zeitnähe ist der Verweis von der Gegenwart aus das von selbst Gegebene, während der Hinweis auf die Vorgänger des Aniket dem Leser fast gar nichts sagt.

Ganz anders liegt die Sache für den um 380 schreibenden Epiphanius. Wenn er seinen Lesern sagen will, wann der nach der Quelle zitierte Aniket gelebt hat, so ist es deutlicher, wenn die Papstreihe von vorne beginnt, als wenn er rückwärts rechnet. Auch empfiehlt es sich für ihn, der in Kypros schreibt, zu bemerken, daß es sich um einen Bischof von Rom handelt. Und das so verführerische ἦλθεν εἰς ἡμᾶς ist trotz der scheinbaren Parallelen keineswegs stumpfsinnig einer stadtrömischen Quelle entnommen in dem Sinne „es kam nach Rom", sondern es stammt von Epiphanius und heißt: „es ist uns überliefert" *tradita nobis est Marcellina:* so belehrt uns jetzt auf S. 308 seiner Epiphaniusausgabe Karl Holl, der ein begründetes Urteil über den Sprachgebrauch seines Autors hat.

Es ist also Epiphanius, der zur Erläuterung seiner alten Quellennotiz den Lesern eine Liste der römischen Bischöfe vorlegt, freilich recht umständlich und breit. Bei Clemens angelangt, erinnert er sich, daß dieser im Römerbrief des Paulus erwähnt wird, und ergeht sich in einem längeren Exkurs über das Problem, warum dieser Clemens zwar Zeitgenosse der Apostel, aber doch nicht ihr unmittelbarer Nachfolger sei, wobei er nebenbei gelegentlich bemerkt, Linus und Cletus hätten jeder 12 Jahre amtiert. Dann wendet er sich wieder zur Sache und zählt die ganze Papstreihe bis Aniket auf. Zum Schluß betont er etwas gespreizt, daß Genauigkeit in solchen Dingen die klare Erkenntnis fördere [1]. Und dann kommt er wieder auf die besagte Marcellina zu sprechen.

Woher hat nun Epiphanius seine Papstliste genommen? Jedenfalls nicht nur aus Eusebius oder dessen Quellen, mit denen auch Irenaeus stimmt: denn er nennt den Nachfolger des Linus nicht, wie diese, Anencletus, sondern Cletus. Das tut von den uns erhaltenen Papstlisten nur der „Index", der Catalogus Liberianus hat schon die Kontamination der beiden Lesungen vollzogen, stellt übrigens auch beide hinter Clemens. Die von Epiphanius genannten Fristzahlen der beiden Päpste — je 12 Jahre — stimmen aber mit den Angaben des Euseb, während

---

[1] καὶ μήτις θαυμάσῃ ὅτι ἕκαστα οὕτως ἀκριβῶς διήλθομεν· διὰ γὰρ τούτων ἀεὶ τὸ σαφὲς δείκνυται.

der Index dem Clemens 12, aber dem Linus nur 11 Jahre gibt. Epiphanius hat also eine uns sonst nicht erhaltene, Euseb und dem Index nahe verwandte, Liste der Päpste, die mit Fristzahlen ausgestattet war, für seine Angaben benutzt.

Ganz anders beurteilt Harnack die Sachlage. Epiphanius fügt nämlich dem Namen des Aniket in der (S. 16) nach dem Exkurs endlich folgenden Papstliste die Worte bei ὁ ἄνω ἐν τῷ καταλόγῳ προδεδηλωμένος. Nun ist aber „oben" d. h. vorher gar kein „Katalog" gegeben, sondern Aniket ist nur erwähnt im Zusammenhang mit jener Marcellinanotiz. Daraus folgert Harnack, daß die Erwähnung der Marcellina von Epiphanius „in einem Katalog römischer Bischöfe gefunden worden ist"[1], und daß diese Bischofsliste „nicht nur Bischofsnamen, sondern auch Geschichte enthielt". Auf S. 164 ff. seiner Chronologie I stellt Harnack eine Liste solcher Datierungen historischer Ereignisse nach römischen Bischöfen zusammen und gibt S. 191 f. eine vermutungsweise Rekonstruktion des Papstkatalogs. Da Epiphanius in dem erörterten Zusammenhang für Linus und Cletus Zahlen der Amtsdauer nennt, schließt Harnack, daß jener Bischofskatalog durchgängig damit versehen gewesen sei. Nun ist aber, wie bereits bemerkt, die Marcellinanotiz mit dem Verweis auf Aniket auch bei Irenaeus zu finden: daraus folgert Harnack, daß jener von Epiphanius benutzte, mit Zahlen der Amtsdauer und historischen Notizen versehene Bischofskatalog bereits dem Irenaeus vorlag.

Es ist vorhin gezeigt worden, daß der ganze Zusammenhang der Epiphaniusstelle einer anderen Auffassung günstiger ist: aber auch im einzelnen hält Harnacks Beweisführung nicht stand. Die Worte ὁ ἄνω ἐν τῷ καταλόγῳ προδεδηλωμένος brauchen sich keineswegs auf einen alten von Epiphanius benutzten Papstkatalog zu beziehen, sondern weisen einfach auf die Stelle S. 14 zurück: „den ich oben in der Aufzählung genannt habe" — genau wie die Worte ὡς ἔφημεν und ἡ προδεδηλω-

---
[1] Chronologie I 187 Anm. 1.

μένη die gleiche Stelle bezeichnen. Der κατάλογος ist nichts anderes als die Worte τοῦ μετὰ τὴν διαδοχὴν Πίου καὶ τῶν ἀνωτέρω mit der darauffolgenden Erläuterung. Die von Harnack in der Chronologie I S. 164 gegebene höchst lehrreiche Zusammenstellung beweist nichts für einen Liber pontificalis des zweiten Jahrhunderts. Es wäre auch ein merkwürdiges Buch gewesen, das zur römischen Bischofsliste nichts Wichtigeres, oder besser gesagt, Positiveres zu notieren gehabt hätte, als das Eintreffen und Auftreten von Ketzern und außerdem höchstens die Abfassung des Clemensbriefes und des Hirten des Hermas. Zudem müßte das Buch wohl schon unter Pontian verschollen gewesen sein, da der Catalogus Liberianus Aufzeichnungen im Zusammenhang mit der Papstliste aus früherer Zeit nicht kennt; nur die Hermasnotiz bildet eine Ausnahme: die stammt natürlich aus dem Muratorischen Fragment.

Dem von Harnack beobachteten Tatbestand entspricht genügend die viel einfachere Erklärung, daß das alte von Irenaeus bereits benutzte römische Ketzerbuch — vielleicht war es Justins Syntagma — das Auftreten der Häretiker nach römischen Bischöfen datierte. Das ist bei einem in Rom entstandenen und für römische Leser bestimmten Werk nicht verwunderlich, denn diese Datierungsart wird überhaupt in Rom gerne verwendet worden sein: späterhin ist sie sogar für Eusebs Kirchengeschichte maßgebend geworden.

Die Vermutung Lightfoots, Hegesipp habe in seine Denkwürdigkeiten eine bezifferte Papstliste aufgenommen, hat Harnack in der Chronologie I 180 ff. widerlegt. Die viel zitierte Hegesippstelle[1] bei Euseb hist. eccl. IV 22, 2 ist, wie Schwartz richtig bemerkt, hoffnungslos verdorben[2], und zwar liegt der Fehler wohl eher in ἐποιησάμην als in διαδοχήν, dessen Änderung in διατριβήν bei Rufin und anderen naheliegende Konjektur ist.

---

1 γενόμενος δὲ ἐν Ῥώμῃ διαδοχὴν ἐποιησάμην μέχρις Ἀνικήτου usw.
2 Schwartz in Bd. III der Ausgabe S. CCXXV, Anm. 3.

Auch die lange geglaubte und recht plausible Hypothese [1], daß der erste Teil des Catalogus Liberianus von Petrus bis Urbanus, dem Vorgänger des Pontian, auf einer bezifferten Papstliste beruhe, welche Hippolyt seiner Chronik einverleibt habe, ist durch die Entdeckung des griechischen Originals dieser Chronik als unrichtig erwiesen [2].

Die erste sichere Spur einer bezifferten Papstliste finden wir vielmehr durch Rückschluß aus dem Tatbestand der Eusebianischen Kirchengeschichte in der Chronik des Sextus Iulius Africanus [3], die im Jahre 220 abgeschlossen wurde. So werden wir auch auf diesem Wege in die ersten Jahrzehnte des III Jahrhunderts als eine für die Entwicklung des römischen Bischofsamtes bedeutsame Periode geführt.

## IV

Wir könnten nunmehr von weiteren Untersuchungen über das Fest der cathedra Petri Abstand nehmen, wenn nicht neben dem Datum des 22 Februar ein zweites für die Stuhlbesteigung Petri bezeugt wäre, und nicht auch der 22 Februar noch einige Rätsel aufgäbe, deren Lösung dazu beitragen wird, die Geschichte des Festes auf weitere Strecken mit größerer Klarheit zu überblicken.

Das Martyrologium Hieronymianum [4] notiert zum 18 Januar
*depositio S. Mariae et cathedra Petri in Roma*
so der um 710 geschriebene Codex Epternacensis; der Weißenburger Codex vom Jahre 772 schreibt
*Dedicatio cathedra(e) S. Petri apostoli qua primo Romae Petrus apostolus sedit.*

Im Bernensis Saec. VIII ist leider an der Stelle eine Lücke.

---

1 Harnack Chronologie I 149ff.
2 A. Bauer in Texte u. Untersuch. Bd. 29 Heft 1 S. 32. 156f.
3 Harnack Chronologie I 123; E. Schwartz Eusebs Kirchengesch. III p. CCXXI.
4 p. 10 De Rossi-Duchesne.

## IV Der römische Festkalender

Zum 22 Februar lautet die Notiz im Bernensis:
*[Natale]* [1] *cathedrae S. Petri apostoli quam sedit apud Antiochiam.*

Im Echternacher Codex heißt es
*cathedra Petri in Antiochia*

und in der Weißenburger Handschrift
*Natale S. Petri apostoli cathedra⟨e⟩ quam sedit apud Antiocia.*

Das ist die bis heute übliche Formulierung, daß nämlich am 18 Januar der Tag begangen wird, an dem Petrus zu Rom das Bischofsamt angetreten hat, während der 22 Februar das Datum der früheren, zu Antiochia erfolgten Pontifikatsübernahme bietet.

Die zweite sehr auffällige Tatsache ist das Fehlen der Stuhlfeier Petri in den amtlichen römischen Meßbüchern des frühen Mittelalters, während sie seit dem IX Jahrhundert wieder auftritt.

Wie ist es nur möglich, daß die festliche Begehung des 22 Februar, deren stadtrömischen Ursprung unsere bisherige Untersuchung festgestellt zu haben scheint, mit einem Male als ein antiochenisches Fest bezeichnet werden kann, dem nun der 18 Januar als die entsprechende stadtrömische Feier zur Seite gestellt wird — ja daß beide Feiern auf Jahrhunderte überhaupt aus dem römischen Kirchenjahr verschwinden, um dann unvermittelt wieder aufzutauchen?

Wir müssen diese Frage aus ihrer Vereinzelung herausheben und in einen größeren Zusammenhang stellen, wenn wir davor sicher sein wollen, keine Zufallsantwort zu erraten. Es gilt also zu untersuchen, welche Feste des Filokalianischen Kalenders überhaupt sich im Laufe der Jahrhunderte in den römischen Meßbüchern erhalten haben; und andrerseits muß durch einen Vergleich des römischen Festkalenders mit anderen abendländischen Dokumenten des Kirchenjahrs versucht werden,

---

1 Ausradiert.

zu ermitteln, welche stadtrömischen Feste sich schon früh allgemeiner Anerkennung erfreuen, also als besonders wichtige gegolten haben: dadurch muß es gelingen, mehr lebendige Züge in das sonst gar ebenmäßige Antlitz des Filokalianischen Zeugen zu bringen.

Die wichtigsten Quellen für das stadtrömische Kirchenjahr sind die drei uns erhaltenen Sakramentarien, das Leonianum, das Gelasianum und das Gregorianum.

Das Leonianum ist uns allein durch den Codex Veronensis 85 erhalten, der ins VII Jahrhundert datiert zu werden pflegt. Der Text ist oft gedruckt, zuerst von Blanchinus [1], den Muratori [2] im wesentlichen nachdruckt. Die Ballerini haben in ihrer Ausgabe der Werke Leos des Großen [3] den Text nach der Handschrift revidiert und die Anmerkungen Muratoris erweitert, zuletzt hat C. L. Feltoe [4] eine auf Neuvergleichung des Codex beruhende Ausgabe geliefert. Die Sammlung beginnt infolge Blattverlustes mit dem 14 April und reicht bis zum Quatemberfasten des Dezember. Sie ist dadurch charakterisiert, daß vielfach für ein Fest eine große Anzahl von Messen dargeboten wird und auch sonst für einzelne Messen die Anzahl der Gebete gelegentlich, aber ohne erkennbares Prinzip, reichlich gemehrt erscheint. Man hat wohl mit Recht hieraus den Schluß gezogen, daß wir es nicht mit einem offiziellen Ritualbuch, sondern mit einer aus privatem Interesse hervorgegangenen Sammlung zu tun haben. Über das Alter wird lebhaft gestritten. Bianchini hatte das Werk vermutungsweise Leo dem Großen zugeschrieben, und der Name haftet ihm seit der Zeit an. F. Probst [5] hat in eingehender Polemik gegen Duchesne [6] die letzte Redaktion in die Zeit des Papstes Felix III verlegt,

---

[1] in Anastasius Biblioth. IV (1735).
[2] Muratori Lit. Rom. vetus I 288.
[3] Venedig 1756 tom. II 1 ff.
[4] Cambridge 1896.
[5] Die ältesten römischen Sacramentarien (1892) S. 53 ff.
[6] Origines du culte chrétien [3] 137 ff.

## IV Der römische Festkalender

für dessen Vorgänger Simplicius († 483) ein Totengebet[1] verzeichnet ist. Doch erscheint ihm der Hauptkörper als eine Sammlung von Messen, die von Leo I bis hinauf in die Tage des Damasus reichen: in den Gebeten der Messe n. 20 des April[2] und 18, 20 des Juli[3] glaubt er mit nicht geringem Aufwand von Phantasie das Verhältnis des Damasus zu der Partei des Ursinus und der Luciferianer ausgedrückt zu finden. M. Rule[4] hat auf Grund eines überkünstlichen und deshalb wenig überzeugenden Systems nachweisen wollen, daß unter Leo I († 461) eine Ausgabe mit 28 Buchstaben auf der Zeile, unter Hilarus († 468) eine zweite von 30 1/4 Buchstaben, unter Simplicius († 483) eine dritte Bearbeitung von 32 Buchstaben auf der Zeile stattgefunden habe. Auch er wendet sich gegen Duchesnes Datierung — und doch hat der französische Gelehrte das Richtige gesehen. Er weist darauf hin, daß unter die Tagesmessen des Juli 18, 28[5] ein Gebet verschlagen sei, welches Gott dafür dankt, daß er *uns beschieden habe, von grimmigen Feinden befreit das österliche Sakrament mit ruhigem Herzen zu genießen*, und an anderer Stelle (18, 6)[6] eine ganze Messe um Abwehr der Feinde und des Krieges bitte und es als gerechte Strafe für die Sünden bezeichne, wenn *die Frucht der Arbeit Deiner Sklaven vor unsern Augen von fremden Händen geplündert und das, was Du dem Schweiß Deiner Diener erwachsen lässest, von den Feinden verzehrt wird*. Das erste Gebet zeigt uns, daß kurz vor Ostern die Stadt vom Feinde befreit worden sein muß: alle Einfälle der Germanen, des Alarich, Genserich,

---

1 Die letzte Oktobermesse n. 34 p. 148 Feltoe, p. 138 Ball.
2 p. 8 Feltoe, 10 Ball.
3 p. 68 Feltoe, 64 Ball.
4 Journal of Theol. Studies IX 515 ff. X 54 ff.
5 p. 73 Feltoe, 69 Ball. *qui nos ab infestis hostibus liberatos paschale sacramentum secura* (oder *placida*) *tribuisti mente suscipere.*
6 p. 59 Feltoe, 56 Ball. *ut servorum tuorum labore quaesita sub conspectu nostro manibus diripiantur alienis et quae desudantibus famulis nasci tribuis, ab hostibus patiaris absumi.* Nach Psalm 108, 11. Ezech. 7, 21 Lament. 2, 22 komponiert.

Ricimer fanden im Sommer statt. Auch Witiges lag im Sommer und Herbst 537 vor Rom, aber im März 538 zog er ab: am 4 April war Ostern und die Stadt frei vom Feinde; damals ist das Gebet 18, 28 gesprochen. Die Bittmesse um Befreiung vom Feinde mit ihrer Klage um die zerstörte Ernte stammt aus dem Herbst 437. Probst[1] hat eingewendet, das sei nicht zwingend, sondern nur eine Möglichkeit, neben der es andere einleuchtendere gebe: auch könne *paschale sacramentum* die fünfzig Tage nach Ostern bezeichnen. Rule hat das aufgegriffen und auf 9, 10$^{b\,2}$ verwiesen, wo *pascale sacramentum quinquaginta dierum* klar zu lesen sei. Einen deutlichen Beweis, daß jenes Gebet 18, 28 erst nach der Osterzeit gesprochen sei, findet er in der erst durch Feltoe ermittelten Lesung des Codex *tribuisti*, während Duchesne, durch die älteren Ausgaben irregeführt, *tribuis* las und interpretierte: „Du gewährst uns das heute", während es heißen müsse: „Du hast uns das gewährt" — nämlich vorher, in der fünfzigtägigen „österlichen Zeit". Dann könne das Ganze auf Genserich gehen, der — nach Rules Rechnung — Rom vom 28 Mai bis 11 Juni 455 plünderte. Nun ist das freilich auch bloß eine Möglichkeit und nicht zwingend, denn *tribuisti* kann ebensogut Perfectum praesens wie Aorist sein, vor allem in der liturgisch gehobenen Sprache — aber so viel bleibt als Resultat doch übrig: bewiesen hat Duchesne seine Datierung nicht.

Eine andere Stelle scheint mir den entscheidenden Ausschlag zu geben. Im September ist als Kapitel 28 eine Reihe von Messen *in natale episcoporum* angehängt, unter denen die nr. IV unsere Aufmerksamkeit verdient. Es wird darin nicht nur gesagt, daß die Gläubigen sich *zum österlichen Fasten geziemend bereiten* sollen[3] — das Gebet könnte ja hierhin versprengt sein — sondern in der Praefatio wird Gott dafür ge-

---

1 Sacramentarien S. 57 vgl. 58, Anm. 1.
2 p. 23$_{18}$ Feltoe. p. 22 Ball.
3 p. 126f. Feltoe. p. 117 Ball. *ut ieiuniis pascalibus convenienter aptentur.*

dankt, daß der Gedenktag des bischöflichen Amtsantrittes in *diese Tage* falle, *in denen gleichzeitig auch die gesamte Kirche frommen Brauch übe und der Stiftungstag eben des Sakramentes gefeiert werde, dem das priesterliche Amt gewidmet sei*[1]. Es fiel also das *natale* des Papstes nicht bloß, wie längst bemerkt ist, in die Fastenzeit, sondern in die nächste Nähe des Gründonnerstags, des „Stiftungstages des Abendmahls". Das ist in den Jahren zwischen 230 und 700 zum erstenmal geschehen am 29 März 538: da fiel der erste Jahrestag des am 29 März 537 ordinierten Papstes Vigilius auf den Montag der Karwoche. Am 29 März 549 hat sich das wiederholt, und später ist noch einmal am 16 April 558 der *natalis* Pelagius' I auf den Dienstag der Karwoche gefallen. Doch ist es wahrscheinlich, das Gebet in dasjenige Jahr zu setzen, in dem ein solches Zusammentreffen noch neu war, und auf welches auch andere Indizien bereits hingewiesen haben. Wir lernen also Papst Vigilius als den Verfasser individuell gefärbter Meßgebete kennen: unter ihm wird unser Anonymus die Sammlung des „Leonianum" angelegt haben.

Das zweite uns erhaltene römische Sakramentar ist das Gelasianum, wie es schon in Karolingischer Zeit allgemein in Frankreich genannt wurde. S. Bäumer hat ihm 1893 eine ausgezeichnete Untersuchung[2] gewidmet, welche es höchst wahrscheinlich macht, daß wir in diesem Meßbuch ein frühzeitig in Gallien eingeführtes römisches Werk zu erblicken haben, dessen weitere Entwicklung sich eben auf gallischem Boden vollzogen hat. Daraus folgt aber auch, daß dies Werk

---

1 p. 117 Ball., 126 Felt. *his diebus episcopalis officii suscepta principia celebramus, quibus et ecclesiae totius observantia devota concurrit et ipsius, cui sacerdotale ministerium deputatum est, natalis colitur sacramenti.* Im Stowe-Missale finden wir *natalis calicis* als technische Bezeichnung des Gründonnerstags: Mac-Carthy hat in seiner Ausgabe weitere Nachweise dieses Sprachgebrauchs gegeben: s. Transactions of the Royal Irish Academy XXVII (1886) p. 211.

2 Histor. Jahrbuch XIV (1893) 241 ff.

keine für uns sicher faßbare Größe ist, weil bereits die älteste uns erreichbare Form, wie sie in dem nach 750 geschriebenen Vat. Reg. 316 vorliegt, deutliche Spuren gallischen Einflusses aufweist. Nach verschiedenen Vorgängern hat 1894 H. A. Wilson diesen Codex (V) ediert[1] und die Varianten zweier verwandter Handschriften, St. Gallensis 348 saec. VIII (S) und Rhenaugiensis 30 (R, jetzt in Zürich) aus der gleichen Zeit beigefügt[2]. Weitere Codices zählt Ebner, Quellen 378 ff. auf: sie alle haben gegenüber dem Reg. 316 sekundäre Züge gemeinsam. Der Inhalt der drei Bücher ist ineinander gearbeitet, und zahlreiche Gebete und Messen sind bei jeder Handschrift in verschiedenem Maße aus dem Gregorianum herübergenommen. Ein Vergleich der ersten Messen in R S mit V und dem Gregorianum wird das sofort klar machen[3].

In der folgenden Liste sind die einzelnen Meßgebete von R S nach Wilson S. 317ff. mit den Anfangsworten bezeichnet, § bedeutet, daß das betreffende Gebet in V, ✶, daß es im reinen Gregorianum (nach Muratori) steht; *a* bezeichnet den ersten Anhang Alkvins, *p* seine Präfationen, *b* seine Benediktionen (s. S. 35) und *g* verweist auf das überarbeitete Gregorianum Menards (s. S. 40). Die [eingeklammerten] Stücke fehlen in R.

*In vigilia natalis Domini. ad nona. statio ad s. Mariam*

Deus qui nos redemptionis   ✶ *g*
Da nobis o. D. ut sicut   §  ✶ *g*
[Praesta m. D. ut ad suscipiendum]   § *g*
Da nobis Dne. ut nativitatis   §
Tanto nos Dne. q. promptoire   §
V. D. p. X. In confessione   *p g*
Da nobis Dne. q. unigeniti Filii tui   § ✶ *g* (V *in die*)

---

1 Oxford, Clarendon Press. 1894. Ältere Ausgaben Muratori I 493 ff. Tommasius opera VI (1751).

2 Diese letzteren Codices hat, wenigstens indirekt, Gerbert für seine Ausgabe Monum. vet. liturg. Alem. I (1777) 1 ff. benutzt, aber die Anordnung verändert. Diese ist jetzt aus Wilsons Anhang S. 317ff. ersichtlich.

3 Zu vergleichen ist die Liste S. 54 ff.

### De vigilia Domini in nocte. Ad s. Mariam

Deus qui hanc sacratissimam noctem § ✶ g
Respice nos m. D. et mentibus § g
Accepta tibi sit Dne. q. hodiernae ✶ g
Munera nostra q. Dne. nativitatis § g
V. D. p. X. cuius divinae nativitatis § p g
Communicantes et noctem sacratissimam ✶
Da nobis q. Dne. D. noster ut qui nativitatem ✶ g

### Ad S. Anastasiam

Da q. o. D. ut qui b. Anastasiae ✶ g
Accipe q. Dne. munera dignanter oblata et b. Anast. ✶ g
V. D. Qui ut de hoste ✶
Satiasti Dne. familiam tuam ✶ g

### Item de natali Domini. mane prima

Da (nobis R) q. o. D. ut qui nova ✶ g
Cuncta Dne. q. his muneribus § (V vig. III)
V. D. p. X. Quia nostri Salvatoris ✶ g
Huius Dne. sacramenti semper natalis (?) (sacramenta semper
    natalaes R) § ✶ g (V vig. I)
Populum tuum Dne. q. tueantur §

### In natali Domini ad s. Petrum (in die add. R)

Omnipotens s. D. qui hunc diem per incarnationem § ✶ g
Concede q. o. D. ut nos unigeniti tui § ✶ g (V vig. II)
Oblatio tibi sit Dne. q. hodiernae §
V. D. tuae laudis hostiam §
Communicantes etc. in quo § ✶
Laeti Dne. frequentamus salutis § (V vig. II)
Praesta q. o. D. ut natus hodie § ✶ g

### Alias orationes de natali Domini

Adesto Dne. supplicationibus nostris §
Largire q. Dne. famulis tuis fidei § ✶ g
[D. qui populo tuo plene praestitisti] §
D. qui humanae substantiae § ✶ g
Omnipontens s. D. creator humanae §
Deus qui nativitatis tuae exordium §
Deus qui per b. Virginis partum § ✶ g (V vig. III).
Concede nobis o. D. ut salutare ✶ g
O. s. D. qui in Filii tui Dni nostri nativitate ✶ g
Da q. Dne populo tuo inviolabilem ✶ g

### Das Sacramentarium Gelasianum R S

*VII kal. Ian. natale s. Stephani.*
Da nobis q. Dne. imitari quod colimus ✶ *g*
O. s. D. qui primitias martyrum § ✶ *g*
Grata tibi sint Dne. munera q. devotionis §
V. D. beati Stephani levitae *p g*
Auxilientur nobis Dne. sumpta mysteria ✶ *g*
Beatus martyr Stephanus Dne. q. pro fidelibus §

*Alias orationes*
Gratias agimus Dne. multiplicatis § *g*
Praesta q. o. D. ut beatus Stephanus §
Deus qui nos unigeniti tui clementer ✶ *g*

*VI kal. Ian. natale s. Ioannis evangelistae*
Deus qui per os b. Apostoli § ✶ *g*
Ecclesiam tuam Dne. benignus illustra ✶ *g*
Suscipe Dne. munera quae in eius ✶ *g*
V. D. Beati Apostoli tui et evangelistae *p g*
Refecti cibo potuque celesti ✶ *g*
Adsit ecclesiae tuae Dne. q. b. evangelista § *g*

*Alias orationes*
Deus qui b. Ioannis evangelistae §
Praesta q. o. D. ut excellentiam § *g*

*V kal. Ian. natale Innocentum*
Deus cuius hodierna die praeconium § ✶ *g*
Deus qui bonis tuis §
Adesto Dne. muneribus Innocentum festivitate § *g*
V. D. Pretiosis [enim R] mortibus *p g*
Votiva Dne. dona percepimus ✶ *g*
Discat ecclesia tua D. infantum §

*Alias orationes*
[Deus qui licet sis magnus] ✶ *g*
Ipsi nobis Dne. q. postulent § *g*
[Adiuva nos Dne. q. eorum deprecatione] § *g*

*Dominica I post natale Domini*[1]
Deus qui salutis aeternae b. Mariae virginitate ✶ *g a*
Da nobis q. o. D. ut nativitatem

---
1 Die Messe fehlt in V. Greg. Men. hat eine andere vgl. S. 28 Anm. 1.

Muneribus nostris q. Dne. precibusque  ⋆ *a*
V. D. Nos sursum cordibus erectis   § *p* (*V vig. dom.*)
Da nobis q. Dne. D. noster ut qui nativitatem   *a g*
Benedictionem tuam Dne. populus fidelis

*Pridie kal. Ian. natale s. Silvestri*
Da q. o. D. ut b. Silvestri  ⋆ *g*
Sancti tui nos q. Dne. ubique laetificent  ⋆
Praesta q. o. D. ut de perceptis  ⋆

*Kal. Ian. octava Domini [ad s. Mariam]*
Deus qui nobis nati salvatoris   § *g*
O. s. D. qui in unigenito   § *g*
Praesta q. Dne. ut per haec munera   § *g*
V. D. p. X. cuius hodie   § *p g*
Praesta q. Dne. ut quod salvatoris   § *g*
O. s. D. qui tuae mensae   §

*[Missa prohibendo ab idolis*
O. s. D. da nobis voluntatem   §
Ut tibi grata sint Dne. munera   §
Mysteriis tuis veneranter assumptis]   §

*Item alia dominica*[1]
O. s. D. dirige actus nostros in beneplacito  *a g*
Propitiare m. D. supplic. nostris et populum *g*
Concede q. Dne. ut oculis tuae maiestatis  *a g*
V. D. Qui [pro] peccato  *p g*
Per huius Dne. operationem mysterii  *a g*
Respice propitius Dne. ad debitam

*Non. Ian. vigilia Theophaniae*
Corda nostra q. Dne. venturae   § *g*
Tribue q. Dne. ut eum praesentibus   § *g*
V. D. Te laudare mirabilem Deum   § *g p* (*V in die*)
Illumina q. Dne. populum tuum (et R) splendore  ⋆ § *g*

*VIII id. Ian. Theophania [ad s. Petrum]*
Deus qui hodierna die Unigenitum  ⋆ *g*
O. s. D. qui verbi tui incarnationem   §

---

[1] Die Messe fehlt in V und Greg. Bei Men. als *dom. I post natale Domini*.

## Das Sacramentarium Gelasianum R S 29

Ecclesiae tuae q. Dne. dona propitius intuere ✶ *g*
V. D. Nos te laudare omnipotens D. §
Communicantes etc. quo unigenitus ✶ §
Praesta q. Dne. D. noster ut quae solemni ✶ *g*
Deus qui per huius celebritatis mysterium §

### Alias orationes

Deus illuminator omnium gentium § ✶ *g*
O. s. D. fidelium splendor animarum ✶ *g*
Da nobis q. Dne. digne celebare mysterium ✶ *g*
Praesta q. o. D. ut Salvatoris mundi ✶ *g*

### Dominica I post Theophaniam [1]

Vota q. Dne. supplicantis populi *a g*
Fac nos Dne. D. n. tuis obedire mandatis
Oblatum tibi Dne. sacrificium vivificet nos *a g*
V. D. Quia quum unigenitus § ✶ *p g* (*V p in Vig. g in Theoph.*)
Supplices te rogamus o. D. ut quos tuis *a g*
Conserva q. Dne. familiam tuam *g*

### In oct. Theophaniae

Deus cuius Unigenitus in substantia § ✶ *g* (*V in Theoph.*)
Hostias tibi Dne. pro nati Filii tui apparitione § *g* (*V in Theoph.*)
Caelesti lumine q. Dne. semper et ubique § *g* (*V in Theoph.*)
Illumina q. Dne. populum tuum § ✶ *g* (*V g in vig.*)

### XVIII kal. Feb. nat. s. Felicis confessoris

Concede q. o. D. ut ad meliorem ✶ *g*
Da q. o. D. ut qui b. Felix §
Hostias tibi Dne. pro [prae R] commemoratione § *g*
V. D. Et confessionem s. Felicis *p g*
Sanctorum precibus confidentes §

### Dominica II post Theophaniam [2]

O. s. D. qui caelestia simul *g a*
Adesto q. Dne. supplicationibus *g*
Oblata Dne. munera sanctifica nosque *a*
V. D. Semperque virtutes *p g*
Augeatur in nobis Dne. q. tuae virtutis *g a* (§ *p. 237*)
Auxiliare Dne. populo tuo ut sacrae *g* (§ *p. 62. 202*)

---

[1] Die Messe fehlt in V Greg.
[2] Die Messe fehlt in V Greg.

## IV Der römische Festkalender

*XVII kal. Feb. nat. s. Marcelli papae*
Preces populi tui q. Dne. clementer exaudi ✶ g
[Da q. o. D. ut qui b. Marcelli] §
Suscipe q. Dne. munera dign. obl. et b. Marcelli ✶ g
[V. D. Qui glorificaris in tuorum] p g
Satiasti Dne. familiam tuam ✶ g

*[XV kal. Feb. nat. s. Priscae mart.*
Da q. o. D. ut qui b. Priscae ✶ g
Hostiam (sic) Dne. q. quam in sanctorum ✶ g
Q. Dne. salutaribus repleti mysteriis] ✶ g

*XIV kal. Feb. nat. Mariae et Marthae*[1]
Exaudi Dne. populum tuum cum sanctorum
Preces Dne. tuorum respice
Sanctorum tuorum Dne. intercessione placatus

*[XIII kal. Feb. nat. s. Fabiani mart.*
Infirmitatem nostram respice o. D. ✶ g
Adsit nobis Dne. q. sancta precatio §
Intercessio q. Dne. sancti pontificis §
Refecti participatione muneris sacri] ✶ g

*[Eodem die] nat. s. Sebastiani Mart.*
Deus qui b. Sebastianum ✶ g
[Praesta Dne. q. ut intercedente b. Sebastiano] §
Sancto Sebastiano interveniente §
[V. D. Quoniam beati martyris Sebastiani] p g
Sacro munere satiati supplices te Dne. ✶ g

*XII kal. Feb. nat. s. Agnae [virg.]*
Crescat Dne. semper in nobis §
[Praesta q. Dne. mentibus] §
Hodiernum Dne. sacrificium §
[V. D. Recensemus enim] p (295 Mu), g
Sumentes Dne. gaudia sempiterna § g

*XI kal. Feb. nat. s. Vincentii*[2]
Adesto Dne. q. supplicationibus ✶ g
Hostias tibi Dne. b. Vincentii martyris (*vgl. Greg. p. 21 Mur*)
Q. o. D. ut qui caelestia ✶ g

---
1 Die Messe fehlt in V Greg. Men. a p.   2 Die Messe fehlt in V.

## Das Sacramentarium Gelasianum RS

Dieser Vergleich erweist mit Sicherheit den sekundären Charakter des in RS gebotenen Textes: und da in beiden Handschriften sowohl die Auswahl aus der Gelasianischen, für uns durch V dargestellten, Grundlage als die Zufügung Gregorianischen Materials in der gleichen Weise stattgefunden hat, so gehen sie gemeinsam auf eine Neuredaktion des Gelasianum zurück, die in S in ihrem ganzen Umfang, in R in verkürzter Gestalt geboten wird. S hat nämlich sämtliche in V erwähnten Feste und fügt außerdem noch eine ganze Reihe hinzu; R dagegen hat weder die Messen von V noch die Zusätze von S in ihrer Gesamtzahl. — Das Verhältnis, in welchem die Zusätze in V und R zum Gregorianum stehen, ergibt sich aus der S. 54 ff. gebotenen Liste im großen und ganzen. Für die Einzelheiten lehrreich ist folgende Übersicht:

*Zusätze an Festen in S und R zu dem Text von V*

25 Dez. S. Anastasia *wie Greg. Mur. p. 8*
31 „ S. Silvestri *wie Greg. Mur. p. 15.*
18 Jan. S. Priscae S *nach Greg. Muratori p. 19 = Menard p. 20*
19 „ SS. Mariae et Marthae RS
22 „ S. Vincenti RS 2/3 nach *Greg. Mur. p. 21 oder Men. p. 21*
23 „ SS. Emerentianae et Macarii S
25 „ S. Praeiecti S *wie Greg. Men. 23*
25 „ conversio S. Pauli S *wie Greg. Men. 22*
10 Febr. SS. Zotici Hirenei et Iacinthi S
22 „ cathedra S. Petri RS *wie Greg. Men. 29*
12 März S. Gregorii papae RS *wie Greg. Men. 30, nicht Mur. 25*
11 April S. Leonis papae S *nicht Greg., welches 28 Juni hat*
14 „ SS. Tiburti, Valeriani et Maximi S 3/4 *wie Greg. Men. 83*
23 „ S. Georgi S *nur 1 Gebet wie Greg. Menardi 84*
25 „ litania maior S *nach Greg. p. 80, nicht Menardi 91*
28 „ S. Vitalis S 2/3 *wie Greg. Men. 85*
3 Mai SS. Alexandri Eventii Theoduli S 2/3 *wie Greg. Men. 86.*

*Ich notiere von jetzt ab nur solche Feste, die im Greg. nicht erwähnt werden:*

IV Der römische Festkalender

9 Juni    SS. Primi et Feliciani S *wie Greg. Men. 104*
11 Juli   S. Benedicti abbatis R S
25 Juli   S. Iacobi fratris Iohannis R S *wie Greg. Men. 115*
19 Aug.   S. Magni S
24   „    S. Bartholomaei R S *wie Greg. Men. 124*
21 Sept.  S. Matthaei evang. R S mit Vigilie *wie Greg. Men 130 f.*
22 Okt.   S. Lucae evang. R S (R *am. 17 Okt.*) *wie Greg. Men. 135 f.*
28   „    S. Simonis et Judae *wie Greg. Men. 137*
17 Nov.   S. Augustini S ³/₄ *wie Greg. Men. 125 zum 28 Aug.*
11 Dez.   S. Damasi papae

Diese Proben reichen aus, um das zu beweisen, worauf es hier ankommt, nämlich daß sowohl S wie R nicht etwa einen reinen Text des alten Gregorianum benutzt haben, sondern in weitem Umfang bereits die den fränkischen Bedürfnissen angepaßte Überarbeitung verwerten, für die uns die Vorlage der Menardschen Ausgabe ein brauchbares, wenn auch etwas späteres Beispiel ist. Über den historischen Wert der in diesen Zusätzen uns erhaltenen Messen ist damit kein Urteil gefällt: es kann gutes altes Material darin stecken, und das ist, wie sich noch zeigen wird, auch tatsächlich der Fall. Aber für die Rekonstruktion des Gelasianum, auf die es hier allein ankommt, sind die Zufügungen von S und R bedeutungslos, und ebenso logischerweise die aus der Liste S. 54 ff. ersichtlichen Auslassungen von R gegenüber V. Es bleibt dabei, daß V für uns der einzige brauchbare Zeuge für Umfang und Inhalt des sog. Gelasianischen Sakramentars ist.

Über die Zeit der Sammlung läßt sich zunächst sagen, daß sie durch das Alter der Handschrift nach unten hin begrenzt ist: der Codex ist nach Delisle[1] im VII oder Beginn des VIII Jahrhunderts, nach Ehrle und Liebaert[2] später als etwa 750 *(post medium saeculum VIII)* geschrieben. Duchesne[3] weist ferner darauf hin, daß die von Gregor II (715—731) eingeführten[4]

---

1 Mémoire p. 68.    2 Specimina Cod. Latinorum n. 20.
3 Origines³ 130.    4 Lib. pont. 91, 9 I p. 402 und Note 19 Duchesne.

Stationen der Fastendonnerstage noch fehlen: I 17 (p. 15 ff. Wilson) werden für alle Tage der Fastenwochen mit Ausnahme des Donnerstags Messen mitgeteilt. Andrerseits findet sich I 21 ein *capitulum s. Gregorii papae* (p. 26 Wilson)[1], welches einem an die gallischen Bischöfe gerichteten Schreiben[2] vom Juli 599 entnommen ist: es ist möglich, daß es von den Adressaten in Gallien eingefügt wurde. Das gleiche könnte von der am 3 Mai notierten (p. 172 Wilson) Feier der *Inventio s. Crucis* gelten, da dieser Gedächtnistag der 628 erfolgten Wiederaufrichtung der Kreuzesreliquie im Frankenreich sich besonderer Beliebtheit erfreute[3], aber z. B. im Gregorianum noch fehlt; doch ist auch die in beiden römischen Sakramentarien gleichmäßig bezeugte festliche Begehung der *Exaltatio s. Crucis* am 14 Sept. im Abendlande erst nach 628 aufgekommen[4]. Ob sie bereits in der römischen Vorlage von V stand, kann wohl bezweifelt werden.

Das Gregorianische Sakramentar ist das Meßbuch des Karolingerreiches geworden. In einem zwischen 784 und 791 geschriebenen Briefe Papst Hadrians I an Karl den Großen[5] erfahren wir, daß der Frankenherrscher durch „Paulus Grammaticus" in Rom um ein Sakramentar nach der Tradition der heiligen römischen Kirche ersuchte, und daß der Papst ihm das „von seinem heiligen Vorgänger Gregor entworfene" zugesandt hat. Ludwig Traube hat in seinem klassischen

---

1 Es ist auch in das Gregorianum Menardi übergegangen, vgl. p. 221ᵈ.
2 Epist. IX 218 (II p. 206, 12 ff.) Hartmann, IX 106 Bened. In der Anmerkung des Menardus p. 494 ist fälschlich IX 105 Ben. (alte Nr. VII 110 statt 111) zitiert.
3 Vgl. den Kalender S. 57.
4 s. Kellner Heortologie³ 251 f. Kellners Bemerkung, das Fest des 14. Sept. sei eine „spätere Einschiebung" in das Gelasianum, ist unklar.
5 Codex Carolinus ep. 92 p. 274 Jaffé. Reg. pont. Rom. I² n. 2473 Jaffé. *de sacramentario vero a sancto disposito praedecessore nostro deifluo Gregorio papa immixtum* (= unverzüglich) *vobis emitteremus* usw.

Werk[1] geschildert, wie solche von auswärts bezogenen Normalexemplare bedeutender Werke in der Aachener Bibliothek auslagen, um abgeschrieben und so im Lande verbreitet zu werden. So sind uns auch vom Gregorianischen Sakramentar noch zahlreiche Codices erhalten, welche die Vorbemerkung enthalten: *Es beginnt das Meßbuch, nach dem Kreislauf des Jahres geordnet, vom hl. römischen Papst Gregor herausgegeben, aus dem Urexemplar der Hofbibliothek abgeschrieben*[2]. Aus den Notizen bei Traube und Ebner[3] ist es leicht, einen Überblick über die Verbreitung dieser Vorbemerkung zu gewinnen, die auch im XII und XIII Jahrhundert noch gelegentlich mechanisch kopiert worden ist.

Von diesen Handschriften sondert sich streng eine zweite Klasse von Codices, welche diese Notiz niemals hat[4], dafür aber in anderer Weise ihre Herkunft aus dem Normalexemplar dartut. Bäumer hat anläßlich seiner Behandlung des Gelasianum[5] diesen Texten eine besonderen Untersuchung gewidmet und es höchst wahrscheinlich gemacht, daß in ihnen eine von Karls Hoftheologen Alkvin veranstaltete Ausgabe vorliegt: über die Handschriften selbst findet man Näheres bei Ebner[6] und Bishop[7]. Der beste Vertreter dieser Klasse ist der Ottobonianus 313 aus der ersten Hälfte des IX Jahrhunderts: er ist in der Ausgabe Muratoris benutzt[8], nur daß man die

---

[1] Textgeschichte der Regula S. Benedicti (Abh. d. bayer. Akad. d. Wiss. III Cl. XXI Bd. III Abt. 1898) S. 675 ff.

[2] *Incipit liber sacramentorum de circulo anni expositus, a sancto Gregorio papa Romano editus, ex authentico libro bibliothecae cubiculi scriptus.*

[3] Quellen 369 ff. 371 Anm. 1.

[4] Das hat erst Traube S. 726 gesehen.

[5] Hist. Jahrbuch XIV (1893) 251 ff.

[6] Quellen 383 f.

[7] E. Bishop, On some early Mss. of the Gregorianum im Journal of Theol. Studies IV (1903) 411 ff.

[8] Muratori druckt für Nr. 1—4 und 6 den Cod. Vat. Reg. 337 ab und gibt die Varianten des Ottobonianus unter dem Text, von Nr. 7 an liefert aber der Ottob. den Text. Über die Klasse, der Reg. 337 angehört, vgl. unten S. 39 f.

Reihenfolge der Stücke ändern muß, um ein Bild der wirklichen Überlieferung zu bekommen. Folgendes ist ihre richtige Ordnung und ihr Inhalt:

1) Muratori II 1—6 Canon Missae.
2) „ 357—361 Ordination des Bischofs, Presbyters und Diakonus.
3) „ 7—138 Meßgebete für das Kirchenjahr.
4) „ 241—272 Orationen für besondere Fälle.
5) „ 272 (s) Prolog (Alkvins) *Hucusque*...
6) „ 139—240 Anhang von 146 Orationen, Sonntags- und Votivmessen: vorausgeschickt ist ein Index capitum (p. 139—142).
7) „ 291 Prolog *heic studiose*...
8) „ 291—356 Anhang von Präfationen (erhalten im Ottobonianus: der Vat. Reg. 337 hat einen kürzeren Anhang p. 273—290).
9) „ 362—380 Anhang von Benediktionen (ebenfalls abweichend im Reg., dessen Texte Muratori 361 ff. in den Anmerkungen gibt).

Der Prolog *Hucusque* führt nun aus[1], daß „bis hierhin" das Sakramentar Gregors reiche, d. h. daß es die Stücke 1—4

---

[1] *Hucusque praecedens sacramentorum libellus a beato papa Gregorio constat esse editus, exceptis his, quae in eodem in nativitate vel assumptione beatae Mariae, praecipue vero in quadragesima, virgulis antepositis lectoris invenerit iugulata solertia. nam sicut quorumdam relatu didicimus, domnus apostolicus in eisdem diebus a stationibus penitus vacat, eo quod ceteris septimanae feriis stationibus vacando fatigatus eisdem requiescat diebus: ob id scilicet, ut tumultuatione populari carens et eleemosynas pauperibus distribuere et negotia exteriora liberius valeat disponere. missam vero praetitulatam „in natali" eiusdem „beati Gregorii" virgulis antepositis iugulatam, a praedecessoribus* (= Nachfolgern!) *eius caussa amoris, immo venerationis suae eidem suo operi non dubium esse interpositam. Praefatus autem sacramentorum libellus, licet a plerisque scriptorum vitio depravante [qui] non ut ab auctore suo est editus haberetur, pro captu tamen ingenii ob multorum utilitatem studii nostri fuit artis stilo corrigere.*

umfasse. Freilich sei auch diese Sammlung nicht frei von Zusätzen, wie sich bei Mariae Geburt, Mariae Himmelfahrt und namentlich einigen Tagen in der Fastenzeit ergebe: an diesen nämlich lese der Papst — wie man durch Gewährsmänner erfahren habe — überhaupt keine Messe, sondern ruhe sich von der ermüdenden Tätigkeit an den übrigen Wochentagen aus, verteile Almosen und widme sich den auswärtigen Angelegenheiten. Auch könne die Messe *in natali beati Gregorii* nicht von ihm selbst stammen, sondern sei von einem seiner Nachfolger eingefügt. Alle diese späteren Zusätze finde der Leser durch Obeli gekennzeichnet.

Der Herausgeber, den wir nach Bäumers Nachweisen Alkvin nennen dürfen, gibt also den Text unverändert nach einem ihm vorliegenden authentischen Exemplar, übt aber durch den antiken Obelos Kritik und zwar aus inneren Gründen: Die Gregormesse kann selbstverständlich nicht von Gregor stammen; Mariae Geburt und Himmelfahrt hält Alkvin augenscheinlich für nachgregorianische Feste, da er ihr späteres Hinzukommen ohne Angabe eines Grundes als selbstverständlich ansieht. Das stimmt zu der zögernden Haltung der fränkischen Kirche, welche um 810 auf einer Synode zu Aachen noch keine Entscheidung über Mariae Himmelfahrt wagte und sich erst 813 zu Mainz entschloß, dies Fest unter die gebotenen Feiertage aufzunehmen [1]. Mariae Geburt fehlt in beiden Verzeichnissen. Beide Feste werden in Rom unter Sergius I (687—701)[2] gefeiert; ältere Nachrichten fehlen uns, so daß Alkvin wohl Recht haben wird. Ferner erscheinen ihm als spätere Zusätze die Messen an solchen Tagen der Fastenzeit, an denen der Papst notorisch keine Messe liest. Das muß sich auf die Donnerstage der Quadragesima beziehen, die in älterer Zeit von Meßdienst frei waren, wie noch das Gelasianische Sakramentar bezeugt — davon ist bereits S. 33 die Rede ge-

---

[1] Capit. 81 de presbyteris (810—813) c. 19 p. 179 ed. Boretius Mainzer Synode von 813 c. 36. p. 269 ed. Werminghoff.
[2] Lib. pont. 86, 14 I 376 Duchesne mit Note 43.

## Das Sacramentarium Gregorianum: Alkvins Ausgabe

wesen. Nun sind freilich seit Gregor II (715—731) diese Donnerstage auch nicht mehr dienstfrei [1], und das Gregorianum zeigt uns durch Angabe von Messen auch für diese Tage deutlich den Zustand des VIII Jahrhunderts. Das hat Alkvin richtig erkannt, und es kann nur zweifelhaft sein, ob er nicht der irrigen Meinung ist, zu Rom werde auch zu seiner Zeit noch an den Fastendonnerstagen keine Papstmesse gelesen: seine Worte lassen das vermuten.

Die kritischen Obeloi finden sich nun freilich in den meisten Handschriften nicht mehr — wir können sie ja gut entbehren —, doch hat der Vaticanus Ottobonianus 313 wenigstens an einer Stelle, nämlich vor der Gregormesse des 12 März das kritische Zeichen in seiner aus Hieronymus bekannten Form ÷ erhalten [2].

Der Verfasser bemerkt, daß er die zu beanstandenden Messen durch Obeli bezeichnet habe, ein Verfahren, welches dem von Hieronymus übernommenen Gebrauch der karolingischen Gelehrten [3] entspricht: auch die im Ottobonianus erhaltene Form [4] ÷ ist die übliche. Alkvin will also eine genaue und, wie er ausdrücklich bemerkt, stilistisch durchkorrigierte Ausgabe des Normalexemplars liefern im Gegensatz zu den bisher umlaufenden mannigfach verderbten Texten.

Zugleich soll aber das Buch den Bedürfnissen der fränkischen Kirche angepaßt werden: das haben — so können wir ergänzen — die bisherigen Abschreiber durch Interpolation des Urtextes erzielt: Alkvin gibt die notwendigen — und nur die notwendigen — Ergänzungen aus vorgregorianischen Quellen [5] in einem mit Inhaltsverzeichnis versehenen Anhang:

---

1 Vgl. Mabillon Museum Italicum II p. XXXII f.
2 Ebner, Quellen S. 455. Im Codex von Essen-Düsseldorf ist es in falscher Form willkürlich vom Schreiber hinzugefügt: s. Traube 725.
3 Vgl. Traube Textgesch. der Reg. S. Benedicti S. 667. 725.
4 Ebner, Quellen 455, dazu Traube S. 725 und Bäumer 258 Anm. 3.
5 *quae idem pater* (Gregor) *ab aliis iam edita esse inspiciens praetermittit.*

er betont, daß andere Sakramentarien noch weiteren Stoff enthalten. Dieser Anhang soll übrigens keinerlei Anspruch auf unbedingte Annahme erheben, wie er dem Buche Gregors selbstverständlich gebührt, sondern will nur wertvolles Material zur beliebigen Benutzung bereitstellen. Das Gleiche gilt von den beigegebenen Präfationen und Benediktionen.

Alle diese Bestandteile enthält der Codex Ottobonianus in derselben Reihenfolge, die unsere Vorrede *Hucusque* voraussetzt. Wenn aber Alkvin fortfährt, er habe auch noch beigegeben, was im Gregorianum bezüglich der Weihen zu niederen Klerikergraden fehle, so läßt uns da der Ottobonianus im Stich. Sein Text des Gregorianum enthält, wie zu erwarten ist, nur die drei höheren Grade (Mur. 357—61): die Weiheformeln für die vier andern Ordines, die laut Alkvins Notiz hinter den Benedictiones folgen müßten, fehlen. Wie es mit den übrigen Handschriften steht, ist aus den bisherigen Zusammenstellungen nicht unzweifelhaft ersichtlich [1].

Jedenfalls versprechen die Handschriften dieser Klasse, in Nr. 1—4 ihres Inhaltes das Alkvin vorliegende Gregorianum zu liefern, also eine Kopie desselben Urexemplars, auf welches auch die an erster Stelle genannten Codices zurückzugehen behaupten. Der älteste unter diesen [2] ist die 811/12 geschriebene Handschrift von Cambrai Nr. 164 (olim 159), die E. Bishop genauer untersucht hat: sie enthält weder Prolog *Hucusque* noch Anhänge, sondern nur Nr. 1—4 mit der vorhin (S. 34) erwähnten Ursprungsnotiz *ex authentico* usw. Durch Traubes Beobachtung [3] ist sichergestellt, daß diese erste Klasse vom Einfluß Alkvins frei ist und direkt auf das Urexemplar zurückzugehen behauptet — bei dieser Handschrift des Jahres 811 dürfen wir wohl unbedenklich sagen: tatsächlich zurückgeht.

---

[1] Muratori Lit. Rom. II 405 druckt ein Ritual für die Ordines minores ab, ebenso Menardus 219 ff. Vgl. auch Ebner, Quellen 122. 167 Anm.

[2] Ebner, Quellen 383 rechnet sie irrtümlich zur Alkvinklasse: er hat offenbar Bishops Notizen, auf die er sich beruft, nicht vollständig zur Verfügung gehabt.

[3] Regula S. Bened. S. 726 s. oben S. 34 Anm. 4.

Nun hat Bishop diesen Codex verglichen und festgestellt, daß er bis auf minimale Varianten, die unser Thema nicht berühren, inhaltlich völlig mit dem „Codex Reginae" übereinstimmt. Dessen Text können wir aber auf Grund der Muratorischen Ausgabe als wesentlich gleichlautend mit dem des Ottobonianus ansehn, welcher seinerseits sicher der Alkvinklasse angehört. Durch das Zeugnis der besten Vertreter zweier von einander unabhängigen Überlieferungszweige [1], des Ottob. 313 und der Handschrift von Cambrai, wird uns also ermöglicht, das Aachener Normalexemplar mit Sicherheit herzustellen: hoffentlich wird diese Arbeit bald in Angriff genommen. Einstweilen müssen wir uns noch mit Muratoris Ausgabe als der einzig brauchbaren begnügen.

Die übrigen Drucke des Gregorianums spiegeln uns den in den Handschriften sich vollziehenden Entwicklungsprozeß in lehrreicher Weise wieder. Die Ausgabe des Pamelius [2] beruht auf einem Kölner [3] Codex der Alkvinklasse, der bereits im Körper des Gregorianums reichliche Zusätze neuer Messen aufweist. A. Rocca in seiner Ausgabe der Werke Gregors (Rom 1596) benutzte den Vat. lat. 3806, der kurz vor 1000 geschrieben ist [4]. Seine Vorlage gehört, wie die Vorbemerkung *ex authentico* beweist, ursprünglich der ersten Klasse an; doch ist er mit neuen Messen versehen und hat ein reichhaltiges Supplement bekommen, über welches Ebner S. 213 ff. das Nähere gibt: andere Codices dieser Art stellt Ebner S. 391 zusammen.

Eine ganz eigentümliche Stufe der Entwicklung vertritt nun aber der Vat. Reg. 337: er mag um 850 geschrieben sein.

---

[1] E. Bishop im Journal of Theol. Stud. IV (1903) 411 ff. meint zu Unrecht, daß der Urtext nur aus der „Alkvinfreien" Klasse zu gewinnen sei.

[2] Rituale SS. Patrum Latinorum II 178 ff. (Köln 1675).

[3] Ebner, Quellen 384 Anm. 2 schwankt zwischen Colon. 88 und 137.

[4] Ebner, Quellen 212.

E. Bishop hat im Formular für die Weihe der Osterkerze (Muratori 145) unter dem über *illo* geschriebenen Papstnamen *Adriano* die Reste eines ausradierten *Nicolao* (858—867) gefunden[1], doch ist es fraglich, ob die Schrift von erster Hand ist. Ehrensberger datiert ihn in die erste Hälfte des ix Jahrhunderts. Der Codex gehört nicht, wie Ebner gemeint hat, in die Klasse der Alkvinschen Handschriften, denn er hat die Vorbemerkung *ex authentico*, die Alkvin nicht bietet, und die Vorrede *Hucusque* fehlt[2], wie aus Muratoris Ausgabe S. 272 klar ersichtlich ist. Es folgt aber — und dadurch ist Ebner irregeführt worden — der erste Teil des Alkvinschen Supplements Nr. 6, dann ein kurzer Anhang von Präfationen und Benediktionen. Wir haben es also mit einer Handschrift zu tun, welche den Text des Gregorianums unverändert einem Vertreter der ersten Klasse entnahm, dann aber aus einem Alkvincodex den ersten Anhang abschrieb und ein keineswegs bloß aus Alkvin stammendes, aber nach seinem Vorbild geschaffenes Supplement von Präfationen und Benediktionen beigab.

Die stärkste Umwandlung hat das Gregorianum aber in dem Cod. Paris. 12051 saec. x[3] erfahren, dem sog. Codex Eligii, welcher der Ausgabe des Menardus[4] zugrunde liegt: die Umarbeitung ist so bedeutend, daß Probst[5] dies Sakramentar sogar für ein ursprünglich Gelasianisches erklärt hat, welches nur mit Gregorianischen Zusätzen versehen sei. Der

---

[1] S. Ebner, Quellen 455.
[2] Ebenso auch die kleine Notiz Nr. 7 *Heic studiose*.
[3] Delisle p. 175.
[4] Paris 1642: wiederholt in der Benediktinerausgabe der Werke Gregors Paris 1705 Bd. III, die ich benutze. Menard hat gelegentlich den Paris. 12050 (geschrieben bald nach 853: *cod. Rodradi* vgl. Delisle 122 ff.) und Paris. 12052 saec. X (*codex Ratoldi* Delisle 188) benutzt. Die Benediktiner haben Lesarten des Vat. Reg. 337 (= *Reg. Suec.*) und zweier Handschriften aus Reims (n. 418—452 saec. XI = *Theod. I* Delisle 285, n. 320—272 saec. IX Delisle 116 = *Theod. II*) hinzugefügt, natürlich nur sporadisch.
[5] Die ältesten röm. Sacramentarien 165 ff.

Titel mit dem Vermerk *ex authentico* zeigt aber, daß ein Gregorianischer Codex der ersten Klasse zugrunde liegt; ebendahin weist ferner die Tatsache, daß die Messen dem Gregorianischen und nicht dem Gelasianischen Festkalender entsprechen. Nur folgende Varianten sind zu verzeichnen: Die *litania maior* ist auf Montag vor Himmelfahrt verlegt (p. 91) — eine Konzession an den gallischen Ritus — dafür wird am 25 April das *natale S. Marci evangelistae* gefeiert; sodann fehlen die zwei Sonntagsmessen des Septemberfastens (Mur. 121. 124). Die einzelnen Messen sind so umgestaltet worden, daß zu den Gregorianischen Gebeten Gelasianische und anderswoher stammende hinzugefügt oder an ihre Stelle getreten sind, und daß die Präfationen und die Benediktionen des Alkvinschen Anhangs im Körper des Meßformulars ihre Stelle gefunden haben. Eine Tabelle der ersten Messen des Menardianums möge das veranschaulichen.

✶ bezeichnet die Gregorianischen, § die Gelasianischen Gebete, *p* und *b* die Präfationen und Benediktionen, welche sich auch im Anhang Alkvins finden, *a* den ersten Teil dieses selben Anhangs.

*In vigilia natalis domini*
Deus qui nos redemtionis ✶
Da nobis, q. o. D. ut, sicut adoranda ✶ §
V. D. Cuius hodie *p*
Da nobis Dn., q. unigeniti filii ✶
Praesta, m. D. ut ad suscipiendum §

*In vigilia domini in nocte*
Deus qui hanc sacratissimam noctem ✶ §
Accepta sit tibi, D. q. hodiernae festivitatis ✶
V. D. Cuius Divinae nativitatis *p* §
o. D. qui incarnatione *b*
Da nobis, q. D. D. noster, ut, qui nativitatem ✶
Respice nos, m. D.: & mentibus ✶ *(in die)*, §

*Missa in mane prima nat. dom.*
Da q. o. D., ut, qui nova ✶
Da q. o. D., ut qui beatae Anastasiae ✶
Munera nostra, q. D. nativitatis ✶ §

Accipe, q. D. munera dignanter ✶
V. D. quia nostri salvatoris ✶
Eius nos D. sacramenti ✶ §
Satiasti, D. familiam ✶

*In die natalis Domini*

Concede q. o. D. ut nos unigeniti ✶ §
Oblata, D. munera, nova unigeniti ✶
V. D. Quia per incarnati ✶
Benedicat vobis o. D. vestramque ad superna *b*
Praesta q. o. D. ut natus hodie ✶ §
Concede nobis, o. D. ut salutare tuum ✶
O. s. D. qui hunc diem per incarnationem ✶ §
Fundamentum fidei nostrae D.
Largire, q. D. famulis ✶ §
D. qui per beatae Mariae ✶, § *(in Vig.)*
D. qui humanae ✶ §
O. s. D. qui in filii ✶
Da q. D. populo tuo inviolabilem ✶

*Nativitas s. Stephani*

Da nobis, q. D. imitari ✶
Suscipe, D. munera pro tuorum ✶
V. D. Beati Stephani *p*
D. qui beatum Stephanum *b*
Auxilientur nobis, D. sumta mysteria ✶
O. s. D. qui primitias ✶ §
D. qui nos unigeniti ✶
Gratias agimus, D. multiplicatis §

*Nativitas s. Iohannis ev.*

Ecclesiam tuam, D. benignus ✶
Suscipe munera, D. quae in eius ✶
V. D. Beati apostoli tui & evangelistae Iohannis *p*
O. D. dignetur vobis per intercessionem *b*
Refecti cibo, potuque caelesti ✶
Beati Iohannis evangelistae, q. D. supplicatione ✶
Beati evangelistae Iohannis, D. precibus ✶
Sit, D. q. beatus Iohannes ✶
D. qui per os beati Apostoli ✶ §
O. s. D., qui huius diei ✶
Adsit ecclesiae tuae D. §
Praesta, q. o. D. ut excellentiam §

### Natalis Innocentum
D. cuius hodierna die praeconium ✶ §
Adesto, D. muneribus Innocentum §
V. D. & in pretiosis mortibus *p*
O. D. pro cuius unigeniti *b*
Votiva, D. dona percepimus ✶
D. qui licet sis magnus ✶
Ipsi nobis D. q. postulent §
Adiuva nos, D. q. eorum deprecatione §

### Nativitas s. Silvestri papae
Da q. o. D. ut beati Silvestri ✶
Sanctorum tuorum nobis, D. pia ✶ *(Innoc.)*
Q. o. D. ut hodiernae
Adesto, D. supplicationibus

### In octavis Domini
D. qui salutis aeternae ✶ *a (dom. I)*
D. qui nobis nati §
Praesta, q. D. ut per haec munera §
V. D. cuius hodie circumcisionis *p*
O. D. cuius unigenitus *b*
Praesta q. D. ut quod salvatoris §
O. s. D. qui in unigenito §

### Dom. I post. natal. Domini
O. s. D. dirige actus *a (dom. II)*
Concede, q. D. ut oculis *a (dom. II)*
V. D. qui peccato primi *p* (*in dom. II*)
D. qui unigenitum suum misit
Per huius, D. operationem *a (dom. II)*
Propitiare, m. D. supplicationibus

### In vigilia Theophanie
Corda nostra, q. D. venturae §
Tribue q. D. ut praesentibus §
V. D. Et te laudare *p,* § *(in die)*
Inlumina, q. D. populum §, ✶ *(in die)*

### In Epiphania Domini
D. qui hodierna die unigenitum ✶
Ecclesiae tuae, q. D. dona propitius ✶

## IV Der römische Festkalender

V. D. Quia cum unigenitus ✶ §, *p (dom. I)*
D. lumen verum *b*
Praesta, q. o. D. ut quae solemni ✶
O. s. D. fidelium splendor ✶
D. illuminator omnium ✶ §
Da nobis, q. D. digne ✶
Praesta, q. o. D. ut salvatoris ✶
Illumina q. D. populum ✶, § *(in Vig.)*

### Dominica I post Theophaniam
Vota, q. D. supplicantis *a*
Oblatum tibi, D. *a*
V. D. Quia cum unigenitus *p*
D. qui filii sui
Supplices te rogamus, o. D. ut quos tuis *a*
Conserva, q. D. familiam

### In octavis Theophanie
D. cuius unigenitus ✶ § *(beide in die)*
Hostias tibi, D. pro nati § *(in die)*
Caelesti lumine, q. D. semper § *(in die)*

### Nat. sancti Felicis
Concede q. o. D. ut ad meliorem ✶
Hostias tibi D. pro commemoratione §
V. D. & confessionem sancti Felicis *p*
Q. D. salutaribus ✶

### Dominica II post Theophaniam
O. s. D. qui caelestia *a*
Adesto, q. D supplicationibus § *(nat. dom.)*
Ut tibi grata sint, D.
V. D. semperque virtutes *p*
D. qui suâ mirabili
Angeatur in nobis *a*
Auxiliare, D. populo tuo

### Nat. s. Marcelli papae
Preces populi tui ✶
Suscipe, q. D. munera ✶
V. D. qui glorificaris *p*
Satiasti D. familiam ✶

### Nat. s. Priscae virginis
Da q. o. D. ut qui beatae ✶
Hostia D. q. quam in sanctorum ✶
Q. D. salutaribus ✶

### Natale s. Fabiani
Infirmitatem nostram ✶
Hostias tibi, D. beati Fabiani ✶
Refecti participatione ✶

### Nat. s. Sebastiani martyris
D. qui beatum Sebastianum ✶
Accepta sit in conspectu ✶
V. D. Quoniam martyris beati Sebastiani *p*
Sacro munere satiati ✶

### Natale s. Agnetis
O. s. D. qui infirma ✶
Hostias, D. quas tibi ✶
V. D. Et diem beatae Agnetis *p*
Sumentes, D. gaudia §

### Nat. s. Vincentii martyris.
Adesto q. D. supplicationibus ✶
Hodiernum, D. sacrificium
V. D. Pro cuius nomine *p*
Q. o. D. ut qui caelestia ✶

### Conversio s. Pauli
D. qui universum
Apostoli tui Pauli precibus
V. D. Et maiestatem tuam *p*
D. qui gratiâ suâ
Sanctifica nos, D. q. salutari

### Nat. s. Proiecti Martyris
Martyris tui Proiecti
Suscipe Dne. propitius
V. D. Et tuam misericordiam *p*
Votiva Dne. pro b. martyris

### Natale sancte Agnetis de nativitate
Deus qui nos annua ✶
Super has, q. Dne. hostias benedictio ✶

V. D. Beatae Agnetis natalitia
Sumsimus, Dne. celebritatis ✶
Adesto nobis, o. D. beatae Agnetis

### Purificatio s. Marie virginis
Erudi, q. Dne. plebem ✶
O. s. D. maiestatem tuam ✶
Exaudi, Dne. preces nostras ✶
V. D. Quia per incarnati *p*
O. D. qui unigenitum *b*
Q. Dne. D. noster ut sacrosancta ✶
Perfice in nobis, q. Dne. gratiam ✶

### Nat. s. Agathae martyris
Deus qui inter cetera ✶
Suscipe, Dne. munera ✶
V. D. Pro cuius nomine *p*
Beatae Agathae martyris ✶
Indulgentiam nobis, Dne. beata ✶ §

### Dominica III post Theophaniam
O. s. D. infirmitatem *a*
Haec hostia, Dne. q. emundet *a*
V. D. Et te omni tempore *p*
O. D. vos ab omnium
Quos tantis, Dne. largiris *a*
Adsit, Dne. q. propitiatio

Über den Kalender des Gregorianums hinaus finden sich bei Menard folgende Festmessen:

*p* bedeutet, daß das Fest auch im Präfationenanhang Alkvins, *k* daß es im Kalender Karls des Großen (s. S. 51) erwähnt ist.

25 Jan.  conversio S. Pauli p. 22  *p*
25  „  S. Proiecti p. 23  *p*
22 Febr. cathedra S. Petri p. 29  *p*
24  „  S. Matthiae apost. p. 29
25 April S. Marci evang. p. 84
 3 Mai  inventio S. Crucis p. 86  *p k*
 9 Juni  SS. Primi et Feliciani p. 104
12  „  SS. Basilidis Cyrini Naboris et Nazarii p. 105
25 Juli  S. Iacobi apost. p. 115  *p k*

24 Aug. S. Bartholomaei apost. p. 124  *p k*
28  „   S. Augustini p. 125  *p k*
29  „   decollatio S. Iohannis Bapt. p. 126  *p k*
8. Sept. S. Adriani mart. p. 128
21  „   Matthaei evang. *mit Vig.* p. 130 f.  *p k (beide ohne Vig.)*
18 Okt. S. Lucae evang. p. 135  *p k*
28  „   SS. Simonis et Iudae *mit Vig.* p. 136 f.  *p k (k ohne Vig.)*
1 Nov.  omnium Sanctorum *mit Vig.* p. 137 f.
21 Dez. S. Thomae apost. p. 144  *p Gelas.*
dominica I post nat. domini p. 14  *p*
vigilia Theophaniae p. 15  *p*
dominica I—VI post Theophaniam p. 17  *p*
octava Theophaniae p. 18
dominica I—IV post octav. Paschae p. 88—90  *p*
feria II—IV in litania maiore vor Himmelfahrt p. 91—93
denuntiatio ieiunii I. IV. VII. X mensis p. 105  *Gelas.*
mensis IV feria IV. VI. VII si post hebd. Pentecostes advenerit
p. 106 f.  *p Gelas.*
hebdom. II—XXVII post Pentecosten p. 168—186  *p*
dominica V ante nat. domini p. 186  *p*

Mit dem Gelasianum hat dieser Überschuß nur das Thomasfest des 21 Dez. gemeinsam, obwohl das Gelasianum zahlreiche Messen enthält, die im Gregorianum fehlen. Dagegen ist die große Mehrzahl der Feste auch im Anhang Alkvins genannt, und die Präfationen sind aus ihm entlehnt. Daraus ist ersichtlich, daß uns im Text Menards eine Überarbeitung des Gregorianums vorliegt, welche, in der durch Alkvins Anhang gewiesenen Richtung fortschreitend, das römische Meßbuch durchgreifend umarbeitet, um es der Praxis der karolingischen Kirche anzupassen: für die Gewinnung des Urtextes ist es ohne Bedeutung, aber als Ahnherr der heutigen Gestalt des *Missale Romanum* von hohem geschichtlichen Wert.

Die auf S. 39 genannten kritischen Hilfsmittel lassen uns das Aachener Normalexemplar wiedergewinnen, also den Codex, welchen Papst Hadrian an König Karl sandte, und der natürlich den römischen Brauch des endenden VIII Jahrhunderts wiedergibt. Haben wir kein Mittel, weiter vorzudringen und die vorauszusetzende ältere Gestalt des Gregorianums wiederzugewinnen? A. Wilmart hat das bejaht [1] und ein Palimpsest von Monte Cassino als urkundlichen Zeugen aufgerufen: er datiert die nur in Bruchstücken erhaltene Handschrift um 700 und läßt sie im Beginn des VIII Jahrhunderts nach Monte Cassino gelangt sein. Die Gebete zeigen — um die bisher gebrauchten Bezeichnungen zu verwenden — eine Mischung von gregorianischen Bestandteilen mit Stücken, welche im Alkvinschen Anhang Nr. 6 oder im Gelasianum stehn: besonders zu beachten ist die Messe *in Pascha annotina* (= Gelas. p. 97) [2]. Rein gregorianisch scheint im übrigen die Reihe der eigentlichen Festmessen zu sein. Aber zwischen dem Tag S. Callisti (14 Okt.) und S. Martini (11 Nov.) stehen Messen für die sieben Sonntage *post S. Angelum*, also nach Michaelis: ihr Text entspricht dem 17.—23. Sonntag nach Pfingsten bei Alkvin (Muratori 172—175). Nach einer Lücke, in der Wilmart wohl mit Recht die Ordines, Benedictiones und Missae quotidianae ansetzt, folgt der Canon missae mit dem Commune sanctorum, welches wieder dem Alkvinanhang Nr. 6 entspricht. Das letzte Bruchstück bringt Votivmessen, deren Texte sich teils im Gelasianum, teils im Gregorianum finden. Einen Hauptunterschied von allen bisher behandelten Sakramentarien bedingt aber der Umstand, daß hier sämtliche Messen auch mit dem Text von Epistel und Evangelium ausgestattet sind, also ein Lektionar eingearbeitet ist.

Diese nach verschiedenen Richtungen breitere Form hält Wilmart auch für die ursprüngliche des Gregorianums: nur ein Auszug daraus sei die an König Karl gesandte 'Hadrianische' Gestalt, und sowohl das Gelasianum als für seinen Anhang Alkvin hätten aus dem alten umfangreicheren Gregorianum geschöpft.

---

1 Revue Bened. XXVI (1909) 281 ff. Un missel Grégorien ancien. Es behandelt den Cod. Cassin. 271 (ol. 348).

2 D. h. der Jahrestag des jeweils vorjährigen Osterfestes.

Nun ist zunächst unwahrscheinlich, daß die Einfügung der Lektionen in das Sakramentar ursprünglich gregorianisch sei. Diese Verbindung hat einen praktischen Zweck nur in Büchern, die für kleinere Kirchen bestimmt sind. Wenn nur ein Geistlicher vorhanden ist, der zelebriert und zugleich Epistel und Evangelium verliest, so ist es für diesen natürlich angenehm, alle seine Texte in der richtigen Reihenfolge in einem Buch beisammen zu haben. Sobald aber die Lektionen nicht vom Zelebranten rezitiert werden, wie es in jeder größeren Kirche und vollends bei der Papstmesse der Fall ist, fehlt das Bedürfnis für eine derartige Vermischung von Sakramentar und Lektionar. Man könnte einwenden, das alte Gregorianum sei eben nicht als Meßbuch des Papstes gedacht gewesen, sondern zur Verbreitung gerade auch in kleinen Kirchen bestimmt worden. Aber warum hat dann Papst Hadrian nicht diese als Muster für die fränkische Kirche viel geeignetere Form an König Karl geschickt, sondern ein typisch päpstliches Meßbuch, sogar mit Angabe der römischen Stationskirchen? Offenbar, weil er keine andere Gestalt des Gregorianums kannte. Auch die uns sonst bekannte Entwicklung der Meßbuchformen [1] weist darauf hin, daß die Einfügung der Lektionen in die Sakramentarien sich erst in späterer Zeit und in allmählicher Entwicklung vollzogen hat, also eine sekundäre Erscheinung ist.

Aber auch das Eindringen gewöhnlicher Sonntagsmessen wie der 7 *dominicae post S. Angelum* in die Reihe der Festmessen muß als sekundär betrachtet werden. Das Gelasianum und das Hadrianische Gregorianum stimmen darin überein, daß die Reihe der Festmessen nicht durch Sonntagsmessen unterbrochen wird. Und da soll das Urgregorianum diese für den praktischen Gebrauch zweifellos bequeme Vermischung bereits gehabt haben, die dann aus archaistischer Vorliebe zugunsten der gelasianischen Form später wieder beseitigt worden wäre? Höchst unwahrscheinlich.

---

1 Ebner, Quellen 359 ff.

Lietzmann, Petrus und Paulus.

Hätten wir die Nachrichten über den Inhalt des Palimpsestes von Monte Cassino ohne Angabe seines Alters, es würde niemand zweifeln, daß wir eine der uns bekannten Mischformen vor uns haben, bei denen Bestandteile des Gelasianums und des Alkvinschen Anhangs in das Gregorianum aufgenommen sind. Ich halte es für bedenklich, von diesem Standpunkt abzugehen. Zunächst ist es möglich, daß die Ansetzung der Handschrift um 700 falsch ist: unsere Datierung der Uncialschrift ist keineswegs auf so festem, durch datierte Handschriften gesichertem Fundament aufgebaut, daß nicht mit dieser Möglichkeit sehr ernstlich zu rechnen wäre: wie lange die Uncialis in Übung war, lehren z. B. die in Assisi liegenden Fragmente [1] eines Uncialcodex, welcher die um 790 verfaßte *Historia Langobardorum* des Paulus Diakonus enthielt, also frühestens aus dem Beginn des VIII Jahrhunderts stammt. Sollte die Datierung jedoch unanfechtbar sein, so würden wir in dem Palimpsest doch nichts anderes als eine überarbeitete Form des Gregorianums erblicken dürfen, welche dieselben Quellen für ihre Zusätze benutzte, die auch Alkvin heranzog: der Cassinensis wäre dann eben eine der „verderbten" Handschriften, auf welche Alkvins Prolog *Hucusque* im Anfang hinweist.

Ich habe die drei römischen Sakramentarien um ihrer grundlegenden Bedeutung willen ausführlicher behandelt, zumal angesichts der vielgestaltigen Überlieferung die einwandfreie Feststellung der Urform des Gelasianums und des Gregorianums für unsere Untersuchung unerläßlich ist.

Da zu einer Messe außer Gebet auch Gesang gehört, so ist es an sich wahrscheinlich, daß mit der Redaktion des Gregorianischen Sakramentars sich die Bearbeitung eines Graduale oder nach altem Sprachgebrauch eines *Antiphonarium* verband: und tatsächlich hat das mehrfach edierte [2] „gregorianische Anti-

---

[1] L. Traube Vorlesungen u. Abhandlungen I 171 n. 2.
[2] Opera Gregorii ed. Bened. III 653—728 nach Pamelius und Goussainville, L. Lambillotte Antiph. de S. Grégoire, Facsimilé du mo. de St. Gall. 1851.

phonar" so weitgehende Berührung mit dem gleichnamigen Sakramentar, daß an der ursprünglichen Zusammengehörigkeit beider nicht wohl gezweifelt werden kann. Doch ist hier noch manche Arbeit zu leisten, ehe wir die Urform mit einiger Sicherheit wiedergewinnen können [1].

Der dritte Bestandteil der Messe wird durch biblische Lektionen gebildet: die sind lange Zeit ohne Zusammenhang mit den Heiligenmessen gewesen, haben sich vielmehr zunächst an den christlichen Hauptfesten und den Sonntagen entwickelt, dann haben die Fasttage der Woche eigene Lektionen bekommen, und erst allmählich sind auch die Feste der Heiligen bedacht worden. So enthält das alte Epistelverzeichnis, welches Morin [2] aus dem Würzburger Codex Mp. th. fol. 62 saec. VIII herausgegeben hat, nur folgende Heiligenfeste:

26 Dez.   S. Stefani              24 Juni   S. Iohannis Bapt.
27  „     S. Iohannis evang.      26   „    SS. Iohannis et Pauli
28  „     SS. Innocentium         29   „    SS. Petri et Pauli
31  „     S. Silvestri             6 Aug.   S. Xysti
20 Jan.   S. Sebastiani           10   „    S. Laurenti
21  „     S. Agnae                29   „    S. Sabinae
 2 Febr.  S. Agathae              29 Sept.  S. Angeli
 1 Mai    SS. Philippi et Iacobi  30 Dez.   S. Andreae.

Einem völlig dem römischen Meßbuch, und zwar dem Gregorianum in fränkischer Gestalt angepaßten *Comes* — das ist die technische Bezeichnung für ein Lektionenverzeichnis — begegnen wir dagegen vielfach in karolingischer Zeit. In zahlreichen Abschriften ist diese Liste am Anfang karolingischer Prachthandschriften erhalten und in mancherlei Einzelformen ediert. Beissel hat das ganze Material übersichtlich zusammengestellt: die stadtrömische Herkunft dieses Comes bezeugt die Angabe der römischen Stationen: er wird in irgendwelchem Zusammenhang mit dem Gregorianum Papst Hadrians ins

---
1 Vgl. das Referat von Leclercq in Cabrol Dictionn. d'archéol. chrét. I 2 p. 2443 ff.
2 Revue Bénéd. 27 (1910), 41 ff.

Frankenreich gekommen sein [1]. Sein Festkalender kann als eine Art Kontrolle des Gregorianischen dienen und ist deshalb in Kolumne 7 der Liste S. 54 ff. wiedergegeben.

Neben die Angaben dieser stadtrömischen Quellen haben wir nun die Feste der außerrömischen Dokumente zu halten, welche sich mit den erstgenannten decken. Daraus werden wir, sobald es sich um typisch römische Feste handelt, die Beeinflussung der fremden Liturgien durch den römischen Festkalender ersehen und somit letzten Endes die bedeutsamsten und in ältesten Zeiten wirksam gewordenen stadtrömischen Festtage ermitteln können.

Der alte Kalender von Karthago ist von Mabillon 1682 in seinen Vetera Analecta (III 398) aus einer jetzt verlorenen Handschrift ediert [2]: seine Zeit ist dadurch begrenzt, daß die Todestage der karthagischen Bischöfe von Cyprian († 258) bis Eugenius († 505) notiert werden. Bei der Verwertung muß beachtet werden, daß in Karthago während der Quadragesima keine Heiligenfeste gefeiert wurden, wie sich aus dem Fehlen aller Notate vom 17 Februar bis zum 18 April ergibt. Als Zeugen für das gallikanische Kirchenjahr sind in erster Linie zwei Meßbücher zu nennen: Das Missale von Bobbio, jetzt Paris. lat. 13246 saec. VII, ein wohl für einen wandernden Missionar bestimmtes Taschenbuch, ediert von Mabillon [3] und neuerdings eingehend gewürdigt von Wilmart [4]. Sodann das gleichfalls

---

1 St. Beissel S. J. Entstehung der Perikopen des Römischen Meßbuches 1907 S. 127 ff. Das Kalendarium I. Frontos (Epistel, Diss. 1720, 123 ff.) de Rams (bei Binterim Denkwürdigkeiten VII [2] Teil 1 Abt. 2 S. 65 ff.), der Trierer Adahandschrift (hrsg. v. K. Menzel u. a. S. 16 ff.) sind nur einzelne Abschriften dieses Textes. Mehrere Texte auch bei E. Ranke Das kirchl. Perikopensystem, Appendix Mon.

2 Abgedruckt u. a. bei H. Lietzmann Die drei ältesten Martyrologien (Kleine Texte 2) [2] 4 ff. H. Achelis Die Martyrologien S. 18 ff. Duchesne in der Ausgabe des Mart. Hieron. (Acta Sanct. Nov. tom. II) p. LXX ff.

3 Museum Italicum I 273 ff. = Muratori Lit. Rom. II 765 ff. = Migne lat. 72, 447 ff.

4 bei Cabrol Dictionnaire II 1 p. 939 ff. wo auch ein Facsimile.

## Außerrömische Quellen

von Mabillon [1] herausgegebene sogenannte Missale Gothicum des Vatic. Reg. 317 saec. VIII. Ihnen zur Seite treten Lektionar und Kalender von Luxeuil. Das Lektionar von Luxeuil, Codex Paris. 9427 saec. VII, ist von Mabillon in seiner Liturgia Gallicana [2] ediert; ein Kalendarium aus demselben Kloster ist später nach Corbie gekommen und jetzt in Paris (St. Germain lat. 1311): die Handschrift stammt aus dem VIII Jahrhundert und ist von Martène und Durand [3] herausgegeben: Piper hat sie nachverglichen und den Kalender untersucht: leider bricht die Handschrift mit dem 2 August ab.

Für den altspanischen Kalender hat Morin einen Zeugen von höchstem Wert ediert [4]: das Lektionar von Silos, erhalten in Paris. nouv. acqu. lat. 2171 saec. XI. Daß die hier vorausgesetzte Liturgie älter als die mozarabische ist, hat der Herausgeber S. VI ff. gezeigt und aus einer schlagenden Parallele mit einer Äußerung des Ildefons († 667) den Schluß gezogen, daß dieser Comes ein Denkmal der alten Toletaner Liturgie ist. Als Seitenkontrolle brauchbar ist das spanische Martyrologium, welches von Morin S. 393 ff. und ausführlicher von Férotin (Liber Ordinum p. 450 ff.) herausgegeben ist: seine Parallelen sind unter *Kal. Hisp.* verzeichnet.

Die Heiligenmesse der mozarabischen Liturgie gibt jetzt der Liber Mozarabicus Sacramentorum, den Férotin [5] aus dem Codex 35. 3 der Bibliothek zu Toledo, einer Handschrift des X oder XI Jahrhunderts, herausgegeben hat: die bisherigen Drucke seit Ximenes [6] sind gerade für unsere Zwecke besonders unbrauchbar.

---

[1] Liturgia Gallicana p. 188 ff. = Muratori II 517 ff. = Migne lat. 72, 225 ff. Faksimile bei Ehrle-Liebaert Specimina cod. lat. Vatic. Taf. 18; vgl. Ebner Quellen 240, Delisle Mém. 69.

[2] Lit. Gall. p. 106 = Migne lat. 72, 171. Morin in der Revue Bénéd. X (1893) 438 meint, die Hs. verweise auf Paris.

[3] Thesaurus nov. Anecdotorum III 1591 ff. Vgl. F. Piper Karls d. Gr. Kalendarium (1858) 60 ff.

[4] Anecdota Maredsolana I (1893), unter dem Titel *liber comicum*, einer in Spanien üblichen Weiterbildung des korrekten *liber comitis*.

[5] in Cabrols Monumenta ecclesiae liturgica VI 1912.

[6] zuletzt Lesley = Migne lat. 85.

## IV Der römische Festkalender

In der folgenden Liste sind im Festverzeichnis links sämtlic[he]
Festtage notiert, welche im Filokalianischen Kalender und den d[rei]
römischen Meßbüchern begegnen. In den nun folgenden Kolumnen b[e]deutet ein Stern *, daß das betreffende Fest in dem am Kopf genannt[en]
Zeugen sich findet, *v* bedeutet, daß es eine Vigilie, *o* daß es eine Okta[ve]
hat. Beim Gelasianum bezeichnen *R* und *S* die beiden S. 25 ff. behandelt[en]
Codices, der Stern den älteren, in *V* erhaltenen Text. Beim Greg[o]rianum ist durch *p* darauf hingewiesen, daß der Anhang Alkvins ei[ne]
Praefatio für das Fest bringt, woraus folgt, daß es im Frankenreich [...]

|   |   |   | Filocalus | Sacr. Leon. | Sacr. Gelas. | Sacr. Greg. | Cor[p.] Kar[ol.] |
|---|---|---|---|---|---|---|---|
| 25 | Dez. | nativitas Domini | * | *[1] | * vo RS | * vo p | * v |
| 26 | „ | S. Stefani | . | *(2 Aug.) | * RS | * p | * |
| 27 | „ | S. Iohannis evang. | . | * | * RS | * p | * |
| 28 | „ | SS. Innocentium | . | * | * RS | * p | * |
| 31 | „ | S. Silvestri | * dep. episc. | *[2] | RS | * | * |
| 1 | Jan. | circumcisio Domini (octava Domini) | . . | fehlt von hier bis | . . | . . | . . |
| 6 | „ | Epiphania | . | 14. April | * v RS | * p | * |
| 14 | „ | S. Felicis | . | . | * RS | * p | * |
| 16 | „ | S. Marcelli papae | . | . | * RS | * p | . |
| 18 | „ | S. Priscae | . | . | S | * | * |
| 18 | „ | cathedra Petri (Romana) | . | . | . | . | . |
| 20 | „ | S. Fabiani | * | . | * S | * | . |
| 20 | „ | S. Sebastiani | * | . | * RS | * p | * |
| 20 | „ | SS. Mariae Martae Audifax Abacuc | . | . | {* RS (19) | . | . |
| 21 | „ | S. Agnetis de passione | * | . | * RS | * p | * |
| 22 | „ | S. Vincentii | . | . | * RS | * p | * |
| 25 | „ | conversio S. Pauli | . | . | S | p | . |
| 28 | „ | S. Agnetis de nativitate | . | . | * | * | * |
| 2 | Febr. | Hypapanti | . | . | * RS | * p | . |
| 5 | „ | S. Agathae | . | . | * RS | * p | * |
| 10 | „ | S. Soteridis | . | . | * S | . | . |
| 14 | „ | S. Valentini | . | . | * S | * | . |
| 14 | „ | SS. Vitalis et Feliculae | . | . | * S | . | . |
| 17 | „ | S. Iulianae | . | . | * S | . | . |

---

1 *et martyrum Pastoris Basilei et Ioviani et Victorini et Euger*[ii] *et Felicitatis et Anastasiae* add. Leon.

2 Eine Messe *S. Silvestri* erscheint Ende Oktober (n. XXXIIII p[...])

## Übersichtstafel

its vor Einführung des Gregorianums bekannt war. Aus dem karo-
gischen Comes sind alle Feste notiert, die neu hinzutretenden in
merkungen. Dagegen sollen alle folgenden Zeugen nur zum Ver-
eich mit den stadtrömischen Quellen dienen: es sind also nur die-
nigen Feste ausgezogen, welche sie jeweils mit Rom gemeinsam
ben, und alle ihre Sonderfeste fortgelassen. Abweichende Tages- und
onatsdaten stehen hinter dem Stern in Klammern. Das Martyrologium
ieronymianum ist nicht berücksichtigt worden, weil es keine rein litur-
sche Quelle, sondern eine gelehrte Kompilation ist.

| Mart. rthag. | Sacr. Bobbio | Miss. Goth. | Lect. Luxov. | Kal. Luxov. | Lect. Silos | Kal. Hisp. | Sacr. Mozar. |
|---|---|---|---|---|---|---|---|
| ✳ | ✳ | ✳ v | ✳ v | ✳ | ✳ | ✳ | ✳ |
| ✳ | ✳ | ✳ | ✳ | ✳ | ✳ | ✳ [5] | ✳ [5] |
| et Iacobi | ✳ et Iacobi | ✳ et Iacobi | ✳ [et Iac.] | ✳ | ✳ (8 Jan.) | ✳ (8 Jan.) | ✳ (8 Jan.) |
| ✳ | ✳ | ✳ | ✳ | ✳ | . | . | . |
| . | . | . | . | ✳ | . | . | . |
| . | ✳ | ✳ | ✳ | ✳ | ✳ | ✳ | ✳ |
| . | . | . | . | . | . | . | . |
| ✳ | ✳ | ✳ v | ✳ v | . | ✳ | ✳ | ✳ |
| . | . | . | . | . | . | . | . |
| . | ✳ | . | ✳ | . | . | . | . |
| ✳ | . | . | . | . | . | ✳ (19) | ✳ |
| ✳ | . | ✳ | . | ✳ (20) | . | ✳ (20) | ✳ |
| ✳ | . | . | . | ✳ [4] | ✳ | ✳ | ✳ |
| . | . | ✳ | . | . | . | . | . |
| ✳ | . | . | . | . | . | ✳ | ✳ |

all. p. 148 Feltoe) im Anhang zu Totenmessen, direkt hinter *S. Lau-*
*nti*, also sichtlich ohne Rücksicht auf das Datum.
3 add. *S. Anastasii.*    4 als *translatio S. Pauli* bezeichnet.
5 28 Dez. *S. Iacobi fratris Domini* 29 Dez. *S. Iohannis* kal. Hisp.

## IV Der römische Festkalender

|  |  | Filo-calus | Sacr. Leon. | Sacr. Gelas. | Sacr. Greg. | Com Karo |
|---|---|---|---|---|---|---|
| 22 Febr. | cathedra Petri (Antiochen.) | ✶ | . | RS | p | . |
| 7 März | SS. Perpetuae et Felicitatis | ✶ | . | ✶ S | . | . |
| 12 „ | S. Gregorii papae | . | . | RS | p | ✶ |
| 25 „ | annunt. S. Mariae | . | . | ✶ RS ✶ | p | ✶ |
| 13 April | S. Eufemiae | . | . | ✶ S | p | . |
| 14 „ | S. Tiburti | . | ✶ | S ✶ | | ✶ |
| 14 „ | S. Valeriani et Maximini | . | . | S ✶ | p | ✶ |
| 23 „ | S. Georgi | . | . | S ✶ | p | ✶ |
| 25 „ | letania maior | . | . | S ✶ | p[3] | ✶ |
| 25 „ | S. Marci evang. | . | . | . | . | . |
| 28 „ | S. Vitalis | . | . | S ✶ | | ✶ |
| 1 Mai | SS. Philippi et Iacobi ap. | . | . | ✶ RS ✶ | p | ✶ |
| 3 „ | SS. Alexandri Eventii Theoduli | . | . | S ✶ | | ✶ |
| 3 „ | Inventio S. Crucis (nach 628?) | . | . | ✶ RS | p | . |
| 3 „ | S. Iuvenalis | . | . | ✶ S | | . |
| 6 „ | S. Iohannis (ad portam Latinam [1]) | . | . | S ✶ | | . |
| 10 „ | SS. Gordiani et Epimachi | . | . | S[2] ✶ | | ✶ |
| 12 „ | S. Pancratii | . | . | ✶ S ✶ | p | ✶ |
| 12 „ | SS. Nerei et Achillei | . | . | ✶ S ✶ | p | ✶ |
| 13 „ | S. Mariae ad Martyres (608—615) | . | . | S ✶ | | ✶ |
| 19 „ | SS. Partheni et Caloceri | ✶ | . | . | . | . |
| 25 „ | S. Urbani papae | . | . | S ✶ | | ✶ |
| 1 Juni | S. Nicomedis | . | . | S ✶ | | . |
| 2 „ | SS. Petri et Marcellini | . | . | ✶ S ✶ | p | ✶ |
| 12 „ | SS. Cyrini Naboris Nazarii | . | . | ✶ S[7] | . | . |
| 15 „ | S. Viti | . | . | ✶ S | | . |
| 18 „ | SS. Marci et Marcelliani | . | . | ✶ S ✶ | | ✶ |
| 19 „ | SS. Protasi et Gervasi | . | . | ✶v S ✶ | p | ✶ |
| 24 „ | S. Iohannis Bapt. | . | ✶ | ✶v RS ✶v | p | ✶ |
| 26 „ | SS. Iohannis et Pauli | . | ✶ | ✶v RS ✶ | p | ✶ |

1 Die Kirche wird zuerst unter Hadrian I (772—795) erwähnt vg Duchesne Orgines [3] 281.

2 nur *Gordiani*.

3 Der Anhang gibt für die *letania maior* zwar das Datum de 25 April, aber die Dauer von 3 Tagen an.

## Übersichtstafel

| Mart. arthag. | Sacr. Bobbio | Miss. Goth. | Lect. Luxov. | Kal. Luxov. | Lect. Silos | Kal. Hisp. | Sacr. Mozar. |
|---|---|---|---|---|---|---|---|
| . | (18 Jan.) | ✱ | (18 Jan.) | ✱ | ✱ | ✱ | ✱ |
| . | . | . | . | . | . | ✱ | . |
| . | . | . | . | ✱ | . | . | . |
| . | . | . | . | . | . | . | . |
| . | . | . | . | . | . | . | . |
| . | . | . | . | . | . | . | . |
| . | . | . | . | . | . | . | . |
| . | . | . | . | . | . | . | . |
| . | . | . | . | . | . | ✱ (24) | . |
| . | . | . | . | . | . | . | . |
| . | . | . | . | . | . | ✱ | . |
| . | . | . | . | . | . | . | . |
| . | . | . | . | ✱ | . | . | . |
| . | . | . | . | ✱ 6 | . | . | . |
| . | . | . | . | . | . | . | . |
| . | ✱ | ✱ | . | . | ✱ | ✱ | ✱ |
| . | . | . | . | . | . | . | . |
| . | . | ✱ | . | . | . | . | . |
| . | . | . | . | . | . | . | . |
| . | . | . | . | . | . | . | . |
| . | . | . | . | . | . | . | . |
| . | . | . | . | . | . | . | . |
| . | . | . | . | . | . | . | . |
| . | . | . | . | . | . | . | . |
| . | . | . | . | . | . | . | . |
| . | . | . | . | . | . | . | . |
| . | . | . | . | . | . | . | . |
| ✱ | . | . | . | ✱ | . | ✱ | . |
| ✱ | ✱ | ✱ | ✱ | ✱ | ✱ | ✱ | ✱ |
| . | . | ✱ | . | ✱ | . | . | . |

4 Es folgen: 19 Mai S. *Pudentianae*, 20 Mai S. *Basilissae*.
5 Es folgt: 9 Juni SS. *Primi et Feliciani*
6 Nur S. *Philippi*; S. *Iacobi* ist am 22 Juni.
7 S. *Basilidis* add. S, nur S. *Basilidis* Com. Kar.

58        IV Der römische Festkalender

|   |   |   | Filo-calus | Sacr. Leon. | Sacr. Gelas. | Sacr. Greg. | Com Karo |
|---|---|---|---|---|---|---|---|
| 28 | Juni | S. Leonis papae (translatio c. 700) | . | . | . | ✶ | ✶ |
| 29 | „ | | | | | | |
| 29 | „ | S. Petri | ✶ | ✶ | ✶voRS | ✶vop | ✶v( |
|   |   | S. Pauli | ✶ | ✶ | ✶voRS | ✶vo | ✶v( |
| ? |   | omnium apostolorum | . | ✶ | ✶v | . | . |
| 2 | Juli | SS. Processi et Martiniani | . | . | | S✶ | . | ✶ |
| 10 | „ | SS. Felicis et Filippi (septem fratrum) | ✶ | ✶¹ | | S✶   p | ✶ |
| 10 | „ | SS. Martialis Vitalis Alexandri | ✶ | ✶¹ | . | . | . |
| 10 | „ | S. Silani | ✶ | ✶¹ | . | . | . |
| 10 | „ | S. Ianuari | ✶ | ✶¹ | . | . | . |
| 29 | „ | S. Felicis | . | . | | S✶ | . | ✶ |
| 29 | „ | SS. Simplicii Faustini Beatricis | . | . | ✶ | S✶ | ✶ |
| 30 | „ | SS. Abdos et Sennes | ✶ | . | ✶ | S✶   p | ✶ |
| 1 | Aug. | SS. Macchabaeorum | . | . | ✶ | S     p | . |
| 1 | „ | S. Petri ad Vincula | . | . | | S✶ | . |
| 2 | „ | S. Stefani episc. | ✶ dep. episc. | ✶¹ | | RS✶ | ✶ |
| 6 | „ | S. Xysti | ✶ | ✶¹ | ✶ | S✶   p | ✶ |
| 6 | „ | SS. Felicissimi et Agapiti | ✶ | ✶¹ | | S✶ | ✶ |
| 7 | „ | S. Donati | . | . | ✶ | S✶ | . |
| 8 | „ | S. Cyriaci | ✶ | . | | S✶ | ✶ |
| 8 | „ | SS. Largi Crescentiani etc. | ✶ | . | . | . | . |
| 8 | „ | SS. Secundi Carpofori Victorini | ✶ | . | . | . | . |
| 8 | „ | S. Severiani | ✶ | . | . | . | . |
| 10 | „ | S. Laurenti | ✶ | ✶ | ✶voRS | ✶v  p | ✶ |
| 11 | „ | S. Tiburti | . | . | ✶ | S✶  p | ✶ |
| 13 | „ | S. Hippolyti | ✶ | ✶ | ✶ | S✶  p | ✶ |
| 13 | „ | S. Pontiani | ✶ | ✶ | . | . | . |
| 14 | „ | S. Eusebii presb. | . | . | | S✶    p | ✶ |
| 15 | „ | Assumptio S. Mariae | . | . | ✶ | RS✶v p | ✶ |
| 18 | „ | S. Agapiti | . | ✶² | ✶ | S✶ | . |
| 19 | „ | S. Magni | . | . | ✶ | S | . |

1 Mit Angabe der Cömeterien wie bei Filocalus.
2 an *S. Hippolyti* angehängt p. 93 not. 57 Ball. p. 100 Feltoe.

## Übersichtstafel

| Mart. arthag. | Sacr. Bobbio | Miss. Goth. | Lect. Luxov. | Kal. Luxov. | Lect. Silos | Kal. Hisp. | Sacr. Mozar. |
|---|---|---|---|---|---|---|---|
| . | . | . | . | . | . | . | . |
| ✸ | ✸ | ✸ | ✸ | ✸ | ✸ | ✸ | ✸ |
| ✸ | ✸ | ✸ | ✸ | ✸ | ✸ | ✸ | ✸ |
| . | . | . | . | . | . | . | . |
| . | . | . | . | . | . | . | . |
| . | . | . | . | . | . | . | . |
| . | . | . | . | . | . | . | . |
| . | . | . | . | . | . | . | . |
| . | . | . | . | . | . | . | . |
| ✸ | . | . | . | ✸ | . | ✸ | . |
| . | . | . | . | ✸ | . | . | . |
| ✸ | . | ✸ | . | der Rest fehlt | ✸ (10) | ✸ (10) | ✸ vgl. 10 |
| . | . | . | . | . | . | . | . |
| . | . | . | . | . | . | . | . |
| . | . | . | . | . | . | . | . |
| ✸ | . | ✸ | . | . | ✸ 5 | ✸ 6 | ✸ 6 |
| ✸ | . | ✸ | . | . | . | ✸ (10) | ✸ vgl. 10 |
| . | . | . | . | . | . | . | . |
| . | ✸ (18 Jan.) | ✸ (18 Jan.) | . | ✸ (18 Jan.) | . | ✸ | ✸ |
| . | . | . | . | . | . | . | . |

3 15 Juli S. *Cyriaci*, 21 Juli S. *Praxedis*, 23 Juli S. *Apolinaris* Com. Karol.
4 und S. *Susannae*.   5 und S. *Sixti*.   6 *et Sixti et Ypoliti*.

# IV Der römische Festkalender

| | | Filo-calus | Sacr. Leon. | Sacr. Gelas. | Sacr. Greg. | Com Karo |
|---|---|---|---|---|---|---|
| 22 Aug. | S. Timothei | ✱ | . | S | ✱ | ✱ |
| 27 „ | S. Rufi | . | . | ✱ S | p | . [1] |
| 28 „ | S. Hermetis | ✱ | . | ✱ S | ✱ p | ✱ |
| 29 „ | S. Sabinae | . | . | S | ✱ | ✱ |
| 29 „ | decollatio S. Ioh. Bapt. | . | . | ✱ RS | p | ✱ |
| 30 „ | SS. Felicis et Adaucti | . | ✱ | S | ✱ | ✱ |
| 1 Sept. | S. Prisci | . | . | ✱ RS | p | . |
| 5 „ | S. Aconti Nonni etc. | ✱ | . | . | . | . |
| 8 „ | nativitas S. Mariae | . | . | ✱ RS | ✱ p | ✱ |
| 9 „ | S. Gorgoni | ✱ | . | ✱ S | . (p?) | . [2] |
| 11 „ | SS. Proti et Hyacinthi | ✱ | . | S | ✱ | ✱ |
| 14 „ | S. Cornelii | . | ✱ | ✱ S | ✱ p | ✱ |
| 14 „ | S. Cypriani | ✱ | ✱ | ✱ S | ✱ p | ✱ |
| 14 „ | exaltatio S. Crucis | . | . | ✱ RS | ✱ p | ✱ |
| 15 „ | S. Nicomedis | . | . | S | ✱ | . [3] |
| 16 „ | S. Eufemiae | . | ✱ | S | ✱ | ✱ |
| 16 „ | SS. Luciae et Geminiani | . | . | S | ✱ | ✱ [4] |
| 22 „ | S. Basillae | ✱ | . | . | . | . |
| 27 „ | SS. Cosmae et Damiani | . | . | ✱ S | ✱ p | ✱ |
| 29 „ | dedic. basilic. S. Angeli | . | ✱ (30) | ✱ RS | ✱ p | ✱ |
| 7 Okt. | S. Marci papae | ✱ dep. episc. | . | S | ✱ | ✱ |
| 7 „ | SS. Marcelli et Apulei | . | . | ✱ S | . | . |
| 14 „ | S. Callisti papae | ✱ | . | S | ✱ | ✱ [5] |
| 28 „ | SS. Simonis et Iudae ap. | . | . | RSv | p | . [6] |
| 1 Nov. | omnium Sanctorum | . | . | . | . | . |
| 1 „ | S. Caesarii | . | . | S | ✱ | ✱ |
| 8 „ | IV Coronatorum (Clementis Semproniani etc.) | ✱ (9) | ✱ | ✱ S | ✱ p | ✱ |
| 9 „ | S. Theodori | . | . | S | ✱ | . |
| 11 „ | S. Mennae | . | . | S | ✱ | . |
| 11 „ | S. Martini | . | . | RS | ✱ p | ✱ |

1 25 Aug. *S. Genesii.*      2 9 Sept. *S. Adriani* RS Com. Kar
3 fehlt bei Beissel, aber die Kalender Frontos und de Ram geben das Fest.
4 ohne *Geminiani.* 20 Sept. *S. Eustachii.*

## Übersichtstafel

| Mart. arthag. | Sacr. Bobbio | Miss. Goth. | Lect. Luxov. | Kal. Luxov. | Lect. Silos | Kal. Hisp. | Sacr. Mozar. |
|---|---|---|---|---|---|---|---|
| ✶ | . | . | . | . | . | . | . |
| . | . | . | . | . | . | . | . |
| . | . | . | . | . | . | . | . |
| . | ✶ | ✶ | ✶ | . | ✶ (24 Sept.) | ✶ (24 Sept.) | ✶ (24 Sept.) |
| . | . | . | . | . | . | . | . |
| . | . | . | . | . | . | . | . |
| . | . | . | . | . | . | . | . |
| . | . | . | . | . | . | . | . |
| . | . | . | . | . | . | . | . |
| . | . | ✶ | . | . | ✶ | ✶ | ✶ |
| ✶ | . | ✶ | . | . | . | . | . |
| . | . | . | . | . | . | . | . |
| ✶ | . | . | . | . | . | ✶ | ✶ |
| . | . | . | . | . | . | . | . |
| . | . | . | . | . | . | ✶[7] (22 Okt.) | ✶[7] |
| . | ✶ | . | . | . | . | ✶ | ✶ |
| . | . | . | . | . | . | . | . |
| . | . | . | . | . | . | . | . |
| . | . | . | . | . | . | ✶ (1 Juli) | . |
| . | . | . | . | . | . | . | . |
| . | . | . | . | . | . | . | . |
| . | ✶ | ✶ | . | . | . | ✶ | ✶ |

5 fehlt bei Beissel, steht bei Fronto.
6 25 Okt. *SS. Chrysanthi et Dariae* Com. Karol.
7 *S. Michaelis* steht vor *SS. Cosmae et Damiani* Mozar. Der Kal. isp. setzt *Cosm. et Dam.* auf den 22 Oktober.

v Die Heiligenreihe des Canon Missae

|  |  | Filo-calus | Sacr. Leon. | Sacr. Gelas. | Sacr. Greg. | Com Karo |
|---|---|---|---|---|---|---|
| 22 Nov. | S. Caeciliae | · | ✶ | ✶v  RS | ✶  p | ✶ |
| 23 ,, | S. Clementis | · | ✶ | ✶  RS | ✶  p | ✶ |
| 23 ,, | S. Felicitatis | · | ✶ | ✶   S | ✶ | ✶ |
| 24 ,, | S. Chrysogoni | · | ✶¹ |    S | ✶  p | ✶ |
| 29 ,, | S. Saturnini | ✶ | · | ✶   S | ✶  p | ✶ |
| 29 ,, | S. Crisanti Mauri Dariae | · | · | ✶   S | · | ✶ 250 |
| 30 ,, | S. Andreae | · | · | ✶voRS | ✶v  p | ✶ v |
| 13 Dez. | S. Aristonis | ✶ | · | · | · | · |
| 13 ,, | S. Luciae | · | · |    S | ✶ | ✶ |
| 21 ,, | S. Thomae | · | · | ✶   RS | · | · |

V

In dieser Liste sind nun folgende Feste sowohl in den ältesten Zeugen der stadtrömischen Liturgie bezeugt als auch in allen drei außerrömischen Kirchen vertreten:

 25 Dez. nat. Domini
[26 ,, S. Stefani]³
[27 ,, S. Iohannis Apost.]
[28 ,, SS. Innocentium]
 [6 Jan. Epiphania]
 21 ,, S. Agnetis
[24 Juni S. Iohannis Bapt.]
 29 ,, SS. Petri et Pauli
 6 Aug. S. Xysti
 10 ,, S. Laurenti
 13 ,, S. Hippolyti
 14 Sept. S. Cypriani
[23 Nov. S. Clementis]

---

1 *et Gregorii* Leon.
2 *Clementis* nach *Andreae* Moz.
3 Die eingeklammerten Feste fehlen bei Filokalus, stehen aber im Leonianum: der 6 und 21 Jan. sind nur durch Zufall in der Lücke des Leonianums verschwunden.

## Die ältesten Feste

| Mart. Carthag. | Sacr. Bobbio | Miss. Goth. | Lect. Luxov. | Kal. Luxov. | Lect. Silos | Kal. Hisp. | Sacr. Mozar. |
|---|---|---|---|---|---|---|---|
| . * * . | . . . . | * * . . | . . . . | . . . . | . . . . | * * . . | * *[2] . . |
| . * . . . | . . . . . | . *v . . . | . . . . . | . . . . . | . * . . . | . * . . * | . * . . . |

Sieht man von dem Weihnachtskreis und dem dazu in ursächlicher Beziehung stehenden Johannisfest des 24 Juni ab, so bleibt eine Reihe alter stadtrömischer Feste übrig — denn auch der Karthager Cyprian ist früh in Rom gefeiert worden. Wir haben also durch unsere Analyse nichts Geringeres gewonnen, als ein Verzeichnis der ältesten und bedeutendsten römischen Heiligenfeste, die schon relativ früh, d. h. vor dem VI Jahrhundert, von den Kirchen Nordafrikas, Galliens, Spaniens übernommen worden sind.

Dieser rekonstruierte Kalender zeigt nun aber eine bemerkenswerte Ähnlichkeit mit einem in der römischen Liturgie noch heute in Gebrauch befindlichen Formular: der ersten Heiligenaufzählung im Meßkanon.

*Communicantes ... et memoriam venerantes ... virginis Mariae ... et beatorum apostolorum ac martyrum tuorum*
    *Petri et Pauli,*
        *Andreae, Iacobi, Ioannis, Thomae, Iacobi, Philippi,*
        *Bartholomaei, Matthaei, Simonis et Thaddaei*
*Lini*
*Cleti*
*Clementis*
*Xysti*
*Cornelii*

*Cypriani*
*Laurentii*
*Chrysogoni*
*Iohannis et Pauli*
*Cosmae et Damiani*
*et omnium sanctorum tuorum.*

So lautet der Text im heutigen Missale, und so lautet er bereits in den ältesten Handschriften, die uns den römischen Canon Missae erhalten haben und dem VII oder VIII Jahrhundert angehören: E. Bishop hat im Journal of theological Studies IV (1903) S. 555 ff. den Kanontext nach diesen Zeugen kritisch ediert[1]. Auch das um 800 geschriebene Palimpsest des Gregorianum von Monte Cassino, welches Wilmart behandelt hat[2], stimmt damit überein. Die römische Traditionstreue hat nach Abschluß dieser Doppelreihe von 12 Aposteln und 12 Märtyrern nicht gewagt, auch nur einen der späteren Großen der römischen Kirche hinzuzufügen.

Auf fränkischem Gebiet war man weniger zurückhaltend: die Nationalheiligen *Hilarius* und *Martinus* finden wir bereits im Missale Francorum[3]: auch die Ambrosianische Liturgie, welche Magistretti in seinen Monumenta I S. 87 aus einem Codex des IX Jahnhunderts ediert hat, fügt diese Namen bei. Das Sacramentarium Gallicanum[4] gesellt noch Ambrosius Augustin, Gregor, Hieronymus und Benedict hinzu, und so findet man in den meisten gallischen, deutschen und oberitalienischen Zeugen die Liste mannigfach erweitert: Ebner hat in seinen Beiträgen zur Textgeschichte des Canon missae[5] das auf breiter handschriftlicher Grundlage ausgeführt. Daß diese zugefügten

---

1 F. Cabrol in seinem Dictionn. d'archéol. chrét. II 2 S. 1857ff. druckt den Bishopschen Text mit Apparat ab.

2 Revue Bénéd. 26 (1909) S. 294.

3 Mabillon Lit. Gall. p. 327: aber die beiden Namen sind rot geschrieben: s. Ebner, Quellen S. 238.

4 Muratori Lit. Rom. II 777 = Migne lat. 72 p. 453d.

5 Quellen S. 407.

## Zusätze des VI Jahrhunderts

Namenlisten gern paarweise gegliedert werden, erklärt sich leicht durch Angleichung an die beiden scharf markierten Paare am Ende der ursprünglichen Liste.

Sehen wir diese selbst einmal kritisch an, so ergibt sich sofort, daß sie ihre vorliegende Form frühestens im Beginn des VI Jahrhunderts erhalten haben kann. Der Kult der Heiligen Kosmas und Damian taucht für unser Wissen [1] um 400 in Syrien auf und ist erst ein Jahrhundert später nach Rom gekommen. Papst Symmachus (498—514) baut ihnen zuerst daselbst ein Oratorium, Felix IV (526—530) weiht den Tempel der Pax beim Tempel der Urbs Roma am Forum zu ihrer Kirche. Sie sind also keinesfalls vor 500 in Rom so lebhaft verehrt worden, daß ihre Aufnahme in den Meßkanon gerechtfertigt erscheinen konnte. Das vorangehende Märtyrerpaar Johannes und Paulus hat unter Julian 362 den Tod erlitten. Auffällig ist aber, daß am Beginn der Reihe die ältesten Päpste *Linus, Cletus, Clemens* als Märtyrer erscheinen: diesen Ehrentitel schrieb man ihnen im IV Jahrhundert noch nicht zu, wie aus dem übereinstimmenden Schweigen der Depositio martyrum und des Papstkatalogs im Filokalianischen Kalender hervorgeht. Auch Hieronymus de vir. inl. 15 weiß trotz seiner guten Beziehungen zu Rom noch nichts von einem Märtyrertod des Clemens, obwohl er die ihm zu Ehren benannte Basilica in Rom erwähnt. Erst Rufin [2] nennt ihn gegen 400 einen Märtyrer, und Papst Zosimus [3] betont sein Martyrium in

---

[1] Paul Maas hat in seiner Anzeige von L. Deubner, Kosmas und Domian in der Byzant. Zeitschr. XVII 605 das Material bequem zusammengestellt. Die Bauten des Symmachus und Felix bezeugt der Liber pontificalis I p. 124₁₅ 138₄ Mo.

[2] De adulter. libr. Orig. *Clemens apostolorum discipulus, qui Romanae ecclesiae post apostolos et episcopus et martyr fuit* in Orig. opera ed. Lommatzsch XXV 386.

[3] epist. 2, 2 Coustant-Schoenemann p. 672. Über die manchmal zitierte angeblich dem IV Jahrhundert angehörige Inschrift *Flavius Clemens martyr* vgl. Leclercq bei Cabrol Dictionnaire d'archéol. III 2, p. 1869: er setzt sie ins IX/X Jahrhundert.

einem Schreiben an die afrikanischen Bischöfe 417 mit Nachdruck. Man scheint aus dem Umstand, daß es eine *basilica Clementis* in Rom gab, den Schluß gezogen zu haben, Clemens müsse Märtyrer gewesen sein [1]: während doch aller Wahrscheinlichkeit nach diese Kirche über einem dem Clemens gehörigen Privathause erbaut ist und davon ihren Namen hat [2]. Von einem Martyrium des Linus und Cletus berichtet vollends erst der Liber pontificalis [3].

Wenn also der römische Kanon schon um 350 eine Heiligenliste enthalten hat — und es liegt kein Grund vor, das zu bezweifeln — so müssen darin Linus, Cletus, Clemens und die beiden Paare am Ende gefehlt haben.

Aus diesem Grunde verdient der Mailänder Kanon besondere Beachtung, welcher uns in einer Anzahl der ältesten ambrosianischen Sakramentare erhalten und mehrfach ediert [4] ist. In diesem lautet die Heiligenliste, nachdem die 12 Apostel aufgezählt sind, folgendermaßen:

| | | |
|---|---|---|
| *Sixti* | 6 | August |
| *Laurenti* | 10 | „ |
| *Hippolyti* | 13 | „ |
| *Vincenti* | 20 | „ oder 22 Januar |
| *Corneli* | 14 | September |

---

1 Es ist lehrreich, daß R. A. Lipsius Chronologie der röm. Bischöfe S. 154 Anm. 2 ebenso schließt.

2 Leclercq bei Cabrol Dictionnaire III 2, p. 1874 ff.

3 ed. Mommsen I p. 5₄ 6₇.

4 Sacr. von Biasca = Ambr. A 24 bis inf. saec. X, gedruckt bei Ceriani Notitia liturg. Ambros. = Cabrol Dictionn. I 1, 1407. Ein Codex Heriberti im Domschatz zu Mailand (nr. 2102) saec. XI, den Magistretti Monum. I 97 ff. abdruckt: den Lesungen nach ist er mit keinem der bei Ebner und Delisle genannten Codices identisch. Magistretti fügt die Varianten eines Codex aus Bergamo saec. IX bei. Die gleiche Liste noch im Ambros. A 24 inf. saec. X, T 120 sup. saec. XI und den bei Delisle Mémoire n. 73. 74. 76 genannten (p. 203 ff.), dem XI Jahrh. angehörigen Handschriften des Mailänder Domschatzes. S. auch Ebner Quellen S. 74 ff.

## Der Mailänder Kanon

| | |
|---|---|
| *Cypriani* | 14 September |
| *Clementis* | 23 November |
| *Chrysogoni* | 24 „ |
| *Iohannis et Pauli* | 26 Juni |
| *Cosmae et Damiani* | 27 September |

*Apollinaris, Vitalis* u. s. w.: es folgt die außerhalb Roms übliche Erweiterung.

Auch hier besteht die römische Märtyrerliste aus 12 Namen, am Ende stehen dieselben Heiligenpaare wie im römischen Kanon. Aber Linus und Cletus fehlen, und Clemens steht an der ihm zukommenden Stelle: denn es kann, wie die beigeschriebenen Daten klar machen, nicht wohl bezweifelt werden, daß die Heiligenreihe nach dem Kirchenjahr geordnet, das heißt einfach dem Kalender entnommen ist — soweit sie alt ist: die letzten beiden Paare, die schon aus inneren Gründen als späterer Zuwachs erschienen sind, zeigen hier auch äußerlich, daß sie der vorangehenden Liste fremd sind, denn sie durchbrechen die Reihenfolge des Kalenders.

Bedenken gegen diese Auffassung könnte freilich der Name des Vincentius wecken: sein Festtag ist, wie die Übersicht S. 55 zeigt, auf gallikanischem, spanischem und karthagischem ebenso wie auf Mailänder Gebiet der 22 Januar, und dies Datum ist auch in das Gregorianische Meßbuch übergegangen. Man wird also den Namen des Spaniers Vincentius als spanischen Einschub in die altrömische Liste ansehen dürfen — wenn nicht ein anderer Vincentius gemeint ist. Das Martyrologium Hieronymianum nennt nämlich am 20 August — also einem Tag, der in die Kalenderreihe passen würde — einen Märtyrer Vincentius, der gleichfalls Spanier ist: doch ist es wenig einleuchtend, hier einen doch sehr obskuren Heiligen an die Stelle des bekannten zu setzen, und ein spanischer Märtyrer in der römischen Liste des IV Jahrhunderts ist so oder so stets ein seltsames Ding. Es mag fürerst dahingestellt bleiben, ob Vincentius erst in Mailand in die altrömische Liste eingeschoben wurde — wahrscheinlich ist es nicht, denn auch der von Rom gespeiste karthagische Kalender hat den Vincentius. Vielmehr lehrt uns der Nachtrag der beiden stadtrömischen Paare, daß alle 12 Namen zusammen, so wie wir sie lesen, im vi Jahrhundert in Mailand aus Rom übernommen und dort nur mit den ortsüblichen Zusätzen am Ende versehen wurden. Der Mailänder Kanon hat uns also eine alte römische Form der Heiligenliste bewahrt, die sich durch das Fehlen der Namen Linus und Cletus und die Anordnung nach dem Kalendertag gegenüber der uns geläufigen gregorianischen als ursprünglicher beweist.

Andrerseits ist aber die gregorianische wieder ohne den auch bei Filocalus fehlenden Namen des Spaniers Vincentius, was nicht minder deutlich als Zeichen älterer Tradition erscheint. Ob auch das Fehlen des Gegenbischofs Hippolytos, den Filocalus doch in der Depositio martyrum nennt, ein Zeichen von Alter ist, muß dahingestellt bleiben. Legen wir beide Listen zusammen, so dürfen wir jedenfalls hoffen, der Urform dieser Heiligenreihe nahezukommen.

| Mailänder | Gregorianische | ursprüngliche Form |   |
|---|---|---|---|
| Sixti | Lini | Sixti | 6 Aug. |
| Laurenti | Cleti | Laurenti | 10 „ |
| Hippolyti | Clementis | [Hippolyti? | 13 „ ] |
| Vincenti | Xysti | | |
| Corneli | Corneli | Corneli | 14 Sept. |
| Cypriani | Cypriani | Cypriani | 14 „ |
| Clementis | Laurenti | Clementis | 23 Nov. |
| Chrysogoni | Chrysogoni | Chrysogoni | 24 „ |
| Iohannis et Pauli | | | |
| Cosmae et Damiani | | | |

Diese so erschlossenen sechs oder sieben Namen könnten im Kanon etwa gegen 400 gestanden haben. Chrysogonus, der unter Diocletian Märtyrer wurde, ist im Filokalianischen Kalender noch nicht erwähnt, was für jene Zeit zwar nicht gegen kirchliche Feier seines Gedächtnisses überhaupt, wohl aber gegen hervorstechende Bedeutung seines Kultes in der römischen Gesamtgemeinde spricht, wie sie zur Aufnahme in den Kanon erforderlich scheint. Clemens ist doch wohl kein anderer als der am 23 Nov. gefeierte Papst, der, wie wir eben gesehen haben, erst um 400 als Märtyrer anerkannt wird. Allerdings könnte man auch an den Clemens denken, welchen das Filokalianische Verzeichnis am 9 November erwähnt: doch ist es da einer der *Quattuor Coronati*, und es ist schwer denkbar, daß man ihn hier von seinen drei Gefährten getrennt haben sollte, mit denen er sonst in allen liturgischen Dokumenten vereinigt erscheint. Auch ergeben Clemens und Chrysogonus als Heilige des 23 und 24 November ein gutes Paar: möglich, daß ihr Auftreten im Kanon auch mit der Erbauung der ihren Namen tragenden Basiliken in Rom zusammenhängt: S. Clemente ist 392 dem Hieronymus ja schon bekannt, und der 23 Nov. mag ihr Kirchweihtag sein, S. Crisogono wird freilich zuerst 499 erwähnt, ist aber wahrscheinlich älter [1].

Wir dürfen jetzt versuchen, die Entstehung der Heiligenliste des Kanons vermutungsweise zu rekonstruieren. Um 300 nannte man die Namen der meistgefeierten Märtyrer der römischen nebst dem Märtyrerbischof der befreundeten karthagischen Kirche, nach dem Datum des Kirchenjahres geordnet: *Petri et Pauli, Sixti, Laurenti, Corneli, Cypriani*. Um 400 kamen *Clementis* und *Chrysogoni* am Ende hinzu, an manchen Altären war bereits früh und an rechter Stelle der Name *Hippolyti*, später, als man das Prinzip der Anordnung vergessen hatte, auch die Anrufung des von Spanien her eingeführten *Vincenti* beigefügt, deren Feste zu Ansehen in der Gemeinde gekommen waren. Da hat man bei einer Revision der Liturgie das Bedürfnis empfunden, die Namen sämtlicher

---

[1] Cassiodori Varia ed. Mommsen (Mon. Germ. Auct. Ant. XII) p. 411 f. n. 9. 14. 26. Mansi VIII ᵃ 236 f. Armellini Le chiese ² 686 setzt sie ohne Angabe von Gründen in die Konstantinische Zeit. Vgl. auch O. Marucchi Eléments d'archéologie chrétienne III 454.

Apostel dem Kanon einzufügen. Nun regte sich die Empfindung für liturgisches Gleichmaß, und man wünschte den 12 Aposteln auch 12 Märtyrer zur Seite zu stellen. Dabei wurde die altüberlieferte Ordnung des Kirchenjahrs in der Liste zerstört: man setzte als Nachfolger der Apostel die ersten Päpste an die Spitze. Zu Linus und Cletus, die inzwischen auch als Märtyrer angesehen wurden, gesellte sich Clemens, der seinen Platz hinter Cyprian räumen mußte: es folgten Sixtus und Cornelius, also 5 römische Päpste; dann der Papst Cyprian von Carthago, und hinter ihm die nichtbischöflichen Märtyrer Laurentius und Chrysogonus. Um die Zahl voll zu machen, fügte man zwei in dieser Zeit, also nach 500, gerade zu besonderem Ruhm gelangte Heiligenpaare der Stadt Rom am Ende hinzu. So entstand die Gregorianische bis heute gültige Form. Doch fehlte es nicht an Meßbüchern, welche sich damit begnügten, hinter Petrus und Paulus die übrigen 10 Apostel, hinter ihrer bereits 8 Namen aufweisenden Heiligenreihe die beiden neuen Paare einzureihen, ohne andere Veränderungen vorzunehmen. Ein solches Exemplar ist nach Mailand gekommen und liegt dem ambrosianischen Kanon zugrunde.

## VI

Kehren wir jetzt zu unserer Festliste zurück: sie führt uns weiterhin die an sich schon unbezweifelbare Tatsache vor Augen, daß das Fest des hl. Vincentius am 22 Januar aus Spanien, der Martinstag der 11 November aus Gallien in das Gregorianum gedrungen ist, und daß die Feier der Kreuzeserfindung am 3 Mai und der Enthauptung des Täufers am 29 August ein gallikanischer Einschub in die Handschrift *V* des Gelasianums sein müssen. Andere stadtrömische Feste haben nur vereinzelte Aufnahme in fremden Kirchen gefunden, so *SS. Iohannis et Pauli* in Gallien, *SS. Cosmae et Damiani* in Spanien.

Völlig ohne Parallele ist und bleibt das Schicksal des Festes, von dem unsere Untersuchung ausgegangen ist, der

*Cathedra Petri.* Es begegnet zu Rom 354 und außerdem in allen gallischen und spanischen Zeugen; ob Carthago es kannte, läßt sich nicht sagen (s. o. S. 52). Aber vor allem: kein römisches Meßbuch kennt das Fest: wo es da handschriftlich auftaucht, erweist es sich als fränkischer Zusatz. Die Liste zeigt ferner, daß eben die beiden gallikanischen Zeugen, welche das Fest am 22 Februar nicht haben, es dafür am 18 Januar bringen. Es bedarf jetzt wohl keines Beweises mehr, daß wir hier nicht zwei Feste vor uns haben, sondern ein und dasselbe, das für gewöhnlich am 22 Februar gefeiert wird, aber im Missale von Bobbio und dem Lektionar von Luxeuil auf den 18 Januar verlegt ist. — Den Grund hat Duchesne [1] bereits richtig erkannt: der 22 Februar fiel oft in die Fastenzeit, in der ein Heiligenfest zu feiern in Gallien unziemlich erschien; so hat man es mancherorts — vielleicht auch nur in den betreffenden Jahren — auf den 18 Januar verlegt, auf einen Tag also, an dem in Gallien bereits ein anderes Fest, Mariae Himmelfahrt, gefeiert wurde. Die Differenzierung der beiden *cathedrae* in Martyrologium Hieronymianum ist nur ein Versuch des Kompilators, die beiden ihm vorliegenden Daten zu vereinigen und ohne jeden liturgischen und historischen Wert. Wer noch nach einem weiteren Argument dafür verlangt, kann es in dem Umstand erblicken, daß die Meßgebete des Missale Gothicum zum 22 Februar im wesentlichen identisch sind mit denjenigen, welche das Sakramentar von Bobbio zum 18 Januar bringt [2].

So bleibt die erstaunliche Tatsache zu erklären, daß das Fest der *cathedra Petri* am 22 Februar in allen gallischen und spanischen Quellen vermerkt ist, dagegen in den römischen Meßbüchern fehlt, während es doch 354 in Rom bekannt und sein stadtrömischer Ursprung in seiner Natur begründet ist. Daß es sich um einen ganz einzigartigen Fall handelt, lehrt die Gesamtliste der Feste. Es bleibt keine andere Lösung

---

[1] Origines du culte chrétien [3] 279.
[2] Auch im heutigen Missale Romanum sind beide Messen identisch.

übrig, als die Annahme, daß Petri Stuhlfeier wie so manches andere Fest, das uns der Filokalianische Kalender nennt, allmählich in Vergessenheit geriet und schon etwa im v Jahrhundert in Rom nicht mehr gefeiert wurde[1]. Aber die gallischen und spanischen Kirchen hatten es bereits im IV Jahrhundert übernommen und hielten treu daran fest: möglich, ja wahrscheinlich ist, daß die Totenopfer der *Caristia* in der romanisierten Bevölkerung dieser Länder sehr tiefe Wurzel geschlagen hatten und das sie ersetzende christliche Fest deshalb besonders freudig begrüßt wurde. Die Synode zu Tours vom Jahre 567 verbietet in ihrem 22 Kanon[2], am Feste *cathedrae domni Petri apostoli* nach heidnischer Sitte Speiseopfer für die Toten darzubringen, und in zwei fälschlich auf den Namen Augustins geschriebenen südgallischen Predigten[3] wird derselben Unsitte mit ernstlicher Rüge gedacht. Den stadtrömischen Charakter des Festes vergaß man naturgemäß und feierte es, wie die Meßgebete zeigen, allgemein als Gedächtnis der Übergabe der Schlüsselgewalt an Petrus. Eine im Homiliar des Paulus Diaconus[4] erhaltene Predigt erzählt aber als Legende des Tages

---

1 Man wird dagegen anführen Leo epist. 55 (I p. 962 Ball.): hier schreibt Kaiser Valentinian III im Jahre 450, er sei in Rom μετὰ τὴν σεβάσμιον νύκτα τῆς ἡμέρας τοῦ ἀποστόλου (Πέτρου) vom Papst und einer Anzahl anderer Bischöfe veranlaßt worden, an Theodosius II zu schreiben. Die Ballerini p. 961 § 4 meinen aus chronologischen Erwägungen, das Petrusfest müsse der 22 Februar gewesen sein: das ist unmöglich, denn hier ist ausdrücklich von einer Vigilie des Festes die Rede: und eine solche hat bis auf den heutigen Tag nur das Petrusfest des 29 Juni. Die Gegengründe der Ballerini sind nicht stichhaltig: Valentinian war auch im Oktober noch in Rom (Novell. Valent. 30 Cod. Theod. ed. Mommsen II p. 128), und vom 30 Juni bis zum 28 Juli (Theodosius II †) konnte die als epist. 55—57 erhaltene Briefreihe bequem von Rom nach Konstantinopel gebracht und von Theodosius mit epist. 62—64 beantwortet werden.

2 Bruns Canones apost. et conc. II 235.

3 Augustini opera: t. V Appendix sermo 190, 2 p. 318 f. 191, 1 p. 319 c. Auch sermo 192 feiert die *cathedra Petri*.

4 Migne lat. 95 p. 1463.

die Geschichte, welche den Schluß der Clementinischen Rekognitionen[1] bildet: Petrus kommt nach Antiochia, heilt, wunderbar von himmlischem Licht umstrahlt, eine Anzahl Blinder und Lahmer und bekehrt zehntausend Heiden: da weiht der vornehme Theophilus die riesige Basilika seines Hauses zur Kirche und Petrus besteigt darin die *cathedra*. Da sehen wir den Weg, auf dem auch der Kompilator des Martyrologium Hieronymianum zu seiner *cathedra Antiochena* gelangt sein wird. Auch unter den Predigten Leos des Großen[2] befindet sich übrigens eine gereimte Homilie auf Petri Stuhlfeier: daß sie nicht von Leo sein kann, haben die Ballerini in der Vorbemerkung gezeigt. Die bewegliche Klage c. 5 um das Kaufen und Verkaufen kirchlicher Ämter weisen sie tiefer ins Mittelalter hinein, und die Erwähnung der *sacerdotales infulae* in c. 2 deutet in dieselbe Richtung, für Rom scheint sie besser wie für jede andere Stadt zu passen: so mag sie, wie die Herausgeber meinen, von einem späteren Leo gehalten sein.

Von dem ältesten Zeugnis für die gallikanische Feier des 22 Februar ist bisher noch nicht die Rede gewesen, und mit gutem Grund. Der auf das Jahr 448 gestellte gallische Kalender des Polemius Silvius[3] notiert zum VIII Kal. Mart.
*depositio sancti Petri et Pauli. cara cognatio, ideo dicta, quia tunc etsi fuerint vivorum parentum odia, tempore obitus deponantur.*
Brauchbar ist davon nur die erwünschte Bestätigung dessen, was wir aus dem sonstigen Material bereits erschließen konnten: daß schon im v Jahrhundert in Gallien am 22 Februar das Petrusfest zugleich mit dem altheidnischen der *Caristia* oder *cara cognatio* gefeiert wurde. Verkehrt dagegen ist sowohl die Namensdeutung des heidnischen wie die Namensangabe des christlichen Festes. Es hieße all unser Wissen auf den Kopf stellen, wenn man dem Kalendermann glauben wollte,

---
1 Recogn. X 68 ff.
2 Leonis opera I Appendix sermo 14 p. 431 ff. Ball.
3 Corp. Inscr. Lat. I 1² p. 259.

daß tatsächlich im Jahre 448 die Beisetzung des Petrus und Paulus am 22 Februar statt am 29 Juni gefeiert worden sei. Vor allem, sein Kalender kann nicht vollständig sein. Er kennt

  6 Jan.  *Epiphania*
22 „  *S. Vincenti*
22 Febr.  *depositio SS. Petri et Pauli*
  1 Aug.  *Maccabaeorum*
10 „  *S. Laurentii*
12 „  (13?) *S. Hippolyti*
25 Dez.  *nat. Domini corporalis*
26 „  *S. Stephani*

Es fehlen also an sicher alten Festen vor allem *S. Iohannis Bapt.* am 24 Juni, dann die Feste des 27 und 28 Dezember *S. Iohannis et Iacobi* und *SS. Innocentum*, ferner *S. Agathae* am 5 Februar und *S. Xysti* am 6 August. Das berechtigt uns zu der Annahme, daß er auch am 29 Juni die Notierung des Peter-Paulsfestes versäumt hat, dafür aber dessen Namen versehentlich statt der *cathedra Petri* am 22 Februar eintrug.

    In Rom also war das Fest um jene Zeit vergessen und blieb es bis zum IX Jahrhundert. Erst als die gallischen Feste in die römischen Meßbücher eindrangen und die enge politische Verbindung mit dem Frankenreich manche Annäherung an fränkischen Brauch herbeiführte, kehrte die Feier der *cathedra Petri* wieder in die alte Heimat zurück. Die in Menards Gregorianum gebotene Messe enthält bereits im wesentlichen die Gebete, das gregorianische Antiphonarium Goussainvilles [1], den *Introïtus* und die *Communio*, welche auch noch das heutige Missale vorschreibt.

    Es ist, wie gesagt, ein einzigartiger Fall, daß ein im Filokalianischen Kalender bezeugtes Fest zwar in den römischen Meßbüchern verschwindet, aber außerhalb Roms so kräftig weiterlebt, daß es 500 Jahre später wieder in die römische Liturgie aufgenommen wird. In gewissem Sinne umgekehrt

---

[1] Vgl. Gregorii opera ed. Bened. III p. 29. 665.

liegt die Sache bei einem andern Feste, das etwa gleichzeitig mit Petri Stuhlfeier zu Rom in Übung gekommen, in allen liturgischen Quellen im Vordergrund steht, aber vom Filokalianischen Kalender nicht genannt wird. Für unsere Untersuchung ist es freilich ein *opus super erogatum*, aber es erscheint wichtig genug sowohl für die Charakteristik des Chronographen von 354 als für die Geschichte des christlichen Festkreises, auch diesem Problem nachzugehen.

## VII

Zum eisernen Bestand aller uns erhaltenen Kalendarien und Ritualbücher gehört das Fest der Epiphanie am 6 Januar. Um so mehr muß es auffallen, daß der Filokalianische Festkalender den Tag nicht nennt, und die nächstliegende Erklärung dafür würde die Annahme liefern, daß man im Jahre 354 in Rom noch nicht Epiphanie gefeiert habe, daß vielmehr dort das Weihnachtsfest des 25 Dezember nach Ausweis desselben Filocalus üblich und schon länger heimisch gewesen sei; das Epiphaniefest wäre dann etwa 400 von außen her übernommen worden. Gegen diese Vermutung lassen sich zunächst äußere Zeugnisse zwar nicht anführen, wohl aber wird sie durch die Aussagen der uns vorliegenden Urkunden der römischen Liturgie selbst widerlegt.

Die römischen Meßgebete nämlich lehren uns, daß die Epiphanie in Rom ursprünglich als Geburtsfest Christi gefeiert worden ist: später hat man aber diese Formeln so umgeändert, daß nicht mehr die Geburtsfeier des Herrn erwähnt wird, oder hat sie ganz durch andere Gebete ersetzt, hat also mit Rücksicht auf das Geburtsfest am 25 Dezember korrigiert. Daraus folgt, daß auch in Rom Epiphanie das ältere, Weihnachten das jüngere Geburtsfest ist.

Hier die Beweise: Im Gregorianischen Meßbuch lautet in der Praefatio der Epiphaniemesse die Begründung der Danksagung[1]: „Weil Dein Eingeborner, da er in unsrer Sterblichkeit Substanz erschien, uns zu seiner Unsterblichkeit neuem Lichte heilte". Da diese mit *quia* beginnenden Formeln den wesentlichen Inhalt des Festes kurz anzugeben pflegen, dürfen wir daraus den Schluß ziehen, daß der Verfasser dieser Praefatio die Epiphanie als Fest der Erscheinung des Herrn im Fleische, das heißt also als Geburtsfest auffaßte. In demselben Sakramentar wird aber innerhalb des Meßkanons wenn möglich noch deutlicher dem gleichen Gedanken Ausdruck gegeben. Das Gebet *infra actionem* beginnt nämlich mit den Worten[2]: „Indem wir kommunizieren und den hochheiligen Tag feiern, an dem Dein Eingeborner, in Deiner Herrlichkeit mit Dir gleichewig, in der Wirklichkeit unsres Fleisches sichtbarlich leiblich erschienen ist..." Es ist für das zähe Festhalten an altgewohnten liturgischen Formeln innerhalb der römischen Kirche bezeichnend, daß diese, gegen Ende des IV Jahrhunderts bereits „veralteten" Gebete noch heutigen Tages am gleichen Orte gesprochen werden. Ihre Stellung im Zentrum der Messe, die ihnen eine so besondere Bedeutung gibt für die Erkenntnis der altrömischen Auffassung der Epiphanie, hat sie zugleich siegreich gegen alle Änderungs- und Reformversuche verteidigt.

Doch sind dies nicht die einzigen liturgischen Formeln im Gregorianum, welche die Epiphanie als Geburtsfest feiern. Unter den zur Wahl gestellten *Orationes* befindet sich auch diese[3]: „Gott, dessen Eingeborner in unsres Fleisches Substanz erschienen ist, gewähre uns, so bitten wir, daß wir inner-

---

1 *Quia, quum Unigenitus tuus in substantia nostrae mortalitatis apparuit, in novam nos immortalitatis suae lucem reparavit* p. 16 Mur. p. 16c Men. Ben.

2 *Communicantes et diem sacratissimum celebrantes, quo Unigenitus tuus, in tua tecum gloria coaeternus, in veritate carnis nostrae visibiliter corporalis apparuit.*

3 *Deus, cuius Unigenitus in substantia nostrae carnis apparuit: praesta, quaesumus, ut per eum, quem similem nobis foris agnovimus, intus reformari mereamur.*

lich neugebildet werden mögen durch ihn, den wir äußerlich als uns ähnlich erkennen." Auch dies Gebet ist nicht untergegangen: es wird heute zur Oktave der Epiphanie gesprochen. Die gleiche Anschauung liegt dem folgenden Gebet[1] zugrunde: „Gewähre uns, allmächtiger Gott, daß Dein Heil, das wunderbar mit neuem Himmelslicht zur Rettung der Welt am heutigen Feste ausgegangen ist, zu unsrer Herzen Erneuerung immerdar aufgehe." Die übrigen Gebete sind weniger klar; einige scheinen bereits die Umdeutung ausdrücken zu wollen, wonach die Epiphanie nur als die „Offenbarung" der schon vorher erfolgten Geburt zu gelten hat[2], andere reden von den Magiern und ihren Gaben.

Es ist lehrreich, nunmehr in den Anhang von Präfationen zu blicken, welcher das Gregorianum für den Gebrauch der fränkischen Kirche ergänzen soll[3]: da ist die alte lapidare Praefatio auf den Sonntag nach Epiphanie verlegt und dadurch unwirksam gemacht, dafür dem Fest selbst eine reichlich geschwätzige neue gegeben, welche von Offenbarung des Heils an alle Völker, von den Magiern und dem Stern spricht, und zum Überfluß hat auch die Vigilie der Epiphanie eine ähnlich gerichtete Praefatio bekommen.

Der für die fränkische Kirche zurechtgemachte „Codex S. Eligii des Gregorianums", welchen Menandus abdruckt, bringt[4] auch diese Praefatio der Vigilie. Am Festtage selbst ist von den alten Formeln nur die Praefatio geblieben, die übrigens auch bei der Oktave rezitiert wird: das *Communi*-

---

[1] *Concede nobis omnipotens Deus, ut salutare tuum, nova caelorum luce mirabile, quod ad salutem mundi hodierna festivitate processit, nostris semper innovandis cordibus oriatur.* Das Gebet begegnet auch unter den Weihnachtsorationen.

[2] So die Oratio *Deus qui hodierna die Unigenitum tuum gentibus stella duce revelasti,* welche auch heute noch üblich ist; so *praesta quaesumus, ... ut salvatoris mundi stella duce manifestata nativitas, mentibus nostris reveletur* ...

[3] p. 293 f. Mur.

[4] p. 15 ff. Bened.

*cantes* ist gestrichen, *Concede nobis,* welches den unmißverständlichen Hinweis auf das „heutige Fest" enthält, ist entfernt und in verständiger Würdigung seines Inhaltes nur unter den Weihnachtsorationen [1] belassen! *Deus cuius* ist, wie im heutigen Meßbuch, zur Oratio der Oktave gemacht.

In ähnlicher Weise hat nun auch die uns vorliegende Form des Gelasianischen Sakramentars den veränderten Verhältnissen Rechnung getragen. Die alte Praefatio ist auf die Vigilie verlegt, um einer den Stern, die Magier und „den der Welt zu offenbarenden Gott" erwähnenden Formel Platz zu machen; derselben, die wir im Anhang des Gregorianums bei der Vigilie finden. Das Gebet *Deus cuius* ist beibehalten, es ist ja nicht von aufdringlicher Deutlichkeit. *Concede nobis* ist dagegen beseitigt; die Reichenauer und die St. Galler Handschrift [2] bringen es ebenso wie die Vorlage des Menardus als Weihnachtsgebet. Aber auch das *Communicantes* betont den Tag der Feier: diese dem Canon Missae angehörige Formel hat man nicht zu streichen gewagt, sondern lieber dem entscheidenden Satz durch Zufügung einiger Worte eine andere Spitze gegeben. Er lautet nun: „Indem wir kommunizieren und den hochheiligen Tag feiern, an dem Dein Eingeborner, in Deiner Herrlichkeit mit Dir gleichewig in der Wirklichkeit unsres Fleisches *geboren, den Magiern, die von ferne kamen,* sichtbar und leiblich erschienen ist."[3] Der alte Sinn der ἐπιφάνεια ist umgedeutet.

Damit dürfte der Beweis geliefert sein, daß die römische Liturgie Christi Geburt als Epiphanie am 6 Januar feierte, ehe sie das Weihnachtsfest des 25 Dezember einführte. In anderen Kirchen ist es ebenso gewesen, aber der liturgische Ausgleich ist anderswo schneller vollzogen worden: die mailändischen und gallischen, spanischen und afrikanischen Zeugen der Lit-

---

[1] 8° Bened.
[2] Vgl. Gelas. Sacr. ed. Wilson p. 318.
[3] *in veritate nostrae carnis natus magis de longinquo venientibus visibilis et corporalis apparuit.* p. 11 f. Wilson.

urgie lassen — soweit ich sehen kann — seit Ende des IV Jahrhunderts nicht mit einem Wort mehr ahnen, daß Epiphania ihren Kirchen nicht noch etwas anders war als das Fest der heiligen drei Könige, der Hochzeit zu Kana, der Speisung der Viertausend und der Taufe des Herrn. Rom allein hat gegenüber der beweglichen Vielgestaltigkeit des Westens seinen liturgischen Besitzstand möglichst unverändert zu bewahren gestrebt und die Formeln des beginnenden IV Jahrhunderts reichlich bis zum Ende des achten, in ansehnlichen Resten sogar bis in die Gegenwart zu erhalten vermocht.

Diese Zähflüssigkeit des liturgischen Stoffes gibt uns vielleicht auch die Erklärung für eine zweite höchst auffällige Tatsache. Usener hat[1] auf Grund einer von Ambrosius uns mitgeteilten Predigt[2] den unwiderleglichen Nachweis geliefert, daß Papst Liberius am Anfang seines mit dem 17 Mai 352 beginnenden Pontifikates, also frühestens 353, die Epiphanie des 6 Januar noch als Christi Geburt gefeiert hat. Und doch notiert, wie wir gesehen haben, nicht nur der Kalender des Filocalus 354 den 25 Dezember als Geburtstag Christi, sondern bereits 336 hat die „Depositio episcoporum" das Kirchenjahr mit Weihnachten beginnen lassen. Alle Versuche, den Widerspruch dadurch zu beseitigen, daß man die Predigt Weihnachten gehalten sein läßt, scheitern an den von Usener betonten liturgischen Tatsachen. Wir müssen uns in die Wunderlichkeit finden, daß der — doch mindestens „offiziöse" — römische Festkalender schon seit 336 als Beginn des Kirchenjahres das Geburtsfest Christi am 25 Dezember kennt, während der Papst noch 353 den 6 Januar als des Herrn Geburtstag feiert — haben wir doch auch mit Erstaunen sehen müssen, daß dieser selbe Kalender das alte Epiphaniefest überhaupt nicht bucht! Wie wär's, wenn wir beide Tatsachen zusammenlegten und zur gegenseitigen Erklärung benutzten?

---

1 Weihnachtsfest I[2] 275 ff. vgl. 377.
2 de virgin. III 1 t. II p. 174 f. Ben.

Der Kalender gibt dem Kirchenjahr die vom römischen Bischof gewünschte Gestalt: der Geburtstag des Herrn am *natalis Solis Invicti*, dem 25 Dezember, soll es glänzend und feierlich eröffnen. Das ist schon seit den 30er Jahren des IV Jahrhunderts geplant, und wir werden vermuten dürfen, daß man ursprünglich beabsichtigte, die Feier des 6 Januar wieder zu beseitigen: war es ja doch das Natürlichste, die Liturgie dieses schwerlich lange vor 300 eingeführten orientalischen Festes einfach auf den neuen Feiertag zu übertragen, der sich vor allem durch seine Anknüpfung an das römische Fest des *natalis Invicti* der römischen Gemeinde empfahl. Diesem Wunsch der Kurie gibt der offiziöse Filokalianische Kalender dadurch Ausdruck, daß er die Epiphanie, obwohl sie gefeiert wird, nicht notiert: aber andrerseits trägt er doch den tatsächlichen Verhältnissen insofern Rechnung, als er zum 25 Dezember noch nicht den Vermerk eines Kirchenfestes einzutragen wagt — der müßte lauten *natale* oder *nativitas Christi* — sondern nur die geschichtliche Nachricht *natus Christus in Betleem Iudae* beischreibt [1]. Die Liberiuspredigt zeigt uns ja, daß ums Jahr 354 von einer amtlichen Weihnachtsfeier noch keine Rede sein kann. Das Festhalten an der hergebrachten Sitte, also der Widerstand von Volk und Klerus, erwies sich lange Zeit stärker als der liturgische Reformwunsch der Päpste. Erst gegen 360 gelang es, das Weihnachtsfest tatsächlich einzuführen [2], aber nur neben, nicht an Stelle der Epiphanie. Die Beseitigung des älteren Festes erschien der überwiegenden Mehrzahl direkt als unfromm: aber vorhanden ist in manchen Kreisen der Gedanke noch lange gewesen. Der mit römischen Verhältnissen bekannte Filastrius [3] weiß ums Jahr 383 in seiner

---

1 Vgl. Usener Weihnachtsfest I [2] S. 377.
2 Usener S. 384.
3 Vgl. Filastrius ed. Marx p. XII, die Nachricht in cap. 140, I *sunt quidam dubitantes heretici de die Epifaniorum domini salvatoris, qui celebratur VIII idus Ianuarias, dicentes solum natalem debere eos* (lies *nos?* Usener) *celebrare domini VIII kalendas Ianuarias, non tamen diem Epifaniorum.*

zopfigen Weise zu berichten von „Häretikern, die sich über den Tag der Epiphanie des Heilandes am 6 Januar Gedanken machen und behaupten, sie dürften nur den Geburtstag des Herrn am 25 Dezember feiern, aber nicht den Tag der Epiphanie". Die amtlichen Stellen in Rom haben den Plan einer Beseitigung des Epiphaniefestes natürlich fallen gelassen, sobald sich seine Undurchführbarkeit zeigte: ja es muß überhaupt dahingestellt bleiben, ob sie ihn je anders als „offiziös" — wie durch den Filokalianischen Kalender — der Gemeinde vorgelegt haben. Aber wachgerufen war die Diskussion der Frage, und ein Echo aus wenig späterer Zeit ist die Notiz des Filastrius.

## VIII

Die bisherige Untersuchung hat gezeigt, daß weder der 18 Januar noch der 22 Februar irgendeine die Person oder die Reliquien des Apostels Petrus betreffende historische Bedeutung haben. Anders steht es augenscheinlich mit dem 29 Juni, von dem der Filokalianische Kalender berichtet
*III Kal. Iul. Petri in Catacumbas*
*et Pauli Ostense Tusco et Basso cons.* [258].
Wie sonst weisen auch hier die Lokalnotizen auf den Ort, an welchem die Feier der Heiligen stattfindet: 354 wird also Petrus *„in Catacumbas"* d. h. in S. Sebastiano an der via Appia und Paulus an der Straße nach Ostia gefeiert. Doch ruft der Text Bedenken wach. Wir haben im Martyrologium Hieronymianum [1], welches ein anderes Exemplar des Filokalianischen Kalenders benutzt hat, die Notiz in folgender Fassung durch den Codex Bernensis erhalten:

*Romae via Aurelia natale sanctorum apostolorum Petri et Pauli: Petri in Vaticano, Pauli vero in via Ostensi, utrumque in catacumbas, passi sub Nerone, Basso et Tusco consulibus.*

---

1 p. 84 De Rossi-Duchesne.

## VIII Der 29 Juni 258

Aber auch diese Form ist entstellt: *via Aurelia* gehört entweder hinter *Vaticano*, wie Duchesne annimmt, oder es ist dadurch entstanden, daß der Schreiber versehentlich die nächste Notiz angefangen hat *Aurelia sanctorum Nevatiani* usw.; er bemerkte dann den Irrtum und radierte die falschen Namen aus, ließ aber die Straßenbezeichnung stehen. Das würde erklären, warum die Worte *apostolorum Petri et Pauli* auf einer Rasur stehn. Eingeschoben ist ferner die Bemerkung *passi sub Nerone*, die mit dem folgenden Datum unverträglich ist; *utrumque* ist vielleicht in *utriusque* zu korrigieren: so im wesentlichen Duchesne [1]. Dann lautet die Notiz

> *Romae natale sanctorum apostolorum Petri et Pauli: Petri in Vaticano [via Aurelia?], Pauli vero in via Ostensi, utriusque in catacumbas Basso et Tusco consulibus.*

Da, wie sich zeigen wird, bereits um 200 der Vatikan und die Straße nach Ostia als heilige Apostelstätten galten, ist eine Reduzierung der Feiern auf S. Sebastiano und die *via Ostiensis*, wie sie der vorliegende Text des Filocalus aussagt, nicht eben wahrscheinlich: warum sollte man 354 auf dem Vatikan keine Gedächtnisfeier begangen haben, zumal die Peterskirche mindestens ihrer Vollendung entgegenging? Man kann sagen und hat gesagt: einst haben die Gebeine der Apostel zusammen in S. Sebastiano geruht — das wissen wir am sichersten durch Damasus (s. S. 107) — aber im Jahre 354 war die kleine Paulskirche bereits dem Kult übergeben und der Leichnam des Paulus dahin übertragen, dagegen ruhte Petrus noch in S. Sebastiano, weil die ungleich größere Peterskirche noch nicht vollendet war. Das ist — wie gegenüber Duchesne betont werden mag — eine Möglichkeit. Sicher wissen wir ja nur, daß die Peterskirche unter Constantius († 361) fertig geworden ist, und man kann die Apostelreliquien erst zuletzt in der Kirche beigesetzt haben: aber Wahrscheinlichkeit kann dafür nicht eben in Anspruch genommen werden. Der Liber pontificalis bezeugt in

---

[1] Liber pontif. I p. CV ff.

der vita Silvestri 34, 17 Mo., daß in der Krypta der Peterskirche über dem Bronzesarg des hl. Petrus sich ein goldenes Kreuz erhob mit der Inschrift *Constantinus Augustus et Helena Augusta hanc domum regali simili fulgore coruscans aula circumdat*. Das gibt keinen vollständigen Sinn, und man hat in mannigfacher Weise den verstümmelten Text zu ergänzen unternommen [1]: aber klar ist, daß auch die etwa 336 verstorbene Kaiserin-Mutter Helena dies Grabkreuz des Petrus mitgestiftet hat und sich einen Anteil am Bau der Peterskirche zuschreibt. Daraus wird man bis zum Beweis des Gegenteils zu folgern geneigt sein, daß mindestens die Krypta mit dem Sarg vor 336 fertiggestellt worden ist.

Das Natürliche ist und bleibt also die Annahme einer Verderbnis in dem Texte der unseren beiden jungen Codices zugrunde liegenden Filocalushandschrift. Der Text lautete vor seiner Verstümmelung [2]

*Petri ⟨in Vaticano*
*Petri et Pauli⟩ in catacumbas*
*et Pauli Ostensi. Tusco et Basso cons.*

oder nach dem im Martyrologium Hieronymianum benutzten Exemplar:

*Petri in Vaticano*
*Pauli vero in via Ostensi*
*utriusque in catacumbas. Basso et Tusco cons.*

Was bedeutet das Jahr 258? Da es nicht das Datum der Passion sein kann, muß es eine Translation der Reliquien an-

---

1 Z. B. *regalem ⟨auro decorant, quam⟩ simili* De Rossi, aber die Versanklänge machen es wahrscheinlich, daß wir Reste eines Gedichtes vor uns haben, vgl. Mommsen zu p. 57₁₃. Es ist eine nicht unebene Vermutung, daß der Berichterstatter des Lib. pont. durch die Fenestella in dem dunkeln Raum nur die notierten Worte lesen konnte.

2 So Mommsen in Liber pontif. I p. 4 im Apparat. ⟨*in via*⟩ *Ostensi* zu lesen ist nicht erforderlich, da der Filokalianische Text öfter die Straßennamen ohne *in* und ohne *via* im Ablativ anführt.

zeigen: aber woher und wohin wurden die Gebeine überführt? Und gehört die Tagesangabe des 29 Juni auch zu dem Jahr 258 oder weist sie auf ältere Zeit?

Der Filokalianische Kalender hat noch zwei andere Jahresangaben, welche als Analoga gelten und uns vielleicht den rechten Weg weisen können.

19 Mai  XIIII Kal. Iun. Partheni et Caloceri in Callisti Diocletiano VIIII et Maximiano VIII [304].

22 Sept.  X Kal. Octob. Basillae Salaria vetere Diocletiano IX et Maximiano VIII consul. [304].

Da mit dem Jahre 304 die Diocletianische Verfolgung mit ganzer Schärfe einsetzt, so hat man gemeinhin [1] angenommen, das Datum bezeichne die Passion der genannten Märtyrer. Das ist falsch: schon De Rossi [2] hat das Richtige gesehn und die daraus zu folgernde Erkenntnis klar ausgesprochen.

Über Parthenius und Calocerus berichtet das Martyrologium Hieronymianum [3] zum 19 Mai

*XIIII Kal. Iun. Romae natale Caloceri Parteni* [4] *eunucorum Decii imperatoris et uxorum eius* [5], *qui, cum esset unus ex his praepositus cubiculi, alter primicerius, nolentes sacrificare idolis a Decio occisi sunt, et requiescunt in cimiterio iuxta via Appia, in cimiterio Calesti.*

Hier sind die übrigens historisch wertlosen Akten benutzt, welche von den Bollandisten [6] ediert sind, und die Märtyrer unter Decius am 19 Mai 250 sterben lassen. Wichtig ist daran für uns lediglich die Tatsache, daß es eine Tradition gab, welche das Jahr 250 als Todesjahr annahm. De Rossi ist es

---

1 So z. B. Langen Geschichte d. röm. Kirche I 374ff. H. Achelis Die Martyrologien 144.
2 Roma Sotterranea II 214f. *queste tre sole note consolari ... hanno molta apparenza d' essere tutte tre egualment ememorie di traslazioni.*
3 p. 63 De Rossi-Duchesne.
4 *Paterni* Bern.
5 *et uxorum Decii imperatoris* Bern.; *Decii imperatoris et uxoris eius* Eptern.; *et uxorum eius Decii imperatori* Wissenb.
6 Acta Sanct. Maii IV 301.

nun gelungen, in den Gängen der Kallistkatakombe die Ruhestätte der beiden Märtyrer zu entdecken: auf dem der Roma sotterranea beigegebenen Plan [1] befindet sich die Gruft bei D d 1 in der Area VII.

Es ist ein einfacher Raum ohne Arcosolium oder gar dekorative Zierde, der in keiner Weise darauf hindeutet, daß er zur Ruhestätte eines gefeierten Märtyrerpaares bestimmt war. Nur an der Eingangswand ist folgende Inschrift [2] eingekritzelt

*Tertio idus Fefrua*

und daneben von anderer Hand

*Parteni martiri*

*Caloceri martiri*

Daß hier die Heiligen auch noch im Mittelalter lagen, bezeugt die Salzburger Epitome [3] de locis sanctorum Martyrum *et ibi S. Eusebius et S. Colocerus et S. Parthenius per se singuli iacent.*

In der Tat liegt die Gruft nur wenige Schritte von der Eusebiuskrypta [4] entfernt. De Rossi hat aus dem Zustand der Grabkammer den richtigen Schluß gezogen, daß sie nicht besonders für diese Märtyrer angelegt worden sei, sondern daß in Zeiten der Gefahr die kostbaren Leiber eiligst hier als in der ersten besten leerstehenden Krypta geborgen worden seien, daß also eine Translation stattgefunden habe. Für eine solche ist aber die Diocletianische Verfolgung der letzte in Betracht kommende Termin — nachher brauchte man solche Schutztransporte nicht mehr vorzunehmen. So ergibt sich, daß die vom Filokalianischen Kalender genannte Jahreszahl 304 nicht das Datum des Martyriums sein kann, sondern auf die Überführung aus einer älteren Gruft in die jetzige Grabkammer zu beziehen ist.

---

[1] De Rossi Roma sott. II Taf. 59—62, wiederholt bei Cabrol Dictionn. II 2 p. 1684 s. v. Calliste.

[2] Abgebildet bei De Rossi Roma sott. II Taf. XXXIII n. 5.

[3] De Rossi Roma sott. I 180. Marucchi-Segmüller Handbuch d. christl. Archäologie 150.

[4] Auf De Rossis Plan D e 1, ebenso bei Cabrol.

Aber was bedeutet das in die Wand geritzte Tagesdatum des 10 Februar *Tertio idus Fefrua*? Daß es ein wirklicher Kulttag gewesen ist, beweist die nur im Berner Codex erhaltene Notiz des Martyrologium Hieronymianum [1] *III Id. Febr. Rome Caloceri Parthemi martyr.* Es erscheint einleuchtend, daß von den beiden uns überlieferten Daten, dem 19 Mai und 10 Februar, das eine das Martyrium, das andere die Translation angibt. De Rossi hat das Filokalianische Fest für das ältere gehalten und angenommen, man habe den Tag der Überführung in die Wand der Gruft eingeritzt. Möglich, aber weniger wahrscheinlich bleibt das Umgekehrte, daß man also die sonst nicht ausgezeichnete Grabkammer durch das Datum des alten Festes der Märtyrer am 10 Februar kenntlich machte, während in der Praxis der Tag der Translation schnell das Übergewicht bekam und schon 354 als eigentlicher Festtag angesehen wurde.

Der Vollständigkeit halber muß noch angemerkt werden, daß im Martyrologium Hieronymianum [2] zum 17 Mai notiert ist *XVI Kal. Iun. Rome via Salaria vetere Parteni Caloceri Primi et depositio Liberi episcopi.*
Papst Liberius ist am *VIII Kal. Oct.* = 24 September gestorben, und das Datum des 17 Mai ist vielmehr sein *natalis* als Bischof: er hat am 17 Mai 352 sein Amt angetreten, wie von Duchesne [3] einleuchtend gezeigt ist. Nach dem Liber pontificalis war er nicht an der via Salaria vetus, sondern im Coemeterium der Priscilla, also an der via Salaria nova beigesetzt: da sein Grab sonst nicht erwähnt wird und auch bis jetzt nicht gefunden ist, sind wir nicht in der Lage, die widersprechenden Angaben zu kontrollieren. Rätselhaft bleibt das Datum für Parthenius und Calocerus sowie die Ortsangabe. Zu phantastisch erscheint die Annahme, daß die Märtyrer am 17 Mai 250 hingerichtet, aber erst am 19 Mai beigesetzt worden

---

[1] p. 19 De Rossi-Duchesne.
[2] p. 62 De Rossi-Duchesne.
[3] Liber pont. I p. CCL. Vgl. oben S. 5.

seien. Vielmehr wird *XVI Kal. Iun.* als eine mechanisch oder sonstwie entstandene Dublette zu *XIV Kal. Iun.* angesehen werden müssen. Aber vielleicht dürfen wir in einem der Cömeterien an der via Salaria vetus die ursprüngliche Ruhestätte der Heiligen suchen, von wo sie 304 in die Kallistkatakombe überführt wurden: dann wäre natürlich der 19 Mai als Tag des Martyriums gesichert.

Über die heilige Basilla oder vielmehr Bassilla [1] melden uns die Akten [2] wertlose Fabeleien: sie sei eine Nichte des Kaisers Gallienus gewesen und unter ihm den Märtyrertod gestorben. Das Martyrologium Hieronymianum [3] notiert zum 22 September entsprechend der Angabe des Filokalus *Rome via Salaria vetere Basille.* Doch auch hier finden wir ein zweites Datum angegeben: 10 Juni = *III Id. Iun. Romae via Salaria natale Sanctae Basillae.* Dazu die Variante am 20 Mai *XIII Kl. Iun. Romae via Salaria vetere Baseli,* also *XIII Kl.* statt *III Id.* Das legt auch hier den Gedanken der Translation nahe; eines der Daten ist das alte Märtyrerfest, das andere gibt den Tag der Überführung an. Indessen, die Sachlage ist hier noch besonders verwickelt. Die Katakombe, in welcher Bassilla 304 beigesetzt wurde, ist uns wohlbekannt [4]: sie heißt heute S. Ermete. Vor der Apsis einer geräumigen unterirdischen Basilika fand man das Grab des hl. Hermes, 1845 wurde durch Marchi das Grab des hl. Hyacinthus unversehrt entdeckt. Die Ruhestätte der hl. Bassilla ist bisher den Nachforschungen entgangen: nur eine von Bosio gefundene und jetzt verschollene Platte mit ihrem Namen, und zwei Inschriften, auf denen ihre Fürsprache erbeten wird, bezeugen, daß ihr Grab in der Nähe

---

1 Vgl. F. Savio im Nuovo Bullett. di archeol. crist. XVIII (1912) 11 ff.
2 Ebenda S. 17 Anm. 1.
3 p. 124 De R.-Duch.
4 Ein gut orientierendes Referat bei O. Marucchi Éléments d'archéol chrét. II Les catacombes Romaines p. 370 ff. Plan in N. Bullettino d'arch. crist. 1896 Taf. XI und Ergänzendes bei Marucchi.

der ausgegrabenen Teile sich befindet. Die ganze Katakombenanlage ist alt: in den Gängen fanden sich Ziegelstempel [1] aus den Jahren 110. 126. 134. 159, und eine Grabschrift [2] ist auf 234 datiert.

Im Kalender des Filocalus führt nun das ganze Coemeterium den Namen der hl. Bassilla: zum 28 August finden wir notiert *Hermetis in Basillae Salaria vetere* und zum 11 September *Proti et Iacinti in Basillae*. F. Savio [3] hat darauf hingewiesen, daß auch noch später jahrhundertelang die Katakombe keinen anderen Namen geführt habe, und daß die Annahme, sie sei vor 304 anders benannt gewesen und erst seit diesem Jahre nach der berühmten Heiligen umgenannt worden, aller bekannten Analogie widerstreitet. Er nimmt deshalb mit Recht an, daß Bassilla eine Christin der älteren Zeit, etwa des III Jahrhunderts gewesen sei, welche in der Katakombe bestattet wurde und ihr den Namen gab: vielleicht war sie gar die ursprüngliche Besitzerin des Areals.

Da nun aber eine Translation der Gebeine im Jahre 304 stattgefunden hat, und zwar nach Aussage des Filokalianischen Kalenders eben in die Bassillakatakombe, so haben wir anzunehmen, daß die Heilige anfänglich in einer leicht zugänglichen Gruft dieses Coemeteriums bestattet war, deren Lage den Heiden nicht unbekannt bleiben konnte. Als dann im Jahre 304 Gefahr für diese Kultorte drohte, hat man die Reliquien von ihrer Stelle entfernt und an einem anderen Orte, aber innerhalb derselben Katakombe beigesetzt oder vielmehr versteckt: das ist so gut gelungen, daß bis heute das Grab nicht wieder zum Vorschein gekommen ist. Nach Analogie der Daten bei Parthenius und Calocerus hätten wir dann auch hier den 22 September als das alte Fest des Martyriums, den 11 Juni — oder 20 Mai — 304 als den Tag der Translation anzusehen.

---

[1] Vgl. M. St. de Rossi N. Bullett. 1896 p. 99ff.
[2] De Rossi Inscr. christ. urbis Romae I p. 10.
[3] Nuovo Bullett. 1912, 22f.

Durch diese Parallelen wird noch weiter erhärtet, was auch schon ohnedies glaubhaft war, daß die Jahresangabe 258 auf eine Translation der Apostelreliquien hinweist. Da um 200 nach Aussage des Caius die Gräber der Apostel nur auf dem Vatikan und an der Straße nach Ostia gezeigt wurden, so folgt aus der Notiz des Filocalus, daß die Gebeine 258, das heißt während der Valerianischen Verfolgung, nach den *Catacumbae* bei S. Sebastiano überführt worden sind. Und daß sie tatsächlich dort geruht haben, bezeugt urkundlich eine in der Krypta von S. Sebastiano gefundene Inschrift des Damasus, von der später noch zu reden sein wird.

Diese selben Parallelen erschüttern aber anscheinend die Gewißheit, mit der man meistens auch die Tagesangabe des 29 Juni auf die Translation zu beziehen pflegt. Freilich nur anscheinend, denn es bleibt aus anderen Gründen durchaus wahrscheinlich, daß vor 258 an den Gräbern des Petrus und Paulus überhaupt keine Feier stattfand, daß man am 29 Juni dieses Jahres die Gebeine in die Katakomben überführte und seitdem den Translationstag festlich beging. Wer es für unwahrscheinlich hält, daß in älterer Zeit an den Apostelgräbern kein Gedächtnistag begangen worden sei, der möge sich den nachher zu erörternden Befund der Örtlichkeiten vergegenwärtigen und sich die Frage vorlegen, wie und wo denn eigentlich dort eine liturgische Feier möglich gewesen sein soll. Es spricht alles dafür, daß überhaupt erst durch die Überführung nach S. Sebastiano der für eine gottesdienstliche Handlung erforderliche Raum geboten wurde. Dieses Resultat ergibt sich aber als einleuchtend nur durch die hier obwaltenden besonderen Umstände, nicht, wie man vielfach gemeint hat, auch durch den Wortlaut der Filokalianischen Notiz. Vielmehr lehren uns die behandelten Analogien, daß die Tagesdaten des Kalenders nicht notwendig zu den Jahren der Translation gehören, sondern auch die ältere Passionsfeier angeben können. Das ist aber für Petrus und Paulus aus mehreren Gründen ausgeschlossen: einer ist eben erwähnt.

Man könnte dagegen einwenden, daß, wenn auch keine Feier am Grabe möglich gewesen sei, die Gemeinde trotzdem den Tag des Martyriums als historische Überlieferung in treuem Gedächtnis behalten habe. Dem ist zu erwidern, daß es für solche Dinge in der ältesten Zeit überhaupt keine „historische", sondern nur eine liturgische Überlieferung gibt: wo die fehlt, stehen wir vor dem Nichts. Sodann aber ist durch den Filokalianischen Kalender die bemerkenswerte Tatsache festgelegt, daß die römische Gemeinde vor etwa dem Jahre 200 keine liturgischen Märtyrerfeiern gekannt hat. Von den zahlreichen Glaubenszeugen, die seit den Tagen der Neronischen Verfolgung im ersten und zweiten Jahrhundert in Rom ihr Leben gelassen haben, weiß der Festkalender nichts: er kennt nur die Märtyrer des dritten Jahrhunderts. Das hat H. Achelis[1] richtig erkannt und gewürdigt; er betont auch mit Recht, aber ohne weitere Prüfung der Sachlage, daß man gegenüber diesem Fehlen aller uns wohlbekannten Märtyrer der älteren Zeit sich nicht auf den angeblich 162 gestorbenen Januarius berufen darf[2], den Filocalus unter dem 10 Juli nennt und dessen Ruhestätte De Rossi in der Prätextatkatakombe entdeckt hat. Die Datierung seines Martyriums beruht auf den Akten der Felicitas, die von Ruinart[3] bequem herausgegeben sind. Diese sind aber ein reines Phantasiemachwerk: der Verfasser hat die sieben Märtyrernamen, die bei Filocalus zum 10 Juli notiert sind, zu sieben Brüdern gemacht, als welche sie auch im Martyrologium Hieronymianum[4] auftreten, freilich hier mit arger Namenskonfusion. Als ihre Mutter erscheint die hl. Felicitas, die im Hieronymianum am gleichen Tage, aber ohne Zusammenhang mit jenen *VII germani* genannt wird. Diese acht Personen

---

[1] Die Martyrologien S. 16f.
[2] Ebenda 17 „Aber ist das so gewiß? Oder ist es sicher, daß die Crypta quadrata erst nach dem Tode des Januarius angelegt wurde?" Die Fragen lassen sich beantworten.
[3] Acta mart. Regensb. 1859 p. 72ff.
[4] p. 89.

halten vor dem Stadtpräfekten Publius die üblichen schematischen Reden und werden dann unter mannigfachen Qualen umgebracht. Das Ganze trägt offenkundig den Stempel der freien Erfindung; wir können daraus schließen, daß man von den wirklichen Schicksalen jener bei Filocalus genannten Männer nicht das Geringste mehr wußte. Aber auch Damasus war nicht besser unterrichtet: dem völligen Schweigen der Tradition gegenüber verstummte seine sonst so ergiebige Leier, und statt des üblichen Gedichtes schrieb er auf die Platte[1], welche die Grabkammer des Januarius kenntlich machen sollte, nur die Worte: *Beatissimo martyri Ianuario Damasus episcopus fecit*. Das Grab befindet sich in der berühmten quadratischen Crypta der Prätextatkatakombe, deren nach oben sich verengende und in einen Lichtschacht ausmündende Wände mit zierlichen Rankenbändern und Ernteszenen[2] geschmückt sind. In ihrem unteren Teil haben drei Wände je ein großes Arkosolgrab, durch die vierte führt die Tür. Die Datierung dieser Gruft in die zweite Hälfte des II Jahrhunderts mag vielleicht durch falsches Vertrauen auf die Felicitasakten unterstützt sein, erscheint aber darum doch dem archäologischen Befund durchaus angemessen. So viel lehrt aber sofort der Augenschein, daß diese Gruft nicht eigens für den einen Märtyrer Januarius angelegt ist, sondern mit ihren drei gleichmäßig gezierten Arkosolgräbern zur Aufnahme von drei gleichartigen Persönlichkeiten bestimmt war, mit anderen Worten, daß wir eine Familiengruft wohlhabender Leute vor uns haben. Als nun, sagen wir im Beginn des III Jahrhunderts, der uns sonst unbekannte Januarius den Märtyrertod starb, rechnete es sich die Familie zur Ehre und zum Heile an, einem Märtyrer in ihrer Gruft eine Ruhestätte zu bieten, und setzte seinen Leib in einem Marmorsarkophag gegenüber der Türe bei[3].

---

[1] Ihm Damasi epigr. n. 22.
[2] Wilpert Malereien d. Katakomben Taf. 32. 33. 34.
[3] Vgl. Marucchi Éléments d'archéol. II 195 *Le corps de S. Janvier reposait, au fond de la chapelle, dans un sarcophage de marbre.*

Aus all diesen Gründen ist die Annahme eines alten Peter- und Paulsfestes für Rom abzulehnen: am 29 Juni 258 fand die Überführung der Apostelreliquien nach S. Sebastiano statt, und dieser Tag wurde seitdem in der Katakombe festlich begangen. Als nach über einem halben Jahrhundert unter Konstantin die Peterskirche und die Paulskirche entstanden und die heiligen Leiber wieder *in Vaticano* und an der *via Ostiensis* ruhten, war die Feier des 29 Juni schon so fest in das Volksbewußtsein übergegangen, daß dieser Tag, der ursprünglich nur für S. Sebastiano von Bedeutung war, auch in den neuen Basiliken begangen wurde: man vergaß seinen alten Sinn und nahm ihn schließlich für das Datum der Passion.

## IX

Dieser Sachverhalt läßt auch für eine auf den ersten Blick verwunderliche Tatsache eine einfache Erklärung zu. Die ältere morgenländische Kirche feiert nach dem Zeugnis des in einer 411 gefertigten Handschrift in syrischer Übersetzung vorliegenden Martyrologs [1] das Gedächtnis der Apostel Petrus und Paulus am 28 Dezember. Der Text lautet:

*am XXVIII im selben ersten Kanûn in der Stadt Rom Paulos der Apostel und Symeon Kephas, das Haupt der Apostel unsres Herrn.*

Das Datum dieser Feier wird durch andere Quellen gestützt: haben wir hier eine eigene, irgendwie wertvolle Tradition vor uns? Diese Frage läßt sich durch einen Blick in denselben Kalender und einen Vergleich verwandter Zeugen entscheidend beantworten.

Das syrische Martyrolog, welches das Weihnachtsfest nicht

---

[1] Ausgabe von Graffin in der Einleitung zum Martyrol. Hieronymianum von De Rossi-Duchesne p. LII ff. Deutsch bei Lietzmann Die drei ältesten Martyrologien (Kleine Texte 2)[2] 7 ff.

ausdrücklich nennt, weil es kein Märtyrerfest ist [1], beginnt doch mit ihm das Kirchenjahr, denn es hebt mit folgenden Daten an:
26 Dez. der erste Märtyrer in Jerusalem Stephanos der Apostel, der Anfang [2] der Märtyrer
27 „ Johannes und Jakobos die Apostel in Jerusalem
28 „ In der Stadt Rom Paulos der Apostel und Symeon Kephas das Haupt der Apostel unsres Herrn.

Usener hat mit Recht aus zwei Predigten Gregors von Nyssa [3] folgende Festreihe für Kappadokien erschlossen:
25 Dez. Weihnachten
26 „ Stephanus
27 „ Petrus Jakobus Johannes
28 „ Paulus

Dieser selbe Kalender galt aber um 390 auch in Antiochia, wie uns Johannes Chrysostomus indirekt bezeugt. Wir haben von ihm sieben Festpredigten zu Ehren des hl. Paulus erhalten, die unzweifelhaft in Antiochia entstanden [4] und — natürlich in sieben verschiedenen Jahren zwischen 386 und 397 — an

---

1 Auch Epiphanie ist nicht eigentlich als Fest verzeichnet, sondern zum 6 Jan. ist notiert *am VI am Tage der Epiphanie unseres Herrn Jesu in Helenopolis* (so zu lesen) *Lukianos.* d. h. „notiert" ist eben nur das Lukianfest.

2 Syr. ܪܝܫܐ, die übliche Wiedergabe des griechischen ἀρχή.

3 Weihnachtsfest [2] 255 ff. Die von Usener bezweifelte Echtheit der Rede auf Basilius erweist Holl Amphilochius 197₁ vgl. 108₁. Die entscheidenden Stellen *or. in laudem Basilii* (Migne 46) p. 788ᶜ καλὴν ἐπέθηκεν ὁ θεὸς τὴν τάξιν ταῖς ἐτησίοις ταύταις ἡμῶν ἑορταῖς .... ἡ γὰρ ἐπὶ τῇ θεοφανείᾳ .... ἁγία πανήγυρις ... οὐκοῦν τὰς μετ' αὐτὴν ἀριθμήσωμεν. πρῶτον ἡμῖν ἀπόστολοί τε καὶ προφῆται τῆς πνευματικῆς χοροστασίας κατήρξαντο ... εἰσὶ δὲ οὗτοι· Στέφανος Πέτρος Ἰάκωβος Ἰωάννης Παῦλος. Dazu in der sogenannten zweiten Predigt auf Stephanos p. 725ᶜ οἱ ἐπὶ τοῦ παρόντος μνημονευόμενοι ... Πέτρος καὶ Ἰάκωβος καὶ Ἰωάννης und p. 729ᵇ ὁ Πέτρος καὶ ὁ Ἰάκωβος καὶ ὁ Ἰωάννης οἱ σήμερον ταῖς ὑπὲρ Χριστοῦ μαρτυρίαις σεμνυνόμενοι. Die Predigt ist wahrscheinlich am 27 Dez. 386 gehalten, s. Usener 254₁₈.

4 t. II p. 476 ff. Montf. Antiochia als Entstehungsort ist für die vierte Homilie sicher durch den Hinweis auf die Zerstörung des Apollotempels in Daphne p. 492ᵈ.

dem besonderen Gedächtnistag Pauli gehalten sind, wie uns zweimal ausdrücklich versichert wird [1]. Wenn wir nun durch die Homilie *in Kalendas* erfahren, daß dieser Paulustag kurz vor dem 1 Januar lag [2], so ist die Folgerung naheliegend, daß man auch in Antiochia Paulus am 28 Dezember gefeiert habe: daß sein Fest von dem des Petrus getrennt war, bezeugt das Schweigen aller genannten Stellen über diesen Apostel.

Die Armenier [3], deren Heiligenkalender nach den Wochen des Kirchenjahres, nicht nach festen Daten des Julianischen Kalenders geordnet ist, feiern in der sechsten Adventwoche, welche zwischen dem 20—26 Dezember beginnt, die „vier großen Feste"

1. des Propheten David und des Apostels Jakobus des Herrenbruders
2. des hl. Protomartyrs Stephanus
3. der hll. Hauptapostel Petrus und Paulus
4. der hll. Donnersöhne Jakobus und Johannes des Evangelisten.

Die Feier des Weihnachtsfestes lehnen sie bekanntlich noch heute hartnäckig ab, aber die ihm folgenden Gedenktage haben sie übernommen: die Stelle des Hauptfestes füllt nun das Fest der „Verwandten Jesu" aus, das man nach dem Zeugnis des Presbyters Hesychios [4] in Jerusalem feierte und zwar, wie Kosmas Indikopleustes [5] berichtet, eben am 25 Dezember. Erbes

---

1 hom. 4 p. 490ᵉ Παῦλος ὁ τήμερον ἡμᾶς συναγαγών. hom. 7 p. 512ᵇ Παῦλος εἰσέρχεται σήμερον, οὐκ εἰς πόλιν, ἀλλ' εἰς τὴν οἰκουμένην.
2 t. I p. 698ᵃ πρώην γοῦν ἡμῶν ἐγκωμιαζόντων τὸν μακάριον Παῦλον οὕτως ἐσκιρτήσατε usw. Das hat Erbes Z. f. Kircheng. XXII 201 f. richtig gesehen. Die Predigt ist 388 oder 393 gehalten: s. Ed. Schwartz Christl. u. jüd. Ostertafeln 176 Anm. 3.
3 Nilles Kalend. manuale II 629, vgl. I 373.
4 bei Photios bibl. 275 p. 511ᵃ: Hesych. starb 433. Vgl. Usener Weihnachtsfest² 337 Anm. 19.
5 Topogr. Christ. in Montfaucons Collectio Nova Patr. II p. 195ᵃ. Das bestätigt auch der armenische Schriftsteller „Ananias der Rechner", vgl. Z. f. Kircheng. XXVI 31.

hat mit Recht darauf hingewiesen, daß uns noch um 570 durch das Itinerar des Antoninus[1] eine jüdische Feier des 26 Dezember am Grabe des Patriarchen Jakob und des Königs David bezeugt ist. Dieses altjüdische Fest ist von den jerusalemischen Christen, die sich dem Eindringen des Weihnachtsfestes lange widersetzten[2], christianisiert und zum Ausgleich mit der in der übrigen Christenheit üblichen festlichen Begehung des 25 Dezember verwertet worden: aus dem Erzvater Jakob wurde der Bruder des Herrn. Dem jerusalemischen Vorbild sind die Armenier gefolgt.

Die Entstehung dieser in den aufgezeigten Hauptvarianten vorliegenden Festreihe ergibt sich mit voller Klarheit aus dem syrischen Martyrolog. Schon vor 336 strebte man in Rom, wie wir gesehen haben, dem Ziele zu, an die Stelle der durch heidnische Bräuche verhaßten Kalenden des Januar Christi Geburtsfest zum Beginn des Kirchenjahres zu machen. Dieser Gedanke ist bei der Einführung des Weihnachtsfestes auch im Orient angenommen, zugleich aber noch weiter ausgesponnen worden. Wenn das Fest Christi das Kirchenjahr eröffnete, so war es angemessen, im Anschluß daran auch für eine würdige Einleitung der Märtyrerliste Sorge zu tragen: und so folgen denn auf (1) Weihnachten die Gedenktage (2) des ersten Märtyrers überhaupt, (3) des ersten apostolischen Märtyrerpaares, welches zugleich „morgenländisch" ist, (4) des zweiten apostolischen Märtyrerpaares von „abendländischem" Charakter. Genau entsprechend wird der Märtyrerkalender am 24 November geschlossen durch den Gedenktag des hl. Petrus von Alexandrien, des „letzten Märtyrers", wie ihn vermutlich der an dieser Stelle lückenhafte syrische Text direkt genannt hat, und wie

---

[1] Itinera Hierosol. ed. Geyer p. 179, 4 ff. *Nam et depositio Iacob et David in terra illa alio die de natale domini devotissime celebratur, ita ut ex omni terra illa (= illuc) Iudaei conveniant* usw. Erbes in der Zeitschr. f. Kircheng. XXVI 32ff.
[2] Usener Weihnachtsfest[2] 332.

ihn die erhaltenen griechischen Akten bezeichnen [1]. Dieser Aufbau ist so klar in seiner Folgerichtigkeit erkennbar, daß es gewichtiger Gründe bedürfte, um den angeführten Daten eine andere Deutung zu geben.

Zunächst noch einiges zur Erläuterung. Stephanus wird schon im zweiten Jahrhundert im Gemeindeschreiben von Lyon[2], das über die dortige Verfolgung nach Smyrna berichtet, als „der vollkommene Märtyrer" bezeichnet. Daß er der erste Märtyrer gewesen sei, betont Irenaeus an den beiden Stellen, an denen er ihn erwähnt[3]; dasselbe tut Cyprian de bono patientiae 16; Kyrill von Jerusalem[4] bezeichnet ihn mit einer poetischen Wendung als den Erstling der Märtyrer und Athanasios[5] nennt ihn „den großen Märtyrer". Bei Eusebios finden wir zuerst deutlich das Bestreben, ihn unter die Jünger Christi zu rechnen, wenn er sagt[6]: *In der Schrift kann man finden, wie viele von den J ü n g e r n unseres Erlösers man in Jerusalem selbst und im übrigen Judäa in späterer Zeit tötete. Auf der Stelle also wurde Stephanus als erster v o n i h n e n gesteinigt und darauf Jakobus, der Bruder des Johannes, und wiederum nach ihnen der, der zuerst den Thron der dortigen Kirche schmückte, Jakobus, genannt der Bruder unseres Herrn, den wegen der Größe seiner Tugenden seine Zeitgenossen den Gerechten nannten.* Die entsprechende gelehrte Konstruktion begegnet uns dann bei Epiphanios[7], wo Stephanos als der erste der 72 Jünger des Herrn

---

1 Πέτρος ἀρχὴ ἀποστόλων, Πέτρος τέλος μαρτύρων heißt es in den griechischen Akten bei F. Combefis Illustr. Christi mart. 1660 p. 211, *Petrus, du letzter Märtyrer* in einem koptischen Bruchstück, vgl. C. Schmidt Texte u. Untersuchungen N. F. V 4b S. 43.
2 bei Euseb. h. eccl. V 2, 5 Στέφανος ὁ τέλειος μάρτυς.
3 Iren. III 12, 9 p. 65 Harvey und IV 15, 1 p. 187.
4 Catech. 17, 24 ὁ φερώνυμος Στέφανος, τὸ τῶν μαρτύρων ἀκροθίνιον.
5 ad Serapionem I 2 p. 649ᵉ Montf. ὁ μέγας μάρτυς Στέφανος.
6 Euseb. Theophanie IV 16 S. 188, 33 ff. Greßmann; vgl. V 31 = Demonstr. evang. III 5, 62.
7 Epiph. haer. 20ᵃ, 4 p. 232 Holl.

erscheint, eine Theorie, die in den späteren Jüngerkatalogen [1] festgewurzelt ist. Gregor von Nazianz nennt denn auch einmal [2] den Stephanus geradezu „den Jünger Christi", in einem seiner Gedichte [3] preist er ihn als „den Erstling der Märtyrer und Opfer". Da sind also die beiden Titel beinahe wörtlich beisammen, die dem Stephanus im syrischen Martyrolog zugewiesen werden, und es ist nicht im geringsten verwunderlich, wenn Gregor von Nyssa [4] den Heiligen einfach unter den Allgemeinbegriff „Apostel" rechnet. Wie sehr allmählich der Protomartyr den Aposteln genähert ist, zeigen auch zwei weitere Ausführungen des Gregor von Nazianz: beide Male [5] redet er zum Lobe der ihm nächststehenden Männer, erst seines Vaters

---

[1] Th. Schermann Propheten- und Apostellegenden (Texte u. Untersuch. Bd. 31, 3) 298 ff.
[2] oratio 14, 2 p. 258ᵃ Bened. ὁ τοῦ Χριστοῦ μαθητής.
[3] Greg. Naz. carm. mor. 25, 231 f. p. 522 Bened. Στεφάνου ... ὃν οἶδ' ἀπαρχὴν μαρτύρων καὶ θυμάτων.
[4] Greg. Nyss. oratio in laudem Basilii p. 788ᶜ s. o. S. 93 Anm. 3. Erbes hat das Zeitsch. f. Kirchengesch. 22, 202 f. auffällig gefunden und ebd. 26, 38 ff. kühne Kombinationen daran geknüpft. Am 2 August verzeichnet das Martyrologium Hieronymianum klar und deutlich nichts anderes als die Überführung einer Stephanusreliquie aus Jerusalem nach Antiochia; am 3 August dagegen (*III non. Aug.*) notiert es nicht minder klar die Auffindung der Stephanusleiche sowie der hll. Gamaliel Nicodemus und Abibon in Jerusalem. Damit ist unverkennbar hingewiesen auf die nach Ausweis der Urkunde (bei Augustin opera VII app. p. 3 ff. Bened.) am 3 Dez. 415 an Lucian erfolgte Offenbarung, die zur Auffindung der Reliquien führte: aber wie so oft im Mart. Hier. ist eine Verschreibung eingetreten: aus *III non. Dec.* ist *III non. Aug.* geworden. Wer, wie Erbes, den 3 August für das ältere Stephanusfest hält, wird starke Beweise beibringen müssen. Einstweilen wissen wir von einer liturgischen Stephanusfeier vor der Einführung des Weihnachtsfestes nicht das Geringste. Eusebios von Emesa († c. 360) konnte auch bei einer anderen Gelegenheit eine Lobrede auf ihn halten: vorausgesetzt, daß die durch Ebed Jesu um 1300 als von Euseb Em. stammend bezeugte (Assemani Bibl. or. III 1, 44) „Homilie über Stephanus" echt war: wir haben sie nicht mehr.
[5] Greg. Naz. oratio 18, 24 p. 346ᵃ Ben. or. 43, 76 p. 829ᵇ Ben.

Gregor, dann seines Bruders Basilius, und beide Male mißt er sie an den höchsten neutestamentlichen Tugendvorbildern; das sind Petrus und Paulus, die Zebedäussöhne und Stephanus. Wenn wir die gleiche Zusammenstellung bereits 343 bei dem Syrer Aphraates [1] finden, so beweist das nur noch mehr, wie gut das Morgenland auf die um 380 zur Tat werdende liturgische Gestaltung der Anfangsgruppe des Märtyrerkalenders vorbereitet war.

Die zweite Stelle nehmen die Zebedäussöhne ein als diejenigen, welche der Zeit nach zunächst dem Stephanus folgten. Es ist damit also — wenn man es ganz vorsichtig ausdrücken will — der Act. 12, 2 erzählte Märtyrertod des Jakobus als Epoche angenommen, und der Märtyrertod seines Bruders Johannes wird zugleich mitgefeiert. Wer aber ohne Kenntnis der verschlungenen Pfade der Johanneischen Frage den Text ansieht, wird nicht anders können als einen gleichzeitigen Märtyrertod der Zebedäussöhne aus der gemeinsamen liturgischen Feier erschließen. Daß eine solche Annahme für die Zebedäussöhne ebenso wie für Paulus und Petrus bestand, ist längst mit Recht aus der evangelischen Weissagung Marc. 10, 39 geschlossen worden [2] und als alte Tradition durch ein Papiaswort bezeugt [3]: „Johannes der Theologe und Jakobus sein Bruder

---

1 Aphraates hom. 21 p. 417, 10 (Bert T U III 3 S. 347) *Und nach ihm* (Jesus) *war ein gläubiger Zeuge Stephanus, welchen die Juden steinigten. Und auch Simon und Paulus waren vollkommene Zeugen, und Jakobus und Johannes gingen in den Fußtapfen ihres Meisters Christus.* Siehe W. Bousset Theol. Rundschau 8, 295.

2 Über dieses Problem handelt E. Schwartz Über den Tod der Söhne Zebedäi (Abh. d. Göttinger Ges. d. Wiss. N. F. VII 5, 1904) und Zur Chronologie des Paulus (Gött. Nachr. 1907, 266 ff.).

3 Epitome des Philippus Sidetes ed. de Boor Texte u. Unters. Bd. V, 2 S. 170. 176 f. Παπίας ἐν τῷ δευτέρῳ λόγῳ λέγει ὅτι Ἰωάννης ὁ θεολόγος καὶ Ἰάκωβος ὁ ἀδελφὸς αὐτοῦ ὑπὸ Ἰουδαίων ἀνῃρέθησαν. Bei Tertullian de praescr. haer. 36 p. 33 f. Oehler wird behauptet, Johannes sei zu Rom in siedendes Öl getaucht und dann auf eine Insel verbannt worden: ob das ein entstellter Reflex der Martyriumstradition ist?

wurden von den Juden getötet." Für unsere Untersuchung kommt es gar nicht darauf an, ob diese Tradition der historischen Wahrheit entspricht oder nicht: es genügt festzustellen, daß sie vorhanden war und daß sie noch im IV Jahrhundert Kräfte entfaltete, welche die Ausgestaltung des Heiligenkalenders entscheidend beeinflußten. Aber sie war unvereinbar mit der inzwischen zum kirchlichen Gemeingut gewordenen Überlieferung, daß der Zebedaïde Johannes das vierte Evangelium verfaßt habe und in höchstem Alter zu Ephesus sanft entschlafen sei.

Wenn wir nun am nächsten Tage die Feier des römischen Paares von apostolischen Märtyrern verzeichnet finden, so kann es nicht zweifelhaft sein, daß bei ihnen für die Wahl des 28 Dezember kein anderes Motiv gewirkt hat, als das eine, welches für die gesamte Anordnung der Begleitfeste der Weihnacht maßgebend gewesen ist. Das heißt, wir haben in den angegebenen Tagesdaten eine wohl durchdachte liturgische Konstruktion des IV Jahrhunderts, nicht uralte Tradition der apostolischen Zeit vor uns; und ebensowenig kann angesichts der übrigen Feste die Vermutung aufrecht erhalten werden, als hätte etwa ein älterer stadtrömischer Peter- und Paulstag sich vor der seit 258 bestehenden Feier des 29 Juni in den Orient gerettet. Vielmehr zeigt eben die freie Wahl des 28 Dezember, daß man im Morgenland den 29 Juni nicht als altes Gedächtnisfest des Martyriums, sondern nur als Translationstag kannte, und auf diese lediglich für die Stadt Rom bedeutsame Tatsache keinerlei Rücksicht zu nehmen brauchte.

Bald hat man den im syrischen Martyrolog vorliegenden Kalender hie und da zu verbessern unternommen. Man hat Petrus und Paulus als die beiden Hauptapostel vor die Donnersöhne gestellt: so ist die bei den Armeniern erhaltene Form entstanden. Oder man hat das ja nur für Rom zusammengehörige Paar getrennt und Petrus zu den beiden andern Urposteln gestellt: das ist in Antiochia und Kappadokien nachweisbar. So hatte man eine gut neutestamentliche Dreiheit für den 27 Dezember gewonnen, die man entweder als die bei der Verklärung besonders ausgezeichneten Lieblingsjünger des Herrn (Matth. 17, 1 ff.) oder aber als die drei jerusalemischen Säulen (Gal. 2, 9) auffassen konnte. Im letzteren Falle mußte man freilich an die Stelle des Zebedaïden Jakobus den gleichnamigen Herrenbruder setzen: die apostolischen Konstitutionen [1] tun das denn auch ausdrücklich.

Am 3 Dezember 415 wurden auf Grund einer Vision die Gebeine des hl. Stephanus zu Jerusalem gefunden [2], und bald darauf Teile dieser Reliquien an andere Orte abgegeben: so nach Antiochia, so nach Ancona und nach Uzalis in Africa proconsularis [3]. Schnell verbreitete sich eine sehr lebhafte Verehrung des hl. Stephanus in Nordafrika, für die uns Augustin ein beredter Zeuge ist: aus seinen *homiliae in S. Stephanum* können wir zugleich mit Sicherheit ersehen [4], daß man mit den Reliquienpartikeln auch den Gedächtnistag des 26 Dezember aus dem Orient übernommen hatte. Es ist selbstverständlich, daß man mit dem Stephanstag auch die übrigen Begleitfeste der Weihnachtsfeier kennen lernte: doch ist von einer liturgischen Feier des 27 und 28 Dezember bei Augustin noch keine Spur zu finden. Mit der Zeit hat sich der Tag Iacobi et Iohannis

---

[1] Const. Apost. V 8 περὶ δὲ τῶν μαρτύρων λέγομεν (es reden die Apostel) ὑμῖν, ὅπως πάσῃ τιμῇ ὦσι παρ' ὑμῖν ὡς καὶ παρ' ἡμῖν τετίμηνται ὁ μακάριος Ἰάκωβος ὁ ἐπίσκοπος καὶ ὁ ἅγιος συνδιάκονος ἡμῶν Στέφανος.

[2] Das Aktenstück des Presbyters Lucian abgedruckt bei Augustin t. VII app. p. 3 Bened.

[3] Antiochia s. o. S. 97 Anm. 4. Ancona und Uzalis bezeugt der libellus des Paulus bei Augustin sermo 322 (V p. 1277 Ben.), über Uzalis besonders handelt Augustin de civ. dei XXII 8, 21; was vorhergeht, lehrt uns die Verbreitung des Stephanuskultes in Nordafrika kennen. Vgl. auch Aug. sermones 314 ff., besonders 318, 1 und 320—324, wozu de civ. dei XXII 8, 22. Uzalis ist das heutige El Alia südöstlich von Biserte in Tunis, vgl. Mesnage L'Afrique chrétienne 25. Einzelheiten gibt Toulotte Le culte de St. Etienne en Afrique et à Rome im Nuovo Bull. d'arch. crist. 1902, 211 ff.

[4] Aug. serm. 314, 1 *natalem domini hesterna die celebravimus, servi hodie natalem celebramus.*

durchgesetzt, da wir ihn im karthagischen Martyrolog notiert finden: aber man ist da kritisch gestimmt gewesen und hat sich klargemacht, daß unmöglich der Zebedäussohn Johannes als Märtyrer gefeiert werden könne, wenn er doch, wie nun längst im allgemeinen kirchlichen Bewußtsein feststand, als hochbetagter Greis zu Ephesus gestorben war. So hat man Johannes den Täufer zu feiern beschlossen [1], obwohl dessen Gedächtnis bereits am 24 Juni als dem Tage seiner Geburt begangen wurde: die Verlegenheit des Kalendermannes ist augenscheinlich [2].

Dagegen hat die gallische Kirche das morgenländische Fest unverändert übernommen und bis ins VIII Jahrhundert

---

[1] *VI Kal. Ian. sancti Iohannis Baptistae et Iacobi Apostoli, quem Herodes occidit.*

[2] Augustins sermones 287—293 feiern ausdrücklich die Geburt des Täufers, und zwar am 24 Juni, vgl. sermo 287, 4 p. 1152ᵉ. 288, 5 p. 1158ᵃ u. ö. Auf einen Gedächtnistag des Martyriums des Johannes wird in diesen Predigten mit keinem Wort hingewiesen. Wenn der sermo 380, was höchst wahrscheinlich, wenn nicht sicher ist, einen echt Augustinischen Anfang hat, so ist das Fehlen eines Passionstages des Täufers für Augustins Zeit sogar direkt bezeugt. Es heißt da § 1 p. 1474ᵃ *nonnulli autem putant passionis eius diem hodie celebrari: sciat prius sanctitas vestra, nativitatis esse diem, non passionis.* Wenn es ein Passionsfest des Täufers gäbe, wäre das berührte Mißverständnis nicht möglich, oder aber der Prediger müßte in diesem Zusammenhang auf den Tag hinweisen. Die beiden sermones 307 und 308 *in decollatione S. Iohannis Baptistae* betonen aber auch mit keiner Silbe, daß sie an einem kirchlichen Gedenktag der Enthauptung des Täufers gehalten seien: sie gehen lediglich von dem verlesenen Evangelium aus und knüpfen daran als Hauptinhalt eine Warnung vor leichtfertigem Schwören. Zur Zeit Augustins hat man am 27 Dez. also sicher noch nicht des Täufers Johannes gedacht. Ein wertvolles, aber anscheinend noch unbenutztes Hilfsmittel zur Rekonstruktion des afrikanischen Kirchenkalenders im frühen V Jahrhundert ist übrigens der Indiculus der Werke Augustins, den Possidius um 432 verfaßt hat (in opera Aug. t. X app. 281 ff. und besser im Venediger Nachdruck von 1735 t. XI p. XX ff.; Migne lat. 46, 5 ff.). In cap. IX ist da eine Reihe von Predigten unzweifelhaft nach dem Kirchenjahre

im alten Sinne begangen. Das „Missale Gothicum"[1] preist in den Meßgebeten[2] des *natale apostolorum Iacobi et Iohannis* die „Apostel und Märtyrer Jakobus und Johannes", deren *passionis memoria* begangen wird, welche zu „Fischern der Welt" geworden sind und denen der Herr „die Glorie des Martyriums durch das Trinken seines Kelches vorausgesagt hat": die Anspielungen an Matth. 4, 21 und 20, 23 sind klar und eindeutig. Das Meßbuch von Bobbio[3] bringt die gleichen Gebete und fügt als Evangelium Matth. 20, 20—23 hinzu. Eine Konzession an die Tradition vom ephesinischen Johannes findet sich nur in einem — deshalb wohl auch späteren — Gebete[4], welches beide Bücher bringen, und in dem gesagt wird, daß mit dem Beispiel des Martyriums der eine den Anfang, der andere das Ende des Apostelchores gebildet habe: damit war wenigstens das hohe Alter des Johannes gerettet. Auch das Lektionar von Luxeuil[5] hat zwar als Überschrift nur *Legenda in festo S. Iohannis,* gibt aber als Evangelientext die Geschichte von den beiden Zebedäussöhnen Marcus 10, 35 ff. und zeigt dadurch den alten Sinn des Festes unverkennbar an.

---

geordnet: sie beginnt mit dem *natalis domini,* es folgt der *natalis Casti et Aemilii* (22 Mai), dann Pfingsten, *Iohannis Baptistae* (24 Juni), *Petri et Pauli* (29 Juni), *Catulini* (15 Juli) und so fort bis zum *natalis Carthaeriensium* (2 Febr.). Zu untersuchen ist noch, ob die dazwischen eingereihten Predigten *de scripturis* etwa die jeweiligen Sonntagsperikopen behandeln.

  1 Mabillon p. 196 ff.

  2 Am deutlichsten die erste Collectio: *Domine qui beatissimis apostolis Iacobo et Iohanni gloriam martyrii bibitione tui calicis praedixisti ... hanc eorum passionis memoriam ecclesiam tuam sollemniter celebrantem* usw. In der Coll. post nomina heißt es von ihnen: *sunt electi, ut mundi piscatores fierent, qui profundi retia reliquissent.*

  3 Muratori Lit. Rom. II 800 f. Migne l. 72, 468 f.

  4 In der Coll. post pacem: *Domine aeterne, cui ita in sanctis apostolis tuis Iacobo et Iohanne placuit arcanum dispensationis implere, ut glorioso passionis exemplo apostolorum chorum ille praecederet, iste praemitteret* usw.

  5 Mabillon p. 111 = Migne 72, 175.

## Uebernahme im Abendland. SS. Innocentium

Das Martyrologium Hieronymianum bringt zum 27 Dez. eine eigene Art Vermittelungstheologie, indem es die Himmelfahrt des ephesinischen Johannes und die Bischofsweihe des Herrenbruders Jakobus als Gegenstand des Festes angibt. Die Dokumente der römischen Liturgie dagegen haben die Erwähnung des Jakobus mitsamt dem Martyrium [1] getilgt und feiern einfach das Gedächtnis des Evangelisten Johannes.

Das Peter- und Paulsfest des 28 Dezember war aber in dem mit Rom ungleich fester verbundenen Abendlande unannehmbar, da man sich hier wohl schon vor längerer Zeit das stadtrömische Translationsdatum des 29 Juni angeeignet hatte [2]. So ließ man es beiseite und feierte an seiner Stelle ein Fest, welches längst im Abendlande theologisch vorbereitet war, und das als eine Korrektur der morgenländischen Konstruktion empfunden wurde, das Gedächtnis der Unschuldigen Kindlein von Bethlehem. Sie waren doch, genau genommen, die ersten Märtyrer um Christi willen, und wenn man im Abendlande die Begleitfeste der Weihnacht frei gestaltet hätte, so würde ihr Tag der 26 Dezember geworden sein und den Vortritt vor dem Feste des hl. Stephanus erhalten haben. Jetzt begnügte

---

[1] Das Gebet des Leonianums *Miserator et misericors deus, qui nos continuis coelestium martyrum non deseris sacramentis* (p. 154 Ball. 166 Feltoe) ist ein letztes Überbleibsel aus der Zeit, da der 27 Dez. noch Märtyrerfest war.

[2] Lehrreich ist da der in seiner Echtheit zweifelhafte sermo 381 Augustins p. 1480g *Petri et Pauli apostolorum dies ... quantum fides Romana testatur, hodiernus est.* Der Prediger kannte also auch eine von der römischen abweichende Ansetzung. Übrigens ist er der Meinung, daß *non uno die passi sunt per caeli spatia decurrente: natalitio ergo Petri passus est Paulus* p. 1481ª. Das predigt auch der sicher echte augustinische sermo 295, 7 p. 1197° *unus dies passionis duobus apostolis; sed et illi duo unum erant. quamquam diversis diebus paterentur, unum erant: praecessit Petrus, secutus est Paulus.* Dasselbe sagt Prudentius Peristeph. 12, 5, ein Gebet des Sacr. Leon. n. 26 p. 47 B. 49, 27 Felt. *tempore licet discreto recurrens una dies* und die Mozarab. Liturgie: vgl. Migne lat. 85, 771 not. *b.* und Flamion in der Rev. d'hist. eccl. XI (1910) 12 Anm. 1 f.

man sich damit, das liturgische Ergebnis abendländischen Empfindens an die leergewordene Stelle des 28 Dezember zu setzen.

Schon Irenaeus [1] erklärt die bethlehemitischen Kinder für Märtyrer, Cyprian [2] führt den Gedanken gelegentlich in beredten Worten aus, bei Hilarius [3], wie bei Ambrosius [4] begegnet er uns, und besonders oft bei Augustin [5], der ihn auch im Kampf mit den Pelagianern zu verwerten weiß. Bereits im Jahre 395 betont er [6], daß die Kirche mit gutem Grunde die von Herodes getöteten Kinder unter die Mätyrer aufgenommen habe. Es ist an sich möglich, daß diese Bemerkung Augustins schon auf die Fixierung eines Festes *SS. Innocentium* am 28 Dezember zielt: wahrscheinlich ist es nicht. Denn die Worte können mit gleichem Recht auf die eben dargelegte Tatsache bezogen werden, daß die abendländischen Kirchenväter seit Irenaeus die bethlehemitischen Kinder als Märtyrer ansehn und mit preisenden Worten ehren, und die uns bekannten Daten der Verbreitung des Stephanuskultes empfehlen die Annahme, die Rezeption der aus dem Osten stammenden weihnachtlichen Begleitfeste in Nordafrika nicht vor 415 an-

---

[1] Iren. III 16, 4 p. 86 Harvey *infantes hominum martyres parans propter Christum ... interfectos secundum scripturas.*

[2] Cypr. epist. 58, 6 Hartel.

[3] Hilarius comm. in Matth. cap. 1 § 6 p. 672 Ben.

[4] de off. min. I 41, 203 p. 54 Ben. epist. 44, 11 p. 979.

[5] Augustin de Genesi ad litt. X 39 t. III 1 p. 272$^d$ Enarr. in Psalm. 47, 5 IV 418$^d$. Sermo in Epiph. 199, 2 V 909$^f$ Sermo (dubius) in Epiph. 373, 3 V 1464$^e$ und 375 V 1468$^a$.

[6] Augustin de libero arbitrio III 68 t. I p. 638$^c$ *non enim frustra etiam infantes illos, qui cum dominus Iesus Christus necandus ab Herode quaereretur, occisi sunt, in honorem martyrum receptos commendat eccle sia.* Das Wort *commendo* gebraucht Augustin oft, auch in ganz abgeschwächtem Sinne = mitteilen, vgl. die Indices in Bd. III der scripta contra Donatistas ed. Petschenig. Mit unserer Stelle ist zu vergleichen sermo 290, 3 V 1163$^e$ *propterea notatus est dies nativitatis eius* (Johannes des Täufers) *et celebrationi ecclesiae commendatus.*

zusetzen. Dann ist der Ersatz des Peter- und Paulsfestes am 28 Dezember durch die Unschuldigen Kindlein natürlich noch später erfolgt. Predigten auf das Fest der Innocentes gibt es weder von Augustin [1] noch von Leo dem Großen [2]. Aber der ravennatische Erzbischof Petrus Chrysologus hat um 440 ihren Tag durch Predigt [3] begangen, und dasselbe tat wohl wenig später der Grieche Basilios von Seleukia [4] († c. 460).

Eine letzte Ergänzung der nachweihnachtlichen Festreihe scheint das Morgenland mit dem Fest „aller Apostel" geliefert zu haben. Schon bald nach der Mitte des IV Jahrhunderts begegnet uns im Orient [5] eine Gedächtnisfeier „aller Märtyrer": im V Jahrhundert scheint man ebendort ein ähnliches Kollektivfest für die Apostel geschaffen zu haben. Unter dem Namen Ephraems des Syrers geht eine griechische Predigt [6], welche den ganzen Apostelchor in schwungvollen Worten feiert: wenn sie echt ist, würde sie die Existenz eines Apostelfestes um 370 bezeugen; doch ist es — im Gegensatz zum Aller-Märtyrerfest — dem syrischen Martyrolog von 411 unbekannt.

Die byzantinische Kirche, welche das römische Datum des Peter- und Paulsfestes am 29 Juni angenommen hat, feiert das Apostelfest am Tage darauf, also am 30 Juni: so notiert es das Konstantinopeler Synaxar [7], und an diesem Tag kennt es

---

1 Die im Anhang von Bd. V gedruckten sermones 218 bis 221 sind unecht. Ebenso die 7 Predigten bei Mai Nova Patr. Bibl. I.
2 Leo nennt sie wohl Märtyrer, z. B. sermo in Epiph. 31, 3. 37, 4. 38, 1.
3 Petrus Chrysol. sermo 152. 153 p. 215 f. ed. Pauli.
4 Basil. Sel. or. 37 p. 188 ed. Dausqueius. Migne gr. 85, 388.
5 Vgl. K. Holl Die Vorstellung vom Märtyrer und die Märtyrerakte in ihrer geschichtlichen Entwicklung in Ilbergs Neuen Jahrbüchern f. d. klassische Altertum 1914 I, 541.
6 Eph. Syr. opera graeca III 462 ff. Assemani. Vgl. besonders 463 f. χαίροις ἡμῖν ὦ Παῦλε καὶ σὺ δὲ ὦ Πέτρε, Ἀνδρέα καὶ Θωμᾶ, Λουκᾶ καὶ Ἰωάννη καὶ σὺν ὑμῖν ὁ λοιπὸς τῶν ἀποστόλων κατάλογος · ἐν ὑμῖν γὰρ καὶ τοὺς λείποντας ἔχομεν, ἐν τοῖς παροῦσι τοὺς ἅπαντας κεκτήμεθα.
7 Synax. Const. ed Delehaye p. 779 ff.

bereits eine fälschlich dem Johannes Chrysostomos zugeschriebene Predigt[1] „auf die heiligen zwölf Apostel", die zu einer noch nicht näher bestimmten Zeit in Sichem gehalten ist. Wenn wir aber, wie Nilles[2] versichert, „in vielen alten Kalendern (z. B. im Vatic. syr. 37) das gemeinsame Apostelfest auf den 29 Dezember datiert" finden, so dürften wir hier den ältesten Ansatz vor uns haben. Der Tag aller Apostel folgte einst auf das Gedächtnis des Petrus und Paulus am 28 Dezember. Im VI Jahrhundert ist dies Apostelfest auch in Rom nachweisbar: das Sacramentarium Leonianum hat es, und auch das Gelasianum bietet es noch. Beide Male finden wir es zwischen den 29 Juni und seine Oktave eingeschaltet; es wurde also wohl am Sonntag nach Peter und Paul begangen. Aber seit dem Gregorianischen Sakramentar ist es endgültig verschwunden, nur im Morgenlande hat es sich am 30 Juni gehalten.

## X

Wir besitzen noch einen urkundlichen Beweis dafür, daß die Gebeine der beiden Apostel Petrus und Paulus wirklich einst in der Katakombe von S. Sebastiano geruht haben. In der Nähe der Krypta[3] der heutigen Basilika S. Sebastiano ist

---

1 Joh. Chrys. t. VIII app. p. 11 Montf. inc. εἰκότως καὶ τήμερον. Die Predigt gehört ihrem Stil wie ihrer Überlieferung nach zu der im Druck ihr vorausgehenden auf Petrus und Paulus (inc. οὐρανοῦ καὶ γῆς . . p. 7 Montf.), welche den 29 Juni als ihr Datum nennt: daraus ergibt sich für die folgende Predigt der 30 Juni. Beide Homilien sind gemeinsam überliefert z. B. im Paris. gr. 1447 saec. XI (n. 6 und 9) und 1453 saec. XI (n. 9 und 10). Vgl. den Catalogus codd. hagiogr. Graec. bibl. nation. Paris. der Bollandisten. Die Abfassung in Sichem folgt aus p. 12[b] Παῦλος . . . ὁ μετὰ Πέτρου τὴν Ῥώμην λαχὼν εἰς ταφὴν καὶ μετ' αὐτοῦ καὶ ταύτην μὴ παρορῶν τὴν Συχέμ. Es scheinen also Reliquien der beiden Apostel nach Sichem gekommen zu sein.
2 N. Nilles Kalendarium manuale I 197. Ich kann die Behauptung jetzt nicht nachprüfen.
3 A. de Waal Röm. Quartalschrift Suppl. III 1894 S. 131.

## Die Damasusinschrift

eine im XIII Jahrhundert angefertigte Kopie einer Damasusinschrift [1] gefunden worden, deren Text uns auch durch mehrere mittelalterliche Sammelhandschriften überliefert wird. Er lautet:

*Hic habitasse prius sanctos cognoscere debes,*
*nomina quisque Petri pariter Paulique requiris.*
*Discipulos Oriens misit, quod sponte fatemur;*
*sanguinis ob meritum — Christumque per astra secuti*
5 *aetherios petiere sinus regnaque piorum —*
*Roma suos potius meruit defendere cives.*
*Haec Damasus vestras referat, nova sidera, laudes.*

Zu deutsch: „Der du nach den Namen des Petrus und Paulus fragst, wisse, hier haben die Heiligen vor Zeiten gewohnt. Das Morgenland sandte uns die Apostel, das gestehen wir frei, aber um ihres blutigen Martyriums willen — sind sie doch Christus durch die Sterne nachgefolgt und zum himmlischen Schoß und dem Reiche der Frommen gedrungen — hat Rom vielmehr das Recht gewonnen, sie als seine Bürger in Anspruch zu nehmen. Das will Damasus zu eurem Ruhm, ihr neuen Sterne, singen."

Die Poesie des Damasus bewegt sich in engen Grenzen und verfügt nicht eben über reiche Fülle der Gedanken und der Ausdrucksformen: so ist auch dies Gedicht nach einem Schema gebildet, das uns noch anderweitig begegnet. Von einem uns nicht bekannten Märtyrer singt derselbe Dichter (n. 52 Ihm):

*Iam dudum, quod fama refert, te Graecia misit;*
*sanguine mutasti patriam, civemque, fatemur* [2],
*fecit amor legis* [3]*; sancto pro nomine passus*
*incola nunc domini, servas qui altaria Christi,*
*ut Damasi precibus faveas, precor, inclyte martyr.*

---

1 Ihm Damasi epigrammata n. 26, auch bei Buecheler Carmina epigraphica n. 306. vgl. de Rossi Inscr. christ. urbis Romae II p. 300.
2 so Buecheler, *fratrem* gegen Sinn und Metrum die Handschrift.
3 d. h. die Liebe zum Gesetz Christi, die sich im Märtyrertod kundgab, machte ihn zu unserm Mitbürger.

Und ganz ähnlich heißt es von dem an der via Salaria nova beigesetzten Märtyrer Saturninus (n. 46 Ihm):

> *Incola nunc Christi: fuerat Carthaginis ante.*
> *Tempore quo gladius secuit pia viscera matris,*
> *sanguine mutavit patriam nomenque genusque,*
> *Romanum civem sanctorum fecit origo* [1].

Alle drei Gedichte geben also dem gleichen Gedanken Ausdruck: der Märtyrer stammt zwar von auswärts, aber da er hier in Rom sein Blut vergossen hat, ist er römischer Bürger geworden.

Auch die Wendungen im Einzelnen haben zahlreiche Parallelen in den übrigen Gedichten des Damasus. So begegnet öfter der Hinweis „hier ruht der und der begraben", der dann fortgeführt wird durch den Gegensatz „aber seine Seele ist im Himmel": n. 10, 1 (Ihm) und noch ähnlicher 12, 1 ff. *Hic congesta iacet, quaeris si, turba piorum: Corpora sanctorum retinent veneranda sepulcra, Sublimes animas rapuit sibi regia caeli* oder 23, 1 f. *Aspice: et hic tumulus retinet caelestia membra Sanctorum, subito rapuit quos regia caeli.* Das Wort *habitare* für die Grabesruhe der Gebeine begegnet ebenso n. 31:

> *Martyris hic tumulus magno sub vertice montis*
> *Gorgonium retinet, servat qui altaria Christi.*
> *Hic, quicumque venit, sanctorum limina* [2] *quaerat,*
> *inveniet vicina in sede habitare beatos,*
> *ad caelum pariter pietas quos vexit euntes.*

Das bedeutet in nüchternster Prosa: Hier liegt der Märtyrer Gorgonius begraben, und in seiner Nähe ruhen noch andere Märtyrer.

---

[1] d. h. das Martyrium, durch welches man *sanctus* wird, machte ihn zugleich zum römischen Bürger.

[2] d. h. Märtyrergräber, wie klar aus n. 7, 6f. hervorgeht: *Presbyter his Verus Damaso rectore iubente Composuit tumulum sanctorum limina adornans.*

Der Ring dieser Parallelen schließt fest zusammen und erzwingt die vorgetragene Auslegung mit Notwendigkeit: jede andere Auffassung, auch wenn sie an sich sprachlich möglich ist, wird dadurch ausgeschlossen. Es geht also nicht an, mit J. Wilpert[1] *habitasse* auf wirkliches Wohnen zu beziehen und anzunehmen, an der durch jene Inschrift bezeichneten Stelle habe einst ein dem Petrus gehöriges Haus gestanden, in dem auch Paulus zeitweilig gewohnt habe. Freilich ist 1912 in einem kleinen Seitengemach neben der Treppe, welche zu der gleich zu besprechenden Quirinusgruft führt, die eingeritzte Inschrift DOMVS PETRI gefunden worden, aber sie beweist nichts für Wilperts Auffassung: vielmehr wird de Waal[2] Recht haben mit der Annahme, daß die Inschrift nur Zeuge eines falschen Verständnisses des Damasianischen *habitasse* schon in alter Zeit ist.

Damasus hat aber nach der Annahme mehrerer Gelehrten nicht nur jene zeitweilige Ruhestätte der Apostel durch die Inschrift gekennzeichnet, er hat auch über ihr eine Kirche, eben die heutige Basilika S. Sebastiano, errichtet. Der Liber pontificalis[3] berichtet nämlich von ihm: *Hic fecit basilicas duas, una beato Laurentio iuxta theatrum et alia via Ardiatina, ubi requiescit, et in catatymbas, ubi iacuerunt corpora sanctorum apostolorum Petri et Pauli, in quo loco platomam ipsam, ubi iacuerunt corpora sancta, versibus exornavit.* Daß dieser Text sinnlos ist, liegt auf der Hand: so hat man, um die Worte verständlich zu machen, *duas* in *tres* korrigiert[4], und erhält dann eine Damasianische Basilika *ad Catacumbas*. Doch scheint es mir methodisch richtiger, mit Duchesne[5] einen Konstruk-

---

1 Römische Quartalschrift 1912, 117 ff. Plan im Nuovo Bullettino 1909 p. 218 und Tafel II.
2 Röm. Quartalschr. 1912, 131.
3 t. I p. 83 Mommsen, I p. 212 Duchesne.
4 Vgl. Leclercq in Cabrol's Dictionnaire d'archéol. II 2 p. 2493.
5 Lib. pont. p. 214 note 9. Mommsen sucht die Schwierigkeit durch die Annahme zu lösen, die Worte *via Ardeatina* bis *requiescit et* seien eine alte Interpolation, weil sie in Klasse II und Beda fehlen

tionsfehler anzunehmen, als die in allen Zeugen gleichmäßig überlieferte, als Wort geschriebene Zahl *duas* zu ändern: die Worte *in quo loco* sind zu streichen, wobei es unentschieden bleiben kann, ob sie auf das Konto der Überlieferung oder des Redaktors des unsern Zeugen zugrunde liegenden Textes zu setzen sind. Dann bezeugt uns der Liber pontificalis nur die auch sonst unbezweifelte Widmung der Inschrift *Hic habitasse* auf einer Marmorplatte. *Platoma* bedeutet überall im Liber pontificalis die marmorne Grabplatte, wie der Index der Mommsenschen Ausgabe lehrt.

Wann die Kirche S. Sebastiano erbaut ist, bleibt ungewiss. Von Hadrian I (772—795) berichtet der Liber pontificalis, daß er die zerstörte Kirche der Apostel an den Katakomben, wo der hl. Sebastian mit anderen ruhe, wieder hergestellt habe [1]. Und wenn ein pseudoambrosianischer Hymnus [2] singt

*Trinis celebratur viis*
*festum sacrorum martyrum*

so ist das am wirkungsvollsten gesagt, wenn neben der Peters- und Paulskirche auch eine Basilika *ad Catacumbas* existierte. De Waal [3] setzt die Erbauung mit Bestimmtheit in die zweite Hälfte des IV Jahrhunderts, „wahrscheinlich mehr nach dem Anfang dieser Periode zu". Duchesne [4] vermutet, daß sie zugleich mit dem vom Liber pontificalis bezeugten Kloster *ad Catacumbas* von Xystus III (432—440) errichtet worden sei. Jedenfalls ist sie als Kirche der Apostel, nicht des hl. Sebastian

---

aber diese Auslassung dürfte eben auch nur alte Konjektur sein, um zwei Basiliken zu erzielen. Die Epitome *F* läßt z. B. die Worte *beato Laurentio iuxta theatrum* weg, was ebensowenig Überlieferung ist. *K* sagt *hic dedicavit platomum in catacumbas* d. h. er deutet den Text so, wie es oben geschehen ist.

1 p. 508 Duchesne *ecclesiam apostolorum foris porta Appia miliario tertio, in loco qui appellatur Catacumbas, ubi corpus beati Sebastiani martyris cum aliis quiescit, in ruinis praeventam noviter restauravit.*
2 Nr. 71, 27 Migne lat. 17, 1254
3 Röm. Quartalschr. Suppl. III 109 ff.
4 Lib. pont. I p. 521 note 99, vgl. p. 234 und dazu note 13.

## Die Basilica ad Catacumbas. Die Platonia

erbaut worden, denn sowohl der Liber pontificalis als die Acta Quirini [1] geben ihr diesen Namen: erst die *Epitome de locis sanctis* [2] bezeichnet sie als Kirche S. Sebastiano: das haben de Waal und Grisar [3] mit Recht betont.

Auf die Frage, an welcher Stelle der Katakombe von S. Sebastiano denn die Gebeine der Apostel in der Zeit von 258 bis zur Erbauung der Peters- und Paulskirche geruht haben mögen, gaben die römischen Ortskundigen lange Zeit hindurch übereinstimmend dieselbe Antwort: in einem marmornen Doppelgrab, das sich unter dem Fußboden der sogenannten Platonia [4], einer kleinen, hinter der Apsis der Kirche S. Sebastiano gelegenen Kapelle, befindet. Aber A. de Waal, der als einer der Eifrigsten Jahre hindurch diese These vertrat und zu ihrer definitiven Bestätigung umfangreiche Ausgrabungen an Ort und Stelle vornahm, ist es zu verdanken [5], daß diese Ansicht jetzt endgültig als Irrtum erkannt worden ist. Es ist nicht nötig, hier über alle Einzelheiten zu referieren: die entscheidenden Beobachtungen mögen genügen. Die südlich hinter der Apsis von S. Sebastiano liegende „Platonia" ist ein zu zwei Drittteilen unter der Erde befindliches Gebäude von halbkreisförmigem Grundriß, zu dem man auf einer Treppe hinabsteigt, die ursprünglich von außen zugänglich war, seit dem Umbau durch Kardinal Borghese 1613 aber von der Kirche aus betreten wird. An den Wänden befinden sich 14 Arkosolgräber; in einem von ihnen ist ein Ziegel mit dem um 350 bezeugten Stempel CLAVDIANA zutage gekommen. Auf der freien Wand-

---

1 s. S. 112 Anm. 3.
2 de Rossi Roma sott. I 180. Marucchi-Segmüller 152, IV. Noch nicht sicher das Salzburger Itinerar; das sagt einfach *pervenies via Appia ad S. Sebastianum martyrem*.
3 Röm. Quartalschr. 1895, 435.
4 Der Name ist eine auch handschriftlich bereits vorkommende Entstellung des *platoma* im Liber pontificalis (s. o. S. 109). Zum Ganzen vergleiche den Plan im Anhang II.
5 de Waal im III Supplementheft der Römischen Quartalschrift 1894. Vgl. auch Leclercq bei Cabrol Dictionnaire II 2 p. 2488 ff.

fläche über den Arkosolien war eine fortlaufende größere Inschrift[1] aufgemalt, von der noch erhalten ist:

*[Suscipe vota libens famuli mentemque] devotam.*
*Haec tibi martyr ego rependo munera laudis.*
*Hoc opus est nostrum, haec omnis cura laboris,*
*ut dignam meritis [dent sancta haec limina sedem].*
*Haec populis c[unctis clarescet] gloria facti,*
*Haec Quirine tuas [laudes N. N. ipse] probabi*[2].

Die Kapelle ist also erbaut für den in der Diocletianischen Verfolgung gestorbenen Märtyrerbischof Quirinus von Siscia in Pannonien, dessen Gebeine nach Rom überführt worden sind und nach den Akten[3] beigesetzt wurden „an der via Appia, beim dritten Meilenstein, in der Basilica der Apostel Petrus und Paulus, wo sie einst gelegen haben und wo der hl. Märtyrer Sebastian ruht, an dem Orte, der Catacumbas heißt". Der Leichnam des Heiligen ruhte aber nicht in einem der Arkosolien, sondern war in der Mitte des Raumes beigesetzt: hier steht ein Altar, an dem ein kleiner Schacht in ein unter dem Fußboden befindliches Grabgewölbe hinabführt. Dieses ist ein durch große Marmorplatten gebildetes rechteckiges Doppelgrab, über dem sich ein aus Mörtel und Tuff gebildetes Tonnengewölbe erhebt. Dessen Wände sind mit Malereien im Stile des IV/V Jahrhunderts geschmückt. In der Lünette Christus, einem Märtyrer die Krone reichend, während ein Mann mit

---

1 Vgl. Ihm Damasi epigr. n. 76ᵃ. Die Ergänzungen, welche den Sinn andeuten sollen, von de Rossi. Buchstaben des IV/V Jahrhunderts.

2 = *probavi*.

3 Acta Sanct. Iuni t. I p. 383 *quem via Appia milliario tertio sepelierunt in basilica apostolorum Petri et Pauli, ubi aliqando iacuerunt et ubi S. Sebastianus martyr Christi requiescit in loco qui dicitur Catacumbas.* Diese Stelle ist ein früher römischer Zusatz: sie fehlt in den alten Akten, wie sie z. B. Ruinart Acta Mart. Regensb. 1857 p. 524 gibt: daß sie auf guter Tradition beruht, zeigt eben die Ausgrabung. Über Quirinus s. auch Prudentius Peristeph. 7.

dem Redegestus auf der anderen Seite steht; an den Langseiten die 12 Apostel mit den Märtyrerkronen. In dem einen Grab muß Quirinus geruht haben: wer daneben beigesetzt war, können wir nicht einmal vermuten.

Es ist begreiflich, daß man lange Zeit dies schöne Doppelgrab für die Ruhestätte der Apostel hielt, und daß auch jetzt nach den Ausgrabungen von 1893 noch immer die Vermittelungshypothese nicht verstummen will, dies alte Apostelgrab der Zeit von 258 bis c. 330 sei nur später überwölbt, überbaut und zur Ruhestätte des Quirinus umgestaltet worden. Das bleibt freilich eine abstrakte Möglichkeit — aber auch nicht mehr. Die alte Lokaltradition des Mittelalters weist uns jedenfalls in eine andere Richtung.

Das dem VII Jahrhundert entstammende Salzburger Itinerar berichtet ganz unmißverständlich [1]: „Dann kommst du auf der via Appia zum Märtyrer S. Sebastianus, dessen Leib an einem Orte drunten liegt, und da sind die Gräber der Apostel Petrus und Paulus, in denen sie 40 Jahre ruhten. Und an der Westseite der Kirche steigst du auf Stufen hinab, wo der hl. Papst und Märtyrer Cyrinus ruht." Der Besucher trennt also scharf das uns nunmehr wohl bekannte Quirinusmausoleum an der Westseite der Kirche von der Stelle, wo — offenbar dicht beieinander — die unterirdische Grabstelle des hl. Sebastian und die ehemalige Ruhestätte der Apostel sich befand: diese Stelle war demnach innerhalb der Kirche, wie sich aus dem Gegensatz ergibt.

Dieselbe Ortstradition begegnet uns neun Jahrhunderte später in einem päpstlichen Privileg für S. Sebastiano, welches 1520 ausgestellt ist und die Heiligtümer der Kirche samt den

---

[1] de Rossi Roma sott. I 180. Marucchi-Segmüller p. 150 III *Postea pervenies via Appia ad S. Sebastianum martyrem, cuius corpus iacet in inferiore loco, et ibi sunt sepulcra apostolorum Petri et Pauli, in quibus XL annorum requiescebant. Et in occidentali parte ecclesiae per gradus descendis, ubi S. Cyrinus papa et martyr pausat.* Vgl. Epitome de locis sanctis ebd. de Rossi I 180, Marucchi 152 IV.

an ihnen haftenden Ablässen aufzählt. Grisar[1] hat die Urkunde 1895 veröffentlicht und erläutert, nachdem bereits De Waal in seiner öfter zitierten Studie von ihr Gebrauch gemacht hatte. Es heißt da nach der Erwähnung eines Altars in der Kirche, der als Grab des Papstmärtyrers Fabian bezeichnet wird: „Ebenso zu Häupten des genannten Altares zur linken Hand[2] gegen die Kallistkatakombe hin ist das Grab des hl. Apostels Petrus, wo er von seinen Mitjüngern bestattet wurde, nachdem man ihn vom Kreuze abgenommen hatte, als er von Nero auf dem Goldenen Berg gekreuzigt war. Ebenso zur rechten Hand dieses Altars gegen die Sakristei bei der Treppe, die zum Altar des hl. Sebastian hinunterführt, ist das Grab des hl. Apostels Paulus, wo er von seinen Mitjüngern bestattet wurde, nachdem er von Nero bei Trefontane enthauptet war"[3]. Ziehen wir den leicht erklärlichen, das Ansehen der Stelle erhöhenden, Irrtum über das Alter der Gräber ab, so bleibt als glaubhafter Rest die Tatsache, daß man innerhalb der Kirche S. Sebastiano, rechts und links von einem in ihrer Mitte stehenden Altar, die beiden Apostelgräber zeigte. Und zwar waren die Stellen durch Eisengitter bezeichnet, welche offenbar die zu den eigentlichen Grüften hinabführenden Schächte schlossen — wie es bei Märtyrergräbern nicht selten begegnet. Das erfahren wir durch Panvinius[4], der vor 1568 erzählt, „bei dem Altar mitten in der

[1] Röm. Quartalschr. 1895, 409 ff. Die entscheidende Stelle 454 f.
[2] Der Redende schaut nach dem Eingang: vgl. die Notiz des Panvinius S. 115.
[3] *Item ad caput dicti altaris a manu sinistra versus cimiterium sancti Calixti est sepulchrum sancti Petri apostoli, ubi sepultus fuit a condiscipulis suis, quando fuit depositus de cruce, dum fuit crucifixus a Nerone in monte aureo. Item a manu dextra ipsius altaris ad manus versus sacristiam prope scalam, quae vadit deorsum ad altare sancti Sebastiani est sepulchrum sancti Pauli apostoli, ubi fuit sepultus a condiscipulis suis, quando fuit decollatus per Neronem ad tres fontes.*
[4] Cod. Vatic. lat. 6780 f. 43, abgedruckt von de Rossi Bullett. 1891 p. 17, vgl. Grisar Röm. Quart. 1895, 429. *Prope altare in medio ecclesiae a dextra introeuntibus est craticula ferrea, sub qua iacuisse dicitur S. Petrus apostolus multis annis.*

Kirche [1], wenn man hereintritt, zur rechten Hand ist ein Eisengitter, unter dem der hl. Apostel Petrus viele Jahre gelegen haben soll".

Unter diesen Umständen wird man auch die Bemerkung der Acta S. Sebastiani [2] als Zeugnis für die gleiche Lokaltradition auffassen dürfen, wo es heißt, das Grab des Heiligen befinde sich „am Eingang der Krypta neben den Spuren der Apostel". Grisar [3] hat mit Recht als ein weiteres Zeugnis für die gleiche Sache die Notiz des Liber pontificalis verwertet, Leo III (795 bis 816) habe in S. Sebastiano für die Gräber der Apostel Petrus und Paulus zwei kostbare Decken gestiftet: wenn hier an die „Platonia" gedacht wäre, müßte von „dem Grab" und einer Decke berichtet sein.

Dieselbe Urkunde von 1520 berichtet aber gleich nachher [4]: „Hinter der Kirche sind die Katakomben; darin ist ein Schacht, in dem die Leiber der Apostel Petrus und Paulus 252 Jahre verborgen waren: und sie wurden dort herausgeholt durch den seligen Papst Cornelius auf Drängen der seligen Lucina, einer vornehmen Römerin." Die letzte Angabe beruht auf der später noch zu würdigenden Notiz des Liber pontificalis [5] über Cornelius: das Ganze lehrt uns, daß inzwischen auch die „Platonia", das alte Quirinusmausoleum, offenbar wegen des Doppelgrabes, als Ruhestätte der Apostel aufgefaßt wurde. Man gab

---

1 Weitere Belege dafür, daß der fragliche Altar mitten in der Kirche stand, bei Grisar 433, Anm. 1.

2 Acta Sanct. Ian. II p. 278 § 88. Migne lat. 17, 1150 *in initio cryptae iuxta vestigia apostolorum.*

3 Röm. Quart. 1895, 436. Vgl. Liber pontif. Leo III c. 47 II 13, 7f. Duchesne *et inibi super tumbas apostolorum Petri et Pauli fecit vestes II de stauraci et fundato seu blati.*

4 S. 455 *Item post ecclesiam sunt Cathecumbae, in quibus est puteus, in quo latuerunt corpora apostolorum Petri et Pauli ducentis quinquaginta duobus annis, et inde extracta ⟨sunt⟩ per beatum Cornelium summum pontificem, ad instantiam beatae Lucinae nobilissimae Romanae.*

5 Lib. pont. I p. 29 Mommsen, p. 150 Duchesne. S. unten S. 131.

sich gar nicht die Mühe, die neue Vermutung mit der alten Tradition in Einklang zu bringen, sondern zeigte dem gläubigen Pilger ganz ruhig erst im Innern der Kirche die beiden ursprünglichen Gräber der Apostel, um sie dann in der Platonia nochmals vorzuweisen: denn auch hier sollten ja die Reliquien 252 Jahre, also da Cornelius 253 starb, von Christi Geburt — das soll natürlich heißen vom Tode der Apostel — an gelegen haben. Grisar hat sehr hübsch gezeigt [1], wie sich bei Panvinius die wachsende Vorliebe für die Platonia beobachten läßt, und wie sein Buch *de praecipuis urbis Romae basilicis* 1570 schließlich diese Stätte zu allgemeiner Wertschätzung gebracht hat.

Als Resultat ergibt sich: Die frühmittelalterliche Tradition zeigt die Apostelgräber innerhalb der Kirche in der Nähe des Grabes des hl. Sebastian. Die Kirche selbst ist im IV oder V Jahrhundert zu Ehren der Apostel — also selbstverständlich über der Stelle, wo man ihre Gräber zeigte — gebaut. Die Damasusinschrift, der urkundliche Beweis für die zeitweilige Beisetzung der Apostel in S. Sebastiano, hat sich in der Krypta der Kirche gefunden — leider nur in einer Kopie des XIII Jahrhunderts, so daß ihr nicht die volle Beweiskraft zukommt, die das an ursprünglicher Stelle befestigte Original gehabt haben würde.

\*

Hiermit hatte ich im Sommer 1914 das Kapitel geschlossen: dann unterbrach der Weltkrieg jäh alle friedliche Arbeit des deutschen Volkes, und als ich im Frühling 1915 wieder einige Mußestunden diesem Buche widmen konnte, erhielt ich, kurz bevor auch in Italien die Flammen aufschlugen, durch P. Ehrles Güte den Bericht, welchen Paul Styger in der Römischen Quartalschrift [2] über die im März dieses Jahres unter A. de Waals

---

1 S. 445.
2 Röm. Quartalschr. 1915, 73 ff. Scavi a San Sebastiano. Scoperta di una memoria degli Apostoli Pietro e Paolo e del corpo di San Fabiano Papa e Martire.

Leitung angestellten Ausgrabungen in San Sebastiano erstattete.

Die Arbeit des Spatens hat die aus den literarischen Quellen gezogenen Schlüsse endgültig bestätigt. Man hat den Fußboden mitten in der Kirche aufgedeckt und ist da schon in 30 cm Tiefe auf Mauerreste gestoßen, welche nicht lediglich neue Rätsel aufgeben, sondern auf die uns hier beschäftigende Frage eine entscheidende Antwort erteilen [1]. In einer Länge von etwas über 8 m erstreckt sich eine Mauer BA von der Südwand der Basilika bis über die Mitte des Schiffes hinaus in süd-nördlicher Richtung: sie ist aus unregelmäßigen Basalt-Lavablöcken gebaut, zwischen denen als Bindemittel ein Gemisch von Kalk und Pozzolanerde verwendet ist. Eine 4½ m lange Mauer D gleicher Konstruktion wendet sich bei A rechtwinklig nach Osten. Ob das von diesen Mauern begrenzte Gemach annähernd quadratische Gestalt hatte, läßt sich aus den spärlichen Resten bei H und G nicht mit Sicherheit erschließen, doch ist es wahrscheinlich. Auf der westlichen Seite liegt der Mauer BA eine andere RR[1] gegenüber, die aus Tuffstückchen und Ziegeln erbaut ist: sie verläuft nicht parallel, sondern in einem Winkel von 13° zu BA und stößt bei R[1] auf die zu einem Kolumbarium des I Jahrhunderts gehörige Mauer T. Bei A beginnt, in rechtem Winkel nach Westen verlaufend, eine 2 m lange, ebenfalls aus Tuff und Ziegeln hergestellte Wand K, an die etwas schräg die Mauer L nach Norden anschließt. Hinter diesen beiden sicher zueinander gehörenden Mauerstücken, welche mit T den Nordabschluß des Raumes BAKLTR[1]R bilden, kam ein aus augusteischer Zeit stammendes Kolumbarium N zu Tage. Vor dem von den Mauern K und L gebildeten Winkel befindet sich ein aus einer ehemaligen Aschenurne gebildeter kleiner Brunnen F, der sein Wasser in einen vor K unter dem Fußboden verlaufenden Abzugskanal abgab. Unter der Mauer A liegt eine auf 5,50 m tief eingebaute Zisterne mit Tonnengewölbe. Die Mauer B ist durch eine Ante C

---

[1] Hierzu vergleiche den Plan 2 in Anhang II.

unterbrochen, von der aus eine 0,50 m hohe und 0,37 m breite Bank an den Mauern B A und T entlang lief. Der ganze Raum B A K T R[1] R war mit einem Fußboden aus quadratischen Ziegeln versehen. Sowohl dies wie die Technik der Mauern K L R R[1] läßt auf Entstehung des Raumes in der zweiten Hälfte des III Jahrhunderts schließen.

Das Wichtigste aber ist, daß sich auf den Mauerstücken B und A der Wandbelag in großem Umfang erhalten hat. Über den Spuren der erwähnten Bank erhebt sich eine gleichmäßig rot gestrichene Fläche 0,80 m hoch: die Farbe ist auf eine 4—6 cm dicke Lage von Stuck aus Kalk und Pozzolan aufgetragen. Dann folgt oben ein 6 cm breiter blauer Bandstreifen, und dann eine jetzt fast völlig zerstörte, von dem Fußboden der Kirche durchschnittene Fläche, die mit Bildern geziert war. Man kann noch die Reste eines von Lämmern und Vögeln belebten Gartens erkennen: das Staket, zwei Lämmerbeine, ein flott gemalter Vogelkörper und Blumengewirr sind erhalten. Die Unterlage besteht hier aus zwei sorgfältig gearbeiteten Stuckschichten. Auch diese Anzeichen deuten auf das III Jahrhundert hin[1]. Die bemalte Wand muß sich wohl gut 1 m über das Niveau des jetzigen Fußbodens erhoben haben, unter dem sich 0,20 m tiefer der Boden der älteren Basilika befindet: in der Tiefe von 0,30 m endet jetzt die bemalte Mauer. Es läßt sich also, obwohl Styger sich zurückhaltend ausdrückt, schwerlich bezweifeln, daß bei der Erbauung der *basilica Apostolorum* (s. o. S. 110) dieser Raum des III Jahrhunderts in seinem oberen Teile zerstört worden ist.

In den Stuck der bemalten Wand sind nun eine Menge von Graffiti eingeritzt, welche Styger in Photographie, Nachzeichnung und Umschrift sorgfältig herausgegeben hat. In ungelenker lateinischer Unziale und flüchtiger Kursive, ja in

---

[1] Vgl. J. Wilpert Malereien der Katakomben S. 5. Auch die verschiedene Zahl der Stucklagen, je nachdem es sich um eine einfach gestrichene Fläche oder eigentlichen Malgrund handelt, findet in den Katakomben der besseren Zeit ihre Parallele.

lateinischer Sprache, aber griechischer Schrift[1] werden in mannigfachen Wendungen die Apostel angerufen, der Schreiber zu gedenken.
1. *Paule ed Petre petite pro Victore*
2. *Paule Petre pro Erate rogate*
3. *X Kal [...] Paule Petre in mente habete Sozomenum*
4. *Petrus et Paulus in mente abeatis Antonius Bassum [...]nius [...]e in men⟨t⟩e abete Gelasius*
5. *Petre et Paule [...]um ⟨e⟩t Vincentiu[m]*
6. Πετρ ετ Παυλαι ιν μετε [...

So lauten die am besten erhaltenen „Akklamationen", die keinen Zweifel darüber lassen, daß der aufgefundene Raum die zeitweilige Ruhestätte der Apostel Petrus und Paulus. gewesen ist. Aber noch etwas Weiteres und nicht Unwichtiges erfahren wir durch folgende Graffiti:
7. *Petro et Paulo Tomius Coelius refrigerium feci*
8. *XIIII Kal. Apriles refrigeravi Parthenius | in deo | et nos in deo omnes*[2]
9. *At Paulo et Pet[ro] refri[geravi]*
10. *]dusinone refrigerav[i ... Fe]licissimus cum s[uis]*
11. *Dalmatius botum is promisit refrigerium*

Das ist eine neue Erkenntnis für uns. Die Formeln *esto in refrigerio*[3], *refrigera*[4], *spiritum tuum deus refrigeret*[5] und ähnliche sind uns wohlbekannt: sie sind bis zum III Jahrhundert, kaum später[6], nicht selten in Gebrauch und geben dem Wunsche Ausdruck, daß der Verstorbene im Paradiese Erquickung finden

---

1 Vgl. E. Diehl Lat. altchristl. Inschr. (Kl. Texte 26/28) [2] N. 159. Vulgärlatein. Inschr. (Kl. Texte 62) N. 863 ff.

2 Das erste *in deo* ist nachträglich in kleinerer Schrift zugefügt, dann *et nos* bis *omnes* in großen Buchstaben angehängt.

3 Bullett. crist. 1884/5 p. 43.

4 Ebd. p. 61, 1.

5 Ebd. 1894 p. 60. Vgl. weiter E. Diehl Lat. altchristl. Inschr. [2] N. 273—280.

6 So schreibt mir E. Diehl, der das ganze Material übersehen kann, auf meine Anfrage.

möge. Hier ist dagegen unzweifelhaft unter *refrigerium* das Gedächtnismahl verstanden, welches am Grabe des Märtyrers zu dessen Ehren veranstaltet wird. Man kann eine solche Feier den Aposteln geloben (n. 11 *votum promisit*) und begeht sie im Kreise seiner Familie und Freunde (n. 10 *cum suis* n. 8 *et nos omnes*). So mögen auch die verstümmelten Reste einer anderen Inschrift in dieser Richtung zu ergänzen sein:

12. ... *dam cum filis et omnibus suis et nunc fecerunt.*
Daß die Sitte der Gedächtnismahlzeiten an Gräbern in Rom bekannt war, wußten wir bisher durch die bildlichen Darstellungen, die in der ersten Hälfte des III Jahrhunderts [1] und etwa ein Jahrhundert später [2] in der Katakombe SS. Pietro et Marcellino entstanden sind, sowie durch das alte, wohl aus der Zeit um 100 stammende Bild aus S. Domitilla [3]. Auch ist in derselben Domitillakatakombe eine Steinplatte [4] erhalten, auf der ein Mann am Grabe seiner Tochter *Criste* einen Becher leert. Eine Inschrift [5] des Jahres 375 bezeugt uns die Fortdauer der Sitte im endenden IV Jahrhundert.

Die neu gefundenen Inschriften belehren uns nun, daß solche Gedächtnismahle an der Grabstätte der Apostel besonders häufig waren, ja ich glaube, obwohl ich die Ausgrabungen nicht aus eigener Anschauung kenne, schon aus den Graffiti auf den Zweck der aufgedeckten Bauten schließen zu dürfen. Der am solidesten gebaute Raum B A D G war die Grabkammer der Apostel: an diese grenzte nach Westen ein unregelmäßiges Gemach B A T R¹ R, das, wie die Inschriften, die Bänke an der Wand B A T und der Brunnen beweisen, zur Abhaltung der liturgischen Mahlzeiten diente. Die Analogie des Vorraumes

---

[1] Vgl. Wilpert Malereien d. Katakomben S. 506ff. Taf. 62, 2. 65, 3.
[2] Wilpert Taf. 167.
[3] Wilpert Taf. 7, 4 Bull. crist. 1865 p. 42 n. 3.
[4] Wilpert S. 512 Fig. 50.
[5] Bull. crist. 1888 Taf. VI—VII. *Idus Febr. conss. Gratiani III et Equiti Florentinus Fortunatus et [Fe]lix ad calice benimus.*

in S. Domitilla [1], wo sich gleichfalls die Bänke und ein Brunnen finden, ist schlagend: und es ist längst erkannt, daß dieser Vorraum den Gedächtnismalen für die Verstorbenen diente.

So haben uns also die Ausgrabungen des März 1915 bestätigt, daß die Worte des Filokalianischen Kalenders so zu verstehen sind, wie es in den vorangehenden Darlegungen ausgeführt ist: im Jahre 258 sind die Gebeine der Apostel Petrus und Paulus *ad catacumbas* beigesetzt worden. Damals ist die „Memoria" mit Vorraum entstanden, deren Reste jetzt unter dem Fußboden von S. Sebastiano zutage getreten sind.

## XI

Um die Frage nach den ursprünglichen Grabstätten der Apostel Petrus und Paulus zu beantworten, hat man gern die apokryphen Apostelakten herangezogen, weil man in ihnen neben aller Phantastik doch glaubwürdige Reste römischer Lokaltradition zu finden meinte — und das nicht mit Unrecht: nur daß freilich der Wert der betreffenden Nachrichten für unsere Frage entscheidend durch das Alter der zu Rate gezogenen Urkunden beeinflußt wird.

Zunächst ist festzustellen, daß das „Martyrium Pauli"[2] völlig unergiebig ist: es nennt weder Ort noch Tag des Martyriums. Aber auch die alten „Actus Vercellenses" des Petrus[3] geben nicht die geringste Andeutung über die Stelle, an der Petrus gekreuzigt oder an der er begraben wird; auch das Datum wird nicht genannt. Das ist nicht weiter wunderbar,

---

[1] Vgl. Bull. crist. 1865 p. 96, wiederholt bei Cabrol Dictionnaire d'archéol. I 809 ff. in Leclercqs Artikel „Agape", auf den ich für weitere Information verweise.

[2] Acta apost. apocr. ed. Lipsius I griech. S. 104—117, in ausführlicher lat. Fassung S. 23—44. Von dem Ort der Passion ist mehrfach die Rede (S. 38 20. 40 1. 11), aber genannt wird er nicht. Daß er vor dem Tore sich befindet (S. 38 21), ist nur selbstverständlich.

[3] Acta apost. apocr. ed. Lipsius I 45—103.

da auch sonst dieser vielleicht schon im II Jahrhundert entstandenen, von Hause aus gnostisch beeinflußten Schöpfung jeder römische Lokalton fehlt; nur beim Disput mit Simon Magus ist das anders: da begegnet das *forum Iulium*, auf dem gestritten wird (62 8. 65 31), die *via sacra*, von der aus das Volk den Simon fliegen sieht (82 5), die Städte Aricia und Terracina (84 7. 8), welche den gestürzten Magier aufnehmen.

Dagegen bietet die unter dem Namen des „Linustextes" bekannte erweiternde Überarbeitung [1] eine Ortsangabe für den Märtyrertod des Petrus: der Apostel wird hingeführt *ad locum, qui vocatur Naumachiae iuxta obeliscum Neronis in montem* (S. 11 16 f.). Wir werden diese Notiz am besten im Zusammenhang mit der sogleich zu besprechenden würdigen und zunächst nur feststellen, daß der Linustext den lateinischen Auszug aus Josephus [2] benutzt, den Ambrosius ums Jahr 375 gemacht hat, also wohl frühestens im V Jahrhundert entstanden ist.

Die Passio Petri et Pauli, auch „Marcellustext" genannt, ist uns in zwei griechischen Fassungen und einer lateinischen Übersetzung [3] überliefert. Hier hören wir, daß Paulus enthauptet wurde „an der *via Ostiensis*" und begraben ebenda „beim zweiten Meilensteine"[4]. Petrus wurde

---

[1] Acta ed. Lipsius I 1—22. Lipsius hält diese Textform für die ältere, aber sicher mit Unrecht, vgl. Zahn Gesch. d. neutest. Kanons II 2, 832 ff.

[2] Den sog. „Hegesippus", vgl. das vortreffliche Referat bei Schanz Gesch. der röm. Literatur IV 1, 100 ff. Die Benutzungsfrage, die Lipsius (Die apokr. Apostelgesch. II 1, 103 f.) umgekehrt beantwortet, hat Zahn Gesch. d. neutest. Kanons II 2, 845 f. zutreffend entschieden.

[3] Lateinisch (*L*) bei Lipsius Acta I 119—177, griechisch nach einem cod. Venetus (*E*) ebd. I 118—176, und in der üblichen, weitverbreiteten (*A*) Form ebd. I 178—222.

[4] Acta ed. Lipsius I 170 3 = 171 2, 177 1 = 221 8. Der griechische Vulgärtext *A* p. 214 7 ff. gibt als Richtstätte des Paulus das heutige Trefontane an: ἀπεκεφάλισαν δὲ αὐτὸν εἰς μάσσαν καλουμένην Ἀκουαι Σαλβίας πλησίον τοῦ δένδρου τοῦ στροβίλου. Der Ausdruck weist frühestens ins VI Jahrhundert: da wird ein Komplex von Grundstücken

begraben ¹ „unter der Terebinthe neben der Naumachie an dem Orte, welcher *Vaticanus* heißt". Dann aber kamen Männer aus dem Orient, und stahlen die Leichname: jedoch ein gewaltiges Erdbeben alarmierte die Römer, man setzte den Räubern nach und faßte sie „an einem Orte, der *Catacumbas* heißt, beim dritten Meilenstein auf der Via Appia" ². Dort barg man die heiligen Leiber einstweilen und führte sie nach einem Jahr und sieben Monaten wieder in die ursprünglichen Gräber zurück. Die im lateinischen Text fehlende Angabe, daß der 29 Juni der Tag des Martyriums sei, ist augenscheinlich nachgetragen.

Man hat die Lokalangaben dieser Quelle besonders hoch eingeschätzt um ihres Alters willen: namentlich hat die „auf uralter Erinnerung beruhende" Terebinthe den Kritikern Zutrauen eingeflößt. Lipsius nimmt für die Acta Petri et Pauli eine im II Jahrhundert entstandene Grundschrift an; doch will er die Geschichte vom vereitelten Raubversuch mit Erbes einem Überarbeiter zuweisen ³. Bardenhewer ⁴ ist geneigt, die Akten in die erste Hälfte des III Jahrhunderts zu setzen.

Von der versuchten Entführung der Apostelreliquien weiß auch Gregor der Große zu erzählen; in einem 594 geschrie-

---

*massa* genannt, z. B. Cassiodor Varia Index p. 558 Mommsen. Gregor I Registrum ed. Hartmann t. II S. 563. In einem Briefe vom 25 Jan. 604 XIV 14 spricht er von der *massa Aquae Salviae* als der Marterstätte des Paulus. Die Legende vom Tode des Paulus in Trefontane dürfte kaum älter sein als das im VI Jahrh. von Narses dort gegründete Kloster. Vgl. Kehr Regesta Pont. Italia pont. I 171.

1 Acta ed. Lipsius I 172₁₃ E = 216₁₅ A ὑπὸ τὴν τερέβινθον πλησίον τοῦ ναυμαχίου εἰς τόπον καλούμενον Βατικάνον = 173₁₅ *sub terebinthum iuxta Naumachiam in locum qui appellatur Vaticanus L*.

2 Acta ed. Lipsius I 221₂ A ἐν τόπῳ λεγομένῳ Κατακούμβας ὁδῷ τῆς Ἀππίας τῆς πόλεως τρίτου μιλίου = 175₁₀ *in loco qui dicitur Catacumbas via Appia miliario tertio L*, E hat nur ἐν τόπῳ ἀπὸ μιλίων τριῶν τῆς πόλεως 174₉.

3 Lipsius Die apokr. Apostelgesch. II 1, 335 f. 344.

4 Geschichte d. altkirchl. Literatur I² 568.

benen Briefe[1] heißt es von den Aposteln: „Zu der Zeit ihres Martyriums kamen Gläubige aus dem Orient, welche ihre Leiber holen wollten, weil es ihre Mitbürger seien; und sie brachten sie bis zum zweiten Meilenstein und legten sie an einen Ort nieder, der *Catacumbas* heißt. Aber als die ganze Schar nun kam und sie von da mitzunehmen versuchte, erschreckte sie gewaltiger Donner und Blitz furchtbar und jagte sie auseinander, so daß sie alle Lust verloren, derartiges noch einmal zu wagen. Da kamen aber die Römer, die solches durch die Barmherzigkeit des Herrn verdient hatten, heraus, hoben die Leiber auf und bargen sie an den Stellen, wo sie jetzt beigesetzt sind."

Die Geschichte findet sich auch sonst noch, sogar in orientalischen Quellen[2], aber nirgends läßt sich ihre Entstehung so klar erkennen, wie in den Worten Gregors. Es kann kein Zweifel sein, daß sie sich in den Katakomben von S. Sebastiano selbst gebildet hat und von den dortigen Führern den fragenden Pilgern erzählt wurde, welche wissen wollten, wieso denn Petrus und Paulus nach S. Sebastiano gekommen seien. Man wies auf die einem späteren Geschlecht bereits nicht mehr verständliche Damasusinschrift als Beweisstück hin und interpretierte, wie wir es bei Gregor lesen: *Discipulos Oriens misit* heißt so viel wie *ex Oriente fideles venerunt*. Und was wollten diese Männer aus dem Morgenland? Nun, gegen sie hat *Roma suos meruit defendere cives* oder, wie Gregor deutlicher sagt, *Romani eorum corpora, qui hoc ex domini*

---

[1] Greg. I Registrum ed. Ewald et Hartmann IV 30 p. 265 19 ff. *Eo tempore, quo passi sunt, ex Oriente fideles venerunt, qui eorum corpora sicut civium suorum repeterent. Quae ducta ad secundum urbis milliarium, in loco qui dicitur Catacumbas, conlocata sunt. Sed dum ea exinde levare omnis eorum multitudo conveniens niteretur, ita eos vis tonitrui atque fulgoris nimio metu terruit ac dispersit, ut talia denuo nullatenus temptare praesumerent. Tunc autem exeuntes Romani eorum corpora, qui hoc ex domini pietate meruerunt, levaverunt et in locis, quibus nunc sunt condita, posuerunt.*

[2] A. Baumstark Römische Quartalschrift XV (1901) 250.

*pietate meruerunt, levaverunt.* Also wollten die Fremden die Apostel als ihre *cives* zu sich holen — das war durch den Gegensatz klar: daß dieser Wunsch mit der Beisetzung *ad Catacumbas* in ursächlichem Zusammenhang stand, sagte ja die Inschrift: so ergänzte man in frommer Phantasie das Erforderliche: die Realisierung des orientalischen Wunsches durch Raub — an Beispielen fehlte es nicht — und seine Verhinderung durch gottgewirkte Wunder. Die ganze Räubergeschichte ist aus falscher Interpretation der Damasusinschrift erwachsen[1]: jede Quelle, die sie bringt, ist zeitlich hinter Damasus und zwar in nicht zu großer Nähe anzusetzen. Also fallen die Petrus- und Paulusakten in der vorliegenden Form frühestens ins v Jahrhundert und mit ihnen die Ortsangaben über die Begräbnisstätten der beiden Apostel. Es ist methodisch völlig unzulässig, von diesen Notizen ohne anderweitige Stützen diejenigen, welche der jeweiligen Konstruktion des Kritikers entsprechen, der sehr hypothetischen Grundschrift zuzuweisen und die unbequemen in spätere Zeit zu verlegen: bis zum Beweis des Gegenteils haben wir die uns vorliegende Form als einen Bericht frühestens des v Jahrhunderts anzusehen.

Wir haben noch eine dritte aus derselben Zeit stammende Quelle, die uns über die Begräbnisstätten der Apostel in einer ganz ähnlichen Weise unterrichtet: es ist der Liber pontificalis. Dieser berichtet, und zwar bereits in der gleich nach 530 abgeschlossenen epitome Feliciana, von Petrus[2]:

*sepultus est via Aurelia, in templum Apollinis, iuxta locum ubi crucifixus est, iuxta palatium Neronianum, in Vaticanum, iuxta territurium triumphalem, III Kal. Iul.*

Diese sämtlichen Angaben haben nun freilich für die Frage nach dem ursprünglichen Begräbnisort des Petrus keinerlei un-

---

[1] Das hat übrigens schon J. Langen Gesch. d. römischen Kirche I 60 Anm. 1 richtig gesehen. Ähnlich urteilt auch Victor Schultze Archäolog. Studien 242 ff.
[2] Liber pontif. I, 6 p. 4 Mommsen p. 118 Duchesne.

mittelbaren Wert. Den Autoren des v Jahrhunderts ist die fragliche Stelle ohne weiteres durch die Peterskirche gegeben, und was sie uns bieten, ist nichts anderes als eine archaisierende Umschreibung der Lage der Peterskirche: derart, daß ihre Angaben, soweit sie gute Kunde enthalten, Wert nur für die römische Topographie des vatikanischen Stadtviertels besitzen. Diese Einschränkung gilt ganz ebenso auch für die früheste derartige Notiz, die aus dem Jahre 392 stammende Bemerkung des Hieronymus de viris inlustribus 1 Petrus sei *sepultus Romae in Vaticano iuxta viam triumphalem.*

Indes lohnt es sich nichtsdestoweniger, diese Angaben auf ihre Zuverlässigkeit zu prüfen. *Vaticanus* heißt in älterer Zeit der ganze Höhenzug jenseits des Tiber von der heutigen Aqua Paola bis zu den vatikanischen Gärten [1]. Die *via triumphalis* führte aus dem Borgo auf den Monte Mario, wie noch heute ihr von der via Leone IV links abbiegender Ausläufer, die via trionfale [2]: Genaueres über ihren Verlauf wissen wir nicht. Die älteste *via Aurelia* ging vom *pons Sublicius* beim ponte Rotto durch die *porta Aurelia,* die heutige porta S. Pancrazio, hinaus nach Westen. Doch gab es in der Kaiserzeit [3] bereits eine *via Aurelia nova* auf vatikanischem Gebiet, von deren Pflaster sich Reste gefunden haben: eine südlich der vatikanischen Mauer unweit der porta Cavallegeri von der via delle Mura ziemlich geradlinig nach Westen sich abzweigende Straße führt noch heute diesen Namen. Das *palatium Neronianum* ist die früh-

---

[1] Jordan-Huelsen Topographie der Stadt Rom I 3, 623.

[2] Jordan-Huelsen I 3, 658 Anm. 91 I 1, 376. Vgl. die Karte in Kiepert et Huelsen Formae urbis Romae antiquae[2] (1912) II A a. Besser auf der Karte des modernen Rom z. B. von Paravia B1 oder Baedeker Mittelitalien [14] I 4.

[3] Unter Antoninus Pius, vgl. Jordan-Huelsen I 3, 658 Anm. 91 I 1, 376. In Kiepert-Huelsens Formae III links oben, auf dem Spezialplan der Regio Vaticana ist die *via Aurelia nova* eingezeichnet und die aufgefundenen Reste antiken Pflasters sind markiert. Moderner Plan von Paravia A B 4; bei Baedeker II 3. 6 heißt sie via S. Antonio delle fornaci.

mittelalterliche Bezeichnung des alten Circus des Gaius und Nero [1], auf dessen Nordmauer die Südmauer der Peterskirche sich erhob: in der Mitte dieser Circustrümmer ragte direkt östlich von den runden Seitenkapellen der Peterskirche ein von Caligula errichteter Obelisk empor, den unser Linustext den *obeliscus Neronis* nennt; es ist derselbe, der seit 1586 die Mitte des Petersplatzes schmückt.

Damit sind die eindeutigen und klaren Ortsangaben erschöpft. Von dem *templum Apollinis,* welches der Liber pontificalis erwähnt, wissen wir nichts: möglich, daß es eine irreführende volkstümliche Benennung des Kybeleheiligtums war [2], dessen verschleppte und zertrümmerte Inschriften [3], aus den Jahren 305—390 stammend, unter der Südostecke der neuen Peterskirche zum Vorschein gekommen sind. Für uns ist wichtiger, zu wissen, daß im Mittelalter die Petronillakapelle [4] *templum Apollinis* genannt wurde. Ob auf dem Vatikan jemals eine *Naumachia* gewesen ist, muß sehr bezweifelt werden. Das zwischen 357 und 450 redigierte Curiosum urbis Romae nennt ebenso wie die schon vor 357 entstandene Notitia [5] in der weiteren Umgebung des Vatikan *naumachias V*, eine unglaublich hohe Zahl, die schon Sarti in *II* zu ändern vorschlug. Eine Naumachie ist tatsächlich in der Nähe der Engelsburg bloßgelegt worden [6]: noch im hohen Mittelalter begegnet der Name der *naumachia* in Urkunden [7]. Indessen bedarf es dieser

---

[1] Jordan-Huelsen I 3, 657. Vgl. den Spezialplan bei Kiepert-Huelsen III und den Plan in Anhang III.

[2] Jordan-Huelsen I 3, 659. Duchesne Liber pont. I p. 120.

[3] Dessau Inscr. lat. selectae nr. 4145. 4147—4151 = *CIL* VI 497. 499—503.

[4] Kiepert-Huelsen III Spezialplan *e*. Duchesne Lib. pont. I p. 120. de Rossi im Bull. d'arch. christ. 1878, 140.

[5] Jordan-Huelsen II 563. I 3, 660 f.

[6] Kiepert-Huelsen II De.

[7] Jordan-Huelsen I 3, 661 Anm. 102. Aber die Bezeichnung *regio Naumachiae* in den Sebastiansakten gehört in einen anderen Zusammenhang, s. unten S. 137.

Gelehrsamkeit schwerlich. Wenn der Linustext sagt *ad locum qui vocatur Naumachiae iuxta obeliscum Neronis,* so meint er augenscheinlich nichts anderes als den Circus mit dem Worte „Naumachie". Und ebenso gebraucht auch die Passio Petri und Pauli das Wort: will doch Nero die Christen „in der Naumachie" foltern und umbringen [1]. Dann wird aber auch die letzte noch unkontrollierbare Angabe klar: nach der Passio Petri et Pauli ist Petrus begraben „unter der Terebinthe neben der Naumachie". Es wird schwerlich noch ein ernsthafter Kritiker Lust haben, in dieser Umgebung von topographischen Angaben unzweifelhaft frühmittelalterlichen Charakters eine uralte Gemeindetradition zu suchen: von einer etwa zu Neros Zeiten das Grab des Apostels beschattenden Terebinthe zu reden, bleibt natürlich der Phantasie unverwehrt, und der Verfasser der Passio mag sich die Sache auch so vorgestellt haben. Aber es ist mir nicht zweifelhaft, daß seinen Worten genau die gleiche Angabe zugrunde liegt, welche der Linustext bietet, nämlich „neben der Naumachie beim Obelisken". Die „Terebinthe Neros" ist eine volkstümliche Bezeichnung für den neronischen Obelisken gewesen. Das läßt sich nicht strikt beweisen, aber immerhin wahrscheinlich machen. Die leider erst aus dem XII Jahrhundert stammenden Mirabilia urbis Romae [2] reden von einer „Terebinthe Neros", einem prächtigen Rundbau mit zwei Umgängen: er erhob sich neben der Engelsburg, die er durch seine Höhe erreichte, und dem „Grab des Romulus", einem an der Stelle der heutigen Kirche S. Maria Traspontina erbauten pyramidenförmigen Denkmal: und neben diesem sollte Petrus gekreuzigt sein. Von demselben Bauwerk redet nun zweimal die um 1140 entstandene Prozessionsord-

---

[1] Acta ed. Lips. I 168₈ $E = 169_8$ $L = 212_{12}$ $A$.

[2] Jordan-Huelsen II 627 *circa se habuit terbentinum Neronis tantae altitudinis, quantum castellum Adriani, miro lapide tabulatum. ex quibus opus graduum et paradisi peractum fuit. quod edificium rotundum fuit duobus gironibus sicut castrum, quorum labia erant coperta tabulis lapideis pro stillicidiis. iuxta quod fuit crucifixus S. Petrus apostolus.* Vgl. 430.

## Die Terebinthe des Nero

nung in des Benedictus[1] ordo Romanus XI: die Prozession bewegt sich über die Engelsbrücke vor der Engelsburg und am „Obelisk des Nero" vorbei, geht am „Grabmal des Romulus" vorüber, betritt eine Säulenhalle und gelangt dann zum Vatikan und in die Peterskirche: das ist der Verlauf etwa des heutigen Borgo nuovo. Auch die Krönungsordnung[2] Heinrichs VI vom Jahre 1191 bemerkt, daß der Kaiser mit seiner Gemahlin sich zur Kirche S. Maria Transpontina, „die neben der Terebinthe liegt", begab.

Neben der Engelsburg also stand ein hohes Bauwerk — Grabdenkmal oder dergleichen — welches im Volksmunde „Obelisk" oder „Terebinthe" des Nero hieß: möglich, daß es aus *lapis Tiburtinus,* dem in Rom so beliebten Travertin, errichtet war, und daß *terpentinum* eine volkstümliche Verballhornung von *tiburtinum* ist[3]. Sicher aber scheint mir, daß man schon früh den einen „Obeliscus Neros" auf dem Vatikan mit dem anderen bei der Engelsburg verwechselte und so entweder auf dem Vatikan eine „Terebinthe" wachsen oder den Petrus — da er ja in S. Peter begraben war — neben dem *„Terpentinum"* an der Engelsburg wenigstens gekreuzigt sein ließ. Hat doch S. Pietro in Montorio seinen Ruhm, die Kreuzigungsstätte des Petrus zu sein, einem noch tolleren Quidproquo zu verdanken[4]; und die irreführende Übertragung

---

1 Mabillon Mus. Ital. II 126. 143 Jordan-Huelsen II 664 11 *intrans per pontem Adriani ante templum eius et iuxta obeliscum Neronis et ante memoriam Romuli et per porticum ascendens in Vaticanum ad basilicam S. Petri;* ebd. 665 14 . . *usque ad pontem Adrianum intrat per pontem et exit per portam Collinam ante templum et castellum Adriani proficiscens ante obeliscum Neronis intrat per porticum iuxta sepulcrum Romuli, ascendit ad Vaticanum.*

2 Vgl. Watterich Vitae pontificum II 711 f. *descendit electus cum coniuge sua ad S. Mariam Transpadinam* (lies *Transpontinam), quae est iuxta Terebinthum.*

3 So Grisar Gesch. Roms und der Päpste im Mittelalter I 215 nach Partheys Vorgang.

4 Siehe Lanciani Pagan and Christ. Rome 128, Grisar Gesch. Roms I 231.

des Namens der Naumachie bei der Engelsburg auf den Neronischen Circus bewegt sich ganz in der gleichen Richtung.

Die Prüfung der Lokalnotizen bestätigt uns, was wir uns angesichts der Abfassungszeit der Quellen von vorherein sagen mußten: Keine von ihnen hat alte Kenntnis vom Ort des Petrusgrabes. Sämtliche Zeugen nennen uns mit künstlichem Archaismus — indem sie nämlich nicht von der Peterskirche reden — die Lage nicht des Grabes, sondern eben der Basilika des Petrus. Diese und nicht das Grab grenzte an die *via Triumphalis,* die *via Aurelia nova* und den Neronischen Circus mit seinem Obelisken. Das Grab lag, wie später noch gezeigt werden soll, an der *via Cornelia,* welche keine der behandelten Quellen nennt, obwohl die Straße unter diesem Namen noch im VII Jahrhundert existierte. Die Epitome de locis sanctis [1] nämlich berichtet zu Beginn ihrer Periegese, daß Petrus im westlichen Teile der Stadt an der via Cornelia beim ersten Meilenstein ruhe, und daß auch die Päpste mit wenigen Ausnahmen an demselben Orte in eigenen Gräbern ruhten. Die Entfernungsangabe ist nun freilich cum grano salis zu verstehen, denn wenn man den Beginn der Meilenzählung bei der Engelsbrücke ansetzt, so kommt der erste Meilenstein noch immer etwa 30 m hinter die Apsis der heutigen Peterskirche zu liegen: aber hier ist wenigstens die via Cornelia richtig als die Straße genannt, an welcher das Petrusgrab liegt. Warum ist das hier im Gegensatz zu den anderen Quellen der Fall? Die Antwort ergibt sich aus dem Charakter der Quelle: die Epitome de locis sanctis ist — ähnlich wie die ihr verwandte

---

[1] De Rossi Roma sotterranea I 141. 182 IV, abgedruckt auch bei Marucchi-Segmüller Christl. Archäol. 160 IV *Primum Petrus in parte occidentali civitatis iuxta viam Corneliam ad miliarium primum in corpore requiescit et pontificalis ordo, excepto numero pauco, in eodem loco in tumbis propriis requiescit.* Vgl. die Notitia Portarum ebenda V *Prima porta Cornelia quae modo porta S. Petri et via Cornelia: iuxta eam ecclesia beati Petri sita est, in qua corpus eius iacet, auro et lapidibus parata: etenim nullus hominum scit numerum sanctorum martyrum, qui in eadem ecclesia pausant.*

Notitia portarum — ein Itinerar, welches Straße für Straße mit den daran liegenden Sehenswürdigkeiten beschreibt. Unser Gewährsmann wandert die via Cornelia entlang, kommt naturgemäß zuerst an die Peterskirche — denn auch er meint die Kirchen, wenn er von Gräbern redet —, dann geht er um diese herum, um wieder auf die via Cornelia zu gelangen und gelangt weiterhin nach Boccea — etwa 13 km nordwestlich von Rom — zu der jetzt verschwundenen Kirche SS. Rufina e Seconda [1]. So liegt ihm, der die via Cornelia verfolgt, die Peterskirche allerdings am Wege. Wer aber seit dem IV Jahrhundert angeben wollte, an welcher Straße die Basilika des hl. Petrus liege, konnte kaum auf den Gedanken kommen, die via Cornelia zu nennen, weil diese nicht an der Kirche vorbei, sondern schnurgerade auf sie zuführte, in ihren Vorplatz mündete und dann unter ihr verschwand.

## XII

Es bleibt uns eine bisher noch zurückgestellte Nachricht zu erörtern, welche der Liber pontificalis in der Vita des Papstes Cornelius, der 251—253 amtierte, im Widerspruch mit dem uns bisher wahrscheinlich Gewordenen bietet. Es heißt da in dem barbarischen Latein der ältesten Codices [2]:

*Hic temporibus suis rogatus a quodam matronam Lucina corpora apostolorum beati Petri et Pauli de Catatumbas levavit noctu: primum quidem corpus beati Pauli acceptum beata Lucina posuit in predio suo via Ostense iuxta locum, ubi decollatus est; beati Petri accepit corpus beatus Cornelius episcopus et posuit iuxta locum, ubi crucifixus est, inter corpora sanctorum episcoporum in templum Apollonis, in monte Aureum, in Baticanum palatii Neroniani III Kal. Iul.*

---

[1] Vgl. Armellini Chiese di Roma [2] 959 F. Kehr Regesta Pont. Italia II 24.
[2] p. 29 Mommsen, p. 150 Duchesne.

Die Corneliusvita des Liber pontificalis besteht aus zwei Teilen: zuerst kommt die wörtlich aus dem Liberianischen Papstkatalog entlehnte gute Nachricht über Novatus und Maximus, dann eine Erzählung seines Martyriums. Diese ist historisch wertlos, denn der Schlußsatz des Liberianischen Katalogs: *darauf wurde er nach Civita Vecchia verbannt und ist da ruhmvoll entschlafen* zeigt deutlich, daß er nur insofern Märtyrer wurde, als er in der Verbannung unblutig starb. Die Legende hat davon nur die Verbannung beibehalten, aus Cyprians epist. 37—39 eine dem Staat verdächtige Korrespondenz mit dem karthagischen Bischof herausgesponnen, und ein regelrechtes Verhör vor Kaiser Decius mit Marter und folgender Enthauptung frei erfunden. Daß Decius bereits im Mai 251, also reichlich zwei Jahre vor Cornelius, gestorben war, kümmerte den Dichter wenig. Wir haben diese phantastische Passio Cornelii gesondert in ausführlicherem Text erhalten [2]: Mommsen meint, der Text Schelstrates hänge vom Liber pontificalis ab, offenbar weil er etwas weitschweifiger ist; Duchesne nimmt das Umgekehrte an. Richtig dürfte sein, daß der Verfasser des Liber pontificalis nicht der Erfinder dieser Märtyrergeschichte ist, sondern eine geschriebene Passio Cornelii benutzte, die eine ältere Form des bei Schelstrate erweitert vorliegenden Textes bot. In das Martyrium ist nämlich beim Liber pontificalis als Fremdkörper die eben zitierte Notiz über die Translatio Pauli et Petri eingesprengt: sie unterbricht schroff den Zusammenhang und ist am Ende durch die Hinzufügung des dem Pontificalis eigentümlichen Satzes *post hoc fecit ordinationem unam, presbyteros VIII* deutlich von der gleich darauf weitergehenden Erzählung des Martyriums abgegrenzt. Schelstrates Text hat die Einschaltung nicht, sein Zusammenhang ist also der ursprüngliche. Die aus dem VI Jahrhundert stammende Epitome

---

1 p. 30 zu 1 Mommsen, p. 7 Duchesne. *post hoc Centumcellis expulsus ibi cum gloria dormitionem accepit.*

2 Gedruckt bei Schelstrate Antiquitas ecclesiastica I 188, das zu Vergleichende auch bei Mommsen und Duchesne zur Stelle.

Feliciana hat wohl die Translation der Apostel, aber nicht die Passionserzählung[1]: indes, der Satz *qui etiam decollatus est ad templum Martis* verrät, daß auch sie in dem von ihr excerpierten Text des Liber pontificalis die ganze Geschichte las. Nun steht am Ende der Passio sowohl im Liber pontificalis wie bei Schelstrate die Bemerkung *cuius* (des Cornelius) *corpus noctu collegit beata Lucina cum clericis et sepelivit in crypta iuxta cymiterium Calisti via Appia in predio suo XVIII Kal. Octob.* Die Annahme liegt nahe, daß dieser Satz, ebenso wie die Notiz über die Translation der Apostel, vom Verfasser des Papstbuches stammt und von da in den Schelstrateschen Text der Passio übernommen ist: so scheint Mommsen geurteilt zu haben, und dafür spricht, daß dann beide Lucinanotizen auf denselben Autor zurückgehen. Doch ist es nicht weniger wahrscheinlich, daß die Beisetzung des Cornelius durch Lucina zum ursprünglichen Text der Passio gehört, und daß der Verfasser des Papstbuches die ihm bekannte Kunde von einer Aposteltranslation durch Lucina von sich aus einfügte.

Noch an einer anderen Stelle weiß das Papstbuch von einer Matrone namens Lucina zu berichten[2]: in dem Kapitel über Marcellus (308—309) heißt es, eine Witwe Lucina habe den zum Stalldienst verurteilten Papst bei sich aufgenommen

---

[1] Am besten zu ersehen aus Mommsens Gegenüberstellung beider Epitomae p. 238 f.

[2] Lib. pont. 31, 4 ff. I p. 44 Mo. *Matrona quidam nomine Lucina vidua, quae fecerat cum viro suo Marco annos XV et in viduitate sua habuit annos XVIIII, suscepit beatum virum: quae domum suam nomine beati Marcelli titulum dedicavit, ubi die noctuque ymnis et orationibus domino Iesu Christo confitebatur. Hoc audito Maxentius misit et tenuit iterum beatum Marcellum et iussit, ut in eadem ecclesia plancas externi et ibidem animalia catabuli congregata starent et ipsis beatus Marcellus deserviret. Qui tamen in servitio animalium nudus amicto cilicio defunctus est. Cuius corpus collegit beata Lucina ⟨qui etiam sepultus est in cymiterio Priscillae via Salaria XVII Kal. Febr. Et cessavit episcopatum dies XX⟩ Lucina vero scriptione damnata est.* Die Epitomae haben nur, was in ⟨...⟩ steht.

und ihr Haus für ihn zur Kirche gemacht. Da habe der Kaiser Maxentius diese Kirche zum Stall umgewandelt, und Marcellus sei darin schließlich als Viehknecht gestorben. Lucina aber habe ihn in der Priscillakatakombe am 16 Januar begraben und sei dafür mit der Acht bestraft worden. Hier hören wir auch, daß ihr Gatte, mit dem sie 15 Jahre verheiratet war, Marcus hieß, und daß sie ihn nur um 19 Jahre überlebte.

Es kann keinem Zweifel unterliegen, daß wir hier eine ältere Fassung der in den Acta Sanctorum des Januar t. II p. 9 abgedruckten Passio Marcelli vor uns haben: der Umstand, daß beide Epitomae des Papstbuches die Geschichte nicht bieten, berechtigt wohl zu dem Schluß, daß sie nicht vor dem Ende des VII Jahrhunderts dem Werke eingefügt wurde.

Es ist beachtenswert, daß alle bisherigen Erwähnungen der Lucina in Einlagen des Liber pontificalis begegnen, welche Märtyrerakten entstammen, also nicht eigentlich zum Körper das Hauptwerkes gehören. In ähnlichen Quellen finden wir nun noch weitere Berichte über diese fromme Witwe [1].

Die Akten des hl. Anthimus und seiner Genossen [2] beginnen gleich mit ihrer Genealogie: Sergius Terentianus, der zweimal *praefectus urbi* war, heiratet die Plautina, eine Enkelin des Kaisers Gallienus von seiner Tochter Gallia. Die Kinder dieses Paares sind Claudius, Pompeianus und Lucina: diese

---

[1] Das Material ist gesammelt bei Tillemont Hist. eccl. IV 554 ff. Acta Sanct. Juni V 533 ff. De Rossi hat sich in Roma Sotterranea I 314 f. II 361 leider nur kurz mit dem Lucinaproblem beschäftigt und die Hypothese aufgestellt, Lucina sei eine im II Jahrhundert lebende Dame des römischen Hochadels gewesen, etwa eine Angehörige der gens Cornelia: aber es fehlt jeder Anhalt für eine solche Annahme. Das Alter der Grabkammern in der sogenannten „crypta Lucina" der Kallistkatakombe beweist gar nichts: denn der Name der Lucina taucht eben erst spät in dem im Text dargelegten Zusammenhang auf. Es bleibt da bei abstrakten Möglichkeiten, von denen der Historiker nicht leben kann.

[2] Acta Sanct. Mai II 616 ff.

letztere heiratet den Faltonius Pinianus, der von Diocletian und Maximian zum Proconsul Asiae ernannt wird. Als nun der consiliarius Chaeremon dort die Christen eifrig verfolgt, vollzieht sich an ihm ein göttliches Strafgericht, welches Pinianus und Lucina zum Verkehr mit den Christen veranlaßt: dadurch wird schließlich ihre Bekehrung herbeigeführt. Das Ehepaar kehrt mit einer Anzahl von christlichen Schützlingen, darunter auch Anthimus, nach Rom zurück — und nun erzählt die Legende, wie die einzelnen den Märtyrertod sterben zur großen Erbauung des Pinianus.

Die hier genannten Personen gehören so hohen Kreisen des römischen Adels an, daß wir zu der Erwartung berechtigt sind, ihnen auch in anderen handschriftlichen oder epigraphischen Quellen zu begegnen: aber diese Hoffnung wird nicht erfüllt. Obwohl wir über die *praefecti urbis* um 300 recht gut unterrichtet sind — im IX Band von Borghesis Werken ist das Material gesammelt — läßt sich kein Stadtpräfekt Sergius Terentianus, ja überhaupt kein adliger Träger dieses Namens ausfindig machen. Auch ist der Geschichte eine Tochter des Gallienus mit Namen Gallia unbekannt. Von einem unter Diocletian und Maximian amtierenden *proconsul Asiae* Faltonius Pinianus wissen wir nichts: wohl aber bekleidet ein Faltonius Probus im Jahre 275—276 dieses Amt [1]. Da nun der Inhalt der Anthimusakten den Stempel freier Erfindung trägt, so ist zu vermuten, daß der Verfasser eine dunkle Erinnerung an diesen Proconsul Faltonius mit dem Namen des aus dem Leben der hl. Melanius [2] bekannten Pinianus verband. Auch scheint er gemeint zu haben, eine Tochter des Gallienus müsse eo ipso den Namen Gallia führen. So fällt

---

[1] Pauly-Wissowa Real-Enzykl. VI 1976 Nr. 2.
[2] Vgl. Palladius Hist. Laus. 61 und Butlers note 107 p. 231. Es mag hier bemerkt werden, daß die Heilige nicht Melania heißt, sondern von der guten Überlieferung, die aber noch in den kritischen Apparaten versteckt ist, stets Melanius genannt wird: der Name ist ein „Signum". Vgl. E. Diehl im Rhein. Mus. LXII (1907) 390 ff.

mit dem Nachweis seiner Unkunde auch seine Angabe über Lucina in ein Nichts zusammen: er kannte den Namen aus der römischen Heiligentradition.

Diesen Anthimusakten ist in einigen Handschriften ein Anhang [1] beigegeben, der noch mehr von der frommen Lucina berichtet. Der hl. Sebastian erscheint ihr und kündet ihr den Ort, wo sie seine Leiche finden werde; er verbindet damit eine Warnung vor zu strenger Askese. Sie geht hin und birgt den Leib des Heiligen. Die hl. Beatrix lebt nach dem Märtyrertod ihrer Brüder Simplicius und Faustinus sieben Monate bei Lucina und wird von zwei Krähen täglich mit Nüssen gespeist; als auch sie den Martertod gestorben ist, beerdigt Lucina sie bei ihren Brüdern an der via Portuensis *in Sexto Philippi* [2]. Schließlich begräbt Lucina noch den hl. Cyriacus nebst Largus, Smaragdus, Memmia und Juliana und stirbt dann im hohen Alter von 95 Jahren.

Genaueres über die Bestattung des hl. Sebastian ist in dessen Akten [3] zu lesen. Seine Leiche wurde in die Cloaca Maxima geworfen, doch der Heilige erschien der frommen Matrone Lucina [4] und gab ihr den Ort an, wo sein Leib an einem Pflock hängen geblieben war: sie fand ihn und setzte ihn an der ihr bezeichneten Stelle *ad Catacumbas in initio cryptae iuxta vestigia Apostolorum* bei. Die Verfolgung, welcher S. Sebastian zum Opfer fällt, bricht aus nach dem Tode des Kaisers Carinus († im Sommer 285) unter dem Konsulat des Maximus und Aquilinus [5] (286). Aber so wie die Bestattung

---

[1] § 11—15 p. 618 f.

[2] In der heute S. Generosa genannten Katakombe westlich von der via Campana, vgl. Marucchi Éléments II 67 ff.; de Rossi Roma Sott. III 647 ff.

[3] Acta Sanctorum Jan. t. II p. 278 § 88 f. nachgedruckt im Anhang der Opera S. Ambrosii Migne lat. 17, 1113 ff.

[4] § 88 f. *S. Lucinae cuidam matronae religiosissimae.*

[5] § 65 p. 275 *occiso Carino ... Maximo* (so zu lesen statt *Maximiano*, vgl. Liebenam, Fasti consulares imp. Rom. z. J. 286) *et Aquilino coss. facta est persecutio.* Papst war Caius (282—295), vgl. § 64 u. ö.

des hl. Sebastian unorganisch im Anhang der Anthimusakten auftauchte, so begegnen wir andrerseits in den Sebastiansakten noch an anderer Stelle [1] unvermutet der Lucina: es wird erzählt, die Patinnen der von dem Heiligen getauften Frauen seien Beatrix und Lucina gewesen, gerade so, als ob der Leser die beiden kennen müsse, während der Schluß die Lucina doch als unbekannt einführt [2]. Selbständig in ihrer Entstehung ist auch die eingelegte Geschichte des Martyriums der Zoë und des Tranquillinus (§ 73—75), welche Zoë am Petrus-, Tranquillinus am Paulusgrab ihren Tod finden läßt: da sind diese Gräber also im Gegensatz zu § 88 als wieder getrennt angesehen; und zwar ruht Petrus in der *regio Naumachiae*[3], das heißt natürlich in der Peterskirche. Überhaupt zeigen die Sebastianusakten, ähnlich wie die des Anthimus, das Bestreben, eine möglichst stattliche Reihe anderer Märtyrer mit dem Haupthelden in Verbindung zu bringen, und so wird uns denn auch der Martertod des hl. Tiburtius und seine Beisetzung am dritten Meilenstein der via Labicana [4], die Hinrichtung des hl. Castulus [5] und das Ende der hll. Marcellianus und Marcus [6] erzählt: diese letzten beiden finden ihre Ruhestätten am zweiten Meilenstein der via Appia „bei den Sandgruben". Wilpert hat 1902 die Gruft der beiden Heiligen in den Katakomben von S. Balbina, an der Gabelung der via Appia und via Ardeatina, aufgefunden [7].

---

1 § 36 p. 271 *feminarum autem matres factae sunt Beatrix et Lucina.*

2 Vgl. den Wortlaut Anm. 4 S. 136.

3 Das ergibt sich aus § 73 p. 276 *Beatissima Zoë in Apostolorum natale dum ad confessionem Petri apostoli oraret, ab insidiantibus paganis arctatur duciturque ad patronum regionis Naumachiae et compellitur Martis statunculo, quod illic stabat, thuris guttas incendere.*

4 § 77—82.

5 § 83.

6 § 84 *sepulti sunt et ipsi in via Appia milliario secundo ab urbe in loco, qui vocatur ad arenas, quia cryptae arenarum illic erant, ex quibus urbis moenia struebantur.*

7 N. Bullettino IX (1903) 43 ff. Ein Referat mit Plan auch bei Cabrol Dictionn. d'archéol. II 1, 143 ff.

Es kann keinem Zweifel unterliegen, daß die Sebastianusakten ein verhältnismäßig spätes Machwerk voll phantastischer Erfindung und klingender Rhetorik sind. Daß man sie dem hl. Ambrosius zuschrieb, mag daher kommen, daß gleich im Beginn behauptet wird, Sebastian habe seine Erziehung zu Mailand erhalten [1]: die spätere Zeit entnahm daraus die Anregung, den Mailänder Hauptheiligen zum Biographen seines Landsmannes zu machen. In Wirklichkeit wird das Werk etwa im v Jahrhundert entstanden sein, jedenfalls nicht erheblich später, da ein von Hagen veröffentlichter und ins v oder vi Jahrhundert datierter Berner Palimpsestcodex [2] die Akten bereits in der uns vorliegenden Gestalt enthält. Der Entstehungsort muß Rom sein, denn die römischen Ortsangaben sind von erfreulicher Genauigkeit.

Aus der gleichen literarischen Atmosphäre stammen die Akten der hll. Processus und Martinianus [3], d. h. der beiden nach der Legende von Petrus im Mamertinischen Gefängnis bekehrten und zur Strafe für ihr Christentum enthaupteten Soldaten. Auch zu ihnen kommt eine vornehme Matrone namens Lucina und ermahnt sie zum tapferen Ausharren im Bekenntnis [4]. Als sie dann vor der Mauer an der via Aurelia den Todesstreich empfangen haben, werden die Leichen von Lucina geborgen und nahe bei der Richtstätte auf einem ihr gehörenden Grundstück beigesetzt [5]. Auch diese Katakombe an

---

[1] § 1 *Sebastianus vir christianissimus Mediolanensium partibus eruditus.*
[2] Sitzungsberichte d. Wiener Akademie, phil.-hist. Klasse, Bd. 108 (1884) 25 ff.
[3] Acta Sanctorum Juli t. I p. 303 ff.
[4] § 4 *Erat tum ibi matrona quaedam nobilissima, Lucina nomine: ea assistens eis confirmabat eos* usw.
[5] § 4 *ducti extra muros urbis Romae via Aurelia capite caesi sunt. cum vidisset autem illos beatissima Lucina, cum familia sua sequebatur eos usque ad aquaeductum, ubi etiam decollati sunt et trunca eorum corpora relicta sunt canibus devoranda. quae eadem sanctissima matrona collegit et condivit pretiosis aromatibus sepelivitque in praedio suo in arenario*

der via Aurelia hinter der villa Doria Pamfili ist uns erhalten geblieben [1].

Es ist ein dem v oder vi Jahrhundert angehöriger Kreis phantastisch ausgestatteter römischer Legenden, der uns von der Matrone Lucina mit ziemlicher Regelmäßigkeit dasselbe berichtet, nämlich daß sie berühmte Märtyrer „auf einem ihr gehörigen Grundstück" begraben habe. Über die Lebenszeit der frommen Witwe sind sich aber die Quellen nicht einig. Bald nach dem Tode des Nero begräbt sie die Soldaten Processus und Martinian, 253 den Papst Cornelius, Ende des III Jahrhunderts Anthimus und Genossen, 286 den hl. Sebastian, 309 den Papst Marcellus. Freilich schreibt ihr der Anhang der Anthimusakten das hohe Alter von 95 Jahren zu, und es steht jedermann die oft wiederholte Vermutung frei, es habe zwei oder drei Lucinen gleichen Reichtums und gleicher Neigung gegeben: die biographischen Daten der Anthimusakten sind jedenfalls freie Erfindung.

So bleibt einer kühl abwägenden Kritik die Annahme die wahrscheinlichste, daß man im v oder vi Jahrhundert eben nur den an Grundstücken haftenden Namen der Lucina kannte und nichts weiter. Allein die Marcellusakten in der älteren, im Liber pontificalis eingeschobenen Form [2], bringen möglicherweise mehr. Die Worte *quae fecerat cum viro suo Marco annos XV et in viduitate habuit annos XVIIII* klingen so, als wären sie von einer Marmorplatte abgeschrieben, welche das Grab der Lucina deckte: aber auch sie liefern uns kein sicheres Datum.

Als Ausgangspunkt aller der erwähnten Lucinageschichten ist demnach die Tatsache anzusetzen, daß im v Jahrhundert die Rede ging, der betreffende Heilige sei *in praedio Lucinae*

---

*iuxta locum, ubi plexi sunt, VI nonas Iulias via Aurelia: ubi etiam praestantur beneficia eorum usque in hodiernum diem.*

1 Vgl. Marucchi Éléments d'archéol. chrét. II 52 ff. Röm. Quartalschr. 1897, 207 ff.

2 s. o. S. 133 Anm. 2.

beigesetzt, das heißt auf einem von einer Lucina der Kirche geschenkten Grundstück. Folglich sind bis zum Beweis des Gegenteils alle Berichte über eine Beisetzung durch Lucina — deren Datum sich selbstverständlich jeweils nach dem Todesjahr des Märtyrers richtet — als legendäre Erfindungen des v Jahrhunderts anzusehen. Und die Notiz der Corneliusvita über die Translation des Paulus und Petrus aus S. Sebastiano nach der via Ostiensis und dem Vatikan ist unhistorisch, vielleicht durch Kombination der Katakombenführer des v Jahrhunderts an der via Appia entstanden. Sie ist eine Entstellung dessen, was Filocalus vom Jahre 258 berichtet: da man aber in S. Sebastiano längst von dem durch Damasus angeblich besungenen Leichenraub in apostolischer Zeit und der sofortigen Beisetzung der beiden Apostel ad Catacumbas erzählte, so konnte die Translation in der Mitte des III Jahrhunderts nur in umgekehrter Richtung stattgefunden haben. Da die Kirche S. Sebastiano ebenso wie die nicht ferne Gruft des Cornelius mit dem Namen der Lucina verknüpft war, schrieb man die Überführung der Reliquien der Lucina und dem Cornelius zu.

## XIII

Daß die alte, im XVI und XVII Jahrhundert allmählich abgetragene und durch Bramante-Michelangelos Bau ersetzte Peterskirche durch Kaiser Konstantin erbaut worden ist, behauptet nicht nur der Liber pontificalis 34, 16 ff., sondern es ist urkundlich bezeugt. Der Triumphbogen der Kirche trug, wie eine Fülle von Zeugen durch die Jahrhunderte hindurch uns berichtet [1], die Inschrift

*Quod duce te mundus surrexit in astra triumphans,*
*hanc Constantinus Victor tibi condidit aulam.*

---

[1] Eine Übersicht über das mit der Einsiedler Sylloge des VI Jahrhunderts beginnende Material gibt De Rossi Inscr. christ. urbis Romae II 1 p. 345 n. 1. Vgl. Buecheler Carmina epigr. n. 300.

## Bau unter Konstantin

Und derselbe Bogen war mit einem Mosaikbild [1] geschmückt, auf dem in der üblich gewordenen Form Petrus dem Herrn den Kaiser Konstantin zuführte, der das Modell der Basilika trug und sich dadurch als den Stifter kenntlich machte. Die zum Bau verwendeten Ziegel trugen den Stempel [2] *d(ominus) n(oster) Constantinus Aug(ustus)*.

Ebenso sicher wie die Gründung der Kirche durch Konstantin ist aber die Tatsache, daß sie erst unter seinem Sohne Konstans (337—350) vollendet worden ist. Denn in der Apsis las man vor ihrem Verfall und der dadurch nötig gewordenen Erneuerung unter Innocenz III (um 1200) die Inschrift [3]

*Iustitiae sedis, fidei domus, aula pudoris*
*haec est, quam cernis, pietas quam possidet omnis,*
*quae patris et fili virtutibus inclyta gaudet*
*auctoremque suum genitoris laudibus aequat.*

Also haben sich Vater und Sohn, Konstantin und Konstans um den Bau der Kirche verdient gemacht: wäre erst unter Konstantius, der 350—361 seine Herrschaft auch auf den Westen ausgedehnt hatte, das Werk vollendet worden, so müßte statt des Singulars *fili* ein Plural gesetzt sein, weil dann zwei Söhne die Ruhmestat des Vaters fortgesetzt hätten.

Die für uns wichtigste Frage ist die, ob wir noch in der Lage sind, über die alte Peterskirche hinaus in die vorkonstantinische Topographie der Umgebung des heutigen Petrusgrabes vorzudringen, mit anderen Worten, ob der Boden unter der alten Basilika je ausreichend durchforscht worden ist.

Man kann das beim Bau der heutigen Peterskirche eingeschlagene Verfahren summarisch etwa so charakterisieren: man

---

1 De Rossi im Bullettino d'arch. cristiana 1883, 90 nach Frothingham, der die Notiz bei Jacobacci De Concilio 1538 gefunden hat: Revue archéologique 1883, I, 68 ff.

2 Corp. Inscr. Lat. XV 1 n. 1656. De Rossi Inscr. christ. urbis Rom. II 1 p. 346 n. 2. Abb. bei Grisar Gesch. Roms I 238.

3 Buecheler Carm. epigr. n. 315. De Rossi Inscr. christ. urb. Rom. II 1 p. 21 n. 10 und 47. Vgl. Duchesne Lib. pont. I 195 n. 64.

hat zunächst die alte Kirche stehen lassen, die neue um sie herum gebaut, und dann die alte je nach Bedürfnis des fortschreitenden Neubaues abgerissen. Infolgedessen ist die heilige Grabstelle, die *Confessio,* das zuletzt fertiggestellte Stück der neuen Kirche: man hat sie 1615 in die heutige Gestalt gebracht und erst 1626 wurde das von vier riesigen gewundenen Bronzesäulen getragene Tabernakel Berninis errichtet. Beide Male ist der tieferen Bodenschicht Aufmerksamkeit gewidmet und das Ergebnis der Grabungen aufgezeichnet worden.

Was wir über die Forschungen des Jahres 1615 wissen, hat De Rossi in Band II 1 seiner Inscriptiones christianae urbis Romae S. 235—237 zusammengestellt und erörtert: es ist — gemessen an den damals sich bietenden Möglichkeiten — erbärmlich wenig. Zunächst berichtet Fr. M. Torrigio in seiner 1618 zu Viterbo erschienenen Schrift *Le sacre grotte Vaticane,* daß vor der Confessio viele Gräber von Heiligen gefunden seien, wie er selbst gesehen habe, darunter ein mit Planeta und Pallium bekleideter „Papst". Torrigio betont, daß auf höheren Befehl nichts angerührt, sondern alles sofort wieder zugedeckt worden sei. Ferner habe man viele Leichen gefunden, welche nach antikem Brauche kreuzweis mit fingerbreiten Binden umwickelt waren. Sodann einen Kindersarg und einen anderen mit der Inschrift *Linus.* Ein Sarg habe, wie ihm erzählt worden sei, einen wunderbaren Duft ausgeströmt. Einen Sarg mit der Leiche habe man aus baulichen Gründen beseitigen müssen [1]. Da seien viele Münzen Konstantins mit einem Kreuz und anderen Dingen zutage gekommen. Über die erwähnte Inschrift äußert sich derselbe Gewährsmann in einer von De Rossi verwerteten, 1623 niedergeschriebenen, aber nicht gedruckten Abhandlung: „Linus wurde begraben nahe bei dem Leichnam S. Petri, und als man 1615 dort grub, um dem Platz der Con-

---

[1] Dies muß der von Ubaldi bei Armellini Chiese di Roma [2] 708 f. genannte sein: *un pilo tagliato per mezzo che fu riconosciuto essere quello che a tempo di Paolo V, perchè non sopravanzasse al pavimento basso della confessione, fu tagliato.*

fessio die gegenwärtige Abgrenzung zu geben, fand man eine Marmorplatte, welche als Sargdeckel diente: darauf war zu lesen *linus* nebst anderen Worten, die durch die Zeit zerstört und unleserlich geworden waren. Da waren in der Nähe sehr viele Särge gleichfalls aus Marmor unb Backstein und Ziegelplatten, in denen vermutlich die Leiber der anderen Päpste waren."

Severano, der 1630 ein Buch über die *sette chiese di Roma* herausgegeben hat und darin von einer Platte mit der Inschrift S. *Linus* spricht, redet in dem von De Rossi gefundenen Manuskript zu diesem seinen Buche nur von einer Platte mit der Inschrift *Lin. PP.*, hat also im Korrekturbogen etwas nachgeholfen, um den Leser sicherer zu überzeugen.

De Rossi hat, was die Inschrift angeht, aus diesem Tatbestand bereits die richtige Folgerung gezogen, daß die Buchstabenreste günstigenfalls *Catul]linus, Aqui]linus, Anul]linus* oder ähnlich zu ergänzen sind. Er hätte hinzufügen können, daß der alte Linus Anspruch auf eine griechische Grabschrift machen dürfte. Jedenfalls ist damit die berühmte Linus-Kontroverse erledigt.

Außer dem von den genannten Zeugen ergänzten Bericht des Torrigio besitzen wir aber auch noch eine Zeichnung der damals gemachten Funde. Benedikt Drei, der Bauleiter, hat sie hergestellt und 1635 in Kupfer stechen lassen: danach gibt sie De Rossi, dem unsere Abbildung in verkleinertem Maße entnommen ist [1]. Man sieht darauf deutlich in der Mitte vor der Confessio den „Papst" mit Planeta und Pallium, links den Kindersarg und den des „Linus", dessen Inschrift Drei ähnlich gelesen hat wie Severano im Manuskript, sodann die übrigen Leichen in Kreuzbinden.

Bei diesen Ausgrabungen kam auch gleich vor der Confessio eine Marmortafel mit folgender Inschrift [2] zutage:

---

[1] Hierzu vergleiche man Plan 3 im Anhang III.
[2] Corp. Inscr. Lat. VI 4, 2 n. 31660, wodurch die fehlerhafte Ausgabe VI 1461 antiquiert ist.

*Maesiae Titianae c(larissimae) f(eminae) [....]it Pomponiae Fadiulae c(larissimae) f(eminae):* das wissen wir durch einen in der Vaticana erhaltenen handschriftlichen Bericht Jacob Grimaldis. Man hat diese Maesia Titiana identifizieren wollen mit einer Maesia Fabia Titiana, welche 197 in Sizilien eine Inschrift geweiht hat: doch muß das dahingestellt bleiben. Die Maesii Titiani sind ein vornehmes römisches Geschlecht, das unter anderem im Jahre 245 und noch 337 einen Konsul gestellt hat[1]: es ist nicht gut möglich, ohne nähere Angaben eine Dame aus dieser Familie zu bestimmen. Pomponia Fadiula ist, obwohl zu den vornehmen Kreisen Roms gehörig, bisher nicht unterzubringen.

Als man 1626 Berninis Baldachin über dem Hauptaltar ausspannen wollte, mußte an den vier Ecken des Altars bis in den gewachsenen Boden unter der alten Kirche gegraben werden, um den Fundamenten für die vier Säulen die erforderliche Tragkraft zu geben. Über das wissenschaftliche Ergebnis dieser Grabungen besitzt das vatikanische Archiv zwei Berichte: einen in italienischer Sprache geschriebenen des Kanonikus R. Ubaldi, den M. Armellini in Le chiese di Roma [2] 697—718 vollständig abgedruckt, A. de Waal in der Römischen Quartalschrift I (1887) 2—15 in deutschem Auszug wiedergegeben hat; sodann einen kürzeren lateinischen Auszug eines Ungenannten aus einem Tagebuch, den de Waal seinem Referat jeweils beigibt. Daß die zu den Berichten gehörigen Zeichnungen nicht vorhanden sind, ist ein unersetzlicher Mangel: denn durch den Bau der Fundamente ist selbstverständlich die ganze Umgegend des Petrusgrabes für alle Zeiten zerstört und jede weitere Forschung abgeschnitten. So bleibt die Forderung bestehen, nach den Zeichnungen unermüdlich zu suchen, solange noch eine Hoffnung auf ihr Wiederfinden vorhanden ist: denn die Worte der ungeschulten Berichterstatter, zu denen wir uns nun wenden, können einen Lageplan leider nicht ersetzen. Die Ausgra-

---

[1] Vgl. Prosopographia imperii Romani ed. Dessau II 322 f. und Mommsen CIL III Suppl. 1 n. 11157 = Ephem. epigr. IV n. 528.

bungen begannen an der Südostecke des Altars[1]. Etwa 12,5 palmi = 2,75 m von der *Cataracta,* d. h. dem zum Grabe hinabführenden Schacht in der Nische der Confessio, entfernt fand man direkt unter dem Fußboden zahlreiche Särge, die sich in der Nähe der Confessio an eine antike, auf diese hinführende Mauer lehnten. Diese Mauer wird später, bei der Ausschachtung des dritten Fundaments, wieder angetroffen: sie lief also von Osten nach Westen, und somit in der Richtung der via Cornelia, auf die Confessio zu und hart an ihr vorbei. Die unter dem Fußboden gefundenen Särge enthielten Leichen, in Kleider oder, was vorwog, in weiße Binden gehüllt, aber ohne irgendwelche chronologische Handhaben. Die Särge waren aus Marmor, ohne Zierrat oder Inschriften, vielfach durch zwei dachförmig zusammengestellte Tonplatten gedeckt. Hier fand man auch nahe bei der Confessio den 1615 durchgeschnittenen Sarg[2]. Unter zwei Särgen dieser Schicht stieß man auf zwei Aschenurnen aus Ton, in einer lag eine Münze des Commodus aus seinen letzten Jahren (186—192)[3]. Zahlreiche Scherben ähnlicher Gefäße fanden sich allenthalben beim Vertiefen der Ausgrabung. Unter dieser Schicht fand man wieder einen schönen Sarg mit der Inschrift eines *Sex. Ceth[egus,* ferner, an der erwähnten Mauer befestigt, die dem Sinne nach unschwer zu ergänzende

---

[1] Die Reihenfolge gibt folgendes Schema: Süd $\begin{smallmatrix}3&4\\1&2\end{smallmatrix}$ Nord

[2] Siehe oben S. 142.

[3] Mein Kollege B. Pick, dem ich den Wortlaut des Ubaldischen Berichtes vorgelegt habe, schreibt mir: Die Münze des Commodus, vermutlich Silber, gehört jedenfalls in die Zeit nach dem Tode seines Vaters (180) wegen der Namensform *M. COMM. ANT;* der Beiname *FELIX* findet sich erst seit 185. Man vermißt am Schluß *BRIT,* doch mag das verwischt gewesen sein. Es wird genügen, zu sagen, daß es eine Münze des Commodus aus seinen letzten Jahren ist, frühestens 186, wahrscheinlich erst später. Genauere Bestimmung ist auch darum unmöglich, weil die Beschreibung des Rs. für Schrift und Bild ungenau ist. Der Titel *IMP* kann nicht so ohne Zahl am Anfang gestanden haben; die Umschrift lautete wohl *P M TR P XIII IMP VIII COS V,* und die dargestellte Göttin ist wohl nicht Juno sondern Libertas.

Inschrift *[Euri]dice [du]lcis[simae] filie [quae] bixit [anno]s V d. LVIII Trofimus et Serena infelices parentes fecerunt*. Dann erschien in der Folge der Grabung ein brunnenartiger Ring, der mit Knochen, Asche und Erde gefüllt war, dahinter noch eine Aschenurne. Nahe dabei [1] trat ein viereckiger, mit Leichen gefüllter Raum zutage, dessen eine Seite durch den unteren Teil der vorhin erwähnten Mauer gebildet wurde. In dieser befand sich eine 8 palmi = 1,76 m lange, 2 p. = 0,44 m breite, 3 p. = 0,66 m tiefe Nische, in der sich Gebeine in Gips und und Kalk eingeschlossen vorfanden. Hier lag in der Asche eine Münze des Maximianus (286—305) [2]: in dem Munde eines mitten in dem quadratischen Raume befindlichen Schädels stak eine zerbrochene Münze, die man nach sorgfältiger Prüfung des noch Erkennbaren der Cornelia Salonina, Gattin des Kaisers Gallienus (c. 260), zuschrieb [3]. Nunmehr war man auf festen Boden gestoßen und beendete somit die Ausgrabung in einer Tiefe von 18 palmi = 3,96 m. Zu bemerken ist noch, daß man auch „unten, wo das Türchen der Confessio ist", auf eine antike Mauer stieß, die vielleicht diesen tieferen Gräbern zum Schutz gegen das vom vatikanischen Hügel herabfließende

---

1 Der lateinische Bericht gibt die Maße: von dem Brunnen war der Raum 4 palmi = 0,88 m entfernt, vom Fußboden der Kirche 18 palmi = 3,96 m. Der italienische Bericht behauptet freilich, der gewachsene Boden sei in 13 palmi = 2,86 m Tiefe erreicht worden (de Waal S. 9): das mag ein Lesefehler sein, da die Tiefe von 3,96 besser zu den Maßen des zweiten und dritten Fundaments paßt.

2 Die Münze gehört nach dem Typus Jupiter mit der Wertziffer *XXI* in die ersten Jahre des Maximianus vor der Münzreform des Diocletian (Pick).

3 *questa (medaglia) era rotta e consumata e per quello, che con diligente osservazione fu potuto raccorre, fu creduto, che fosse di Cornelia Salonina... Dalla banda della testa non si discerneva cosa alcuna. Nel rovescio una figura in piedi che nella destra teneva una patera e nella sinistra un' asta e delle bande S.C. cioè Senatus consulto*. Wenn die Kaiserin nicht Salonina ist, dann jedenfalls eine aus derselben Zeit, da eine Verwechselung mit Kaiserinnen aus wesentlich früherer oder späterer Zeit nicht gut möglich ist (Pick).

## Ausgrabungen von 1626

Wasser gedient haben mochte[1] — so meint der Referent — also jedenfalls quer zum Anstieg der Höhe gerichtet war.

Die Grabungen für das zweite Fundament an der Nordostecke des Altars förderten bedeutend geringere Ergebnisse zutage. Keine Spuren alter Mauern in der Tiefe, keine Särge direkt unter dem Fußboden. Erst bei 5 palmi[2] = 1,10 m stieß man auf einen mit Asche und halbverbrannten Gebeinen gefüllten Marmorsarg. In der aufgeworfenen Erde fand sich eine Münze der jüngeren Faustina[3], der Gemahlin des Kaisers Marc Aurel (145—176). In etwa 12 palmi = 2,64 m Tiefe kamen Gräber mit Ziegeldächern zum Vorschein, bei 18 palmi[4] = 3,96 m stieß man auf festen Boden.

Die Ausschachtungen für das dritte Fundament begannen am 2. August: man brach vom ersten Fundament aus nach Westen unter den Substruktionen der Basilika durch und legte dabei einen Teil der alten Apsis, „wo die Sitze für die Kardinäle waren", bloß. Bei der Ausgrabung des vierten Fundaments begegnete man ihr übrigens wieder und stellte fest, daß die Confessio nicht genau im Mittelpunkt des Halbkreises dieser alten Apsis liege, sondern etwas nach Norden abweiche[5]. So-

---

[1] *un muro antico scoperto sotto, dove è la porticella della confessione.*

[2] Der Lateiner sagt 7 palmi = 1,54 m.

[3] Es muß die jüngere Faustina, die Gemahlin des M. Aurelius sein, da bei der älteren der Typus *HILARITAS* nicht vorkommt. Es war eine Kupfermünze = Cohen 3², 145, 112 fg. (Pick).

[4] So de Waal: Armellini druckt *28 palmi.*

[5] Armellini 715: *osservandosi il suo ambito e curvatura si vide, che obediva per l'appunto alla positura della nicchia dove è la finestrella di bronzo sotto l'altare non venendo per linea diretta verso la porta di mezzo la basilica ma scostandosi verso la cappella Gregoriana,* d. h. das Fenster der Confessio lag „genau" im Mittelpunkt des Halbkreises nur, wenn man eine etwas nach Norden abweichende Verbindungslinie durch die Confessio und den Mittelpunkt des Bogens zog — mit anderen Worten, es lag eben nicht „genau" im Mittelpunkt. Übrigens ist nicht ganz klar, ob die Apsismitte oder die Confessio nach Norden abwich.

dann stieß man in einer Tiefe von wenigen Palmi auf die am Platz des ersten Fundaments bereits festgestellte, von Osten nach Westen verlaufende antike Mauer (S. 145): an ihrem oberen Teile lief in einer Breite von etwa einem Palm (0,22 m) eine Stuckverzierung, und man konnte feststellen, daß sie zum größten Teil überdacht gewesen war. Ubaldi meint daraus schließen zu dürfen, sie sei „der Ueberrest eines kleinen Tempels oder heidnischen Theaters": wahrscheinlicher dürfte in dieser Umgebung die Vermutung sein, daß die ornamentierten und überdachten Partien elegantere Grabkammern gebildet haben. Wenig unterhalb des Fußbodens fand man einen großen Sarg, der anscheinend schon früher einmal geöffnet war, ferner 6—7 palmi (1,32—1,54 m) tief einen aus vier im Dreieck — also dachförmig — gestellten Platten gebildeten Sarg, der zahlreiche Gebeine und Reste golddurchwirkter Kleider — Meßgewänder vermutet Ubaldi — enthielt. Die eine Deckplatte trug eine Inschrift [1] mit dem Datum *[Antonio e]t Syagri[o c]onss.* = 382: da diese Inschrift auf der Innenseite stand, ist die Platte bei der Anlegung des fraglichen Grabes zum zweiten Mal benutzt worden: das Grab ist also erheblich jünger als das IV Jahrhundert. Es entspricht den jüngst auch in S. Sebastiano gefundenen [2] frühmittelalterlichen *formae*. Beim Fortgang der Ausgrabungen stieß man in 16 palmi = 3,52 m Tiefe auf „die Statue eines Heiden", der in senatorischer Tracht, mit unbeschuhten Füßen, auf einem *lectus* zu Tische lag: den Kopf hatte er in die eine Hand gestützt, in der andern hielt er ein Gefäß oder einen Napf [3]. Nur am Hinterkopf war das Stück

---

1 De Rossi Inscr. Urb. Rom. I p. 140 n. 314.
2 Röm. Quartalschr. 1915 S. 74. 96 ff.
3 Armellini 716: *sedici palmi sotto fu ritrovata una statua d' un gentile. Stava questa quasi collocata sopra un letto conforme al costume autico distesa alle mense, una mano appoggiava alla testa, l' altra teneva appresso un vaso o scodella che si fosse, era con la sua veste senatoria, et con il piede nudo conforme all'uso di que'tempi, quando dai bagni si andava alla mensa.*

beschädigt: man hielt es nicht für ein hervorragendes Kunstwerk und stellte es deshalb zu den übrigen Marmorstücken der *fabbrica*. Wenig tiefer fanden sich einige antike Ziegel, die einen Körper von großer Statur bedeckten: man ließ sie an Ort und Stelle, da man in einer Tiefe [1] von 17 palmi = 3,74 m auf festen Boden gestoßen war. Man fand übrigens hier auch noch andere Särge, deren Seiten mit Fabeln und profanen Geschichten bedeckt waren, und die man unberührt ließ.

Was wir hier vernehmen, können wir glücklicherweise aus anderen Quellen ergänzen. Die erwähnte Statue war, wie die Beschreibung zeigt, eine der üblichen Darstellungen des im Paradies zechenden und schmausenden Seligen, wie sie uns in zahlreichen Stücken erhalten sind und seit den Tagen der Etrusker sich in Italien großer Beliebtheit erfreuen [2]. Den Sockel schmückte nun aber eine Inschrift, von der Ubaldi nichts erzählt, die aber das Interesse des mit dem Plane eines großen lateinischen Inschriftenkorpus umgehenden Kardinals Francesco Borghese erweckte: die für ihn angefertigte Kopie wurde dem Material der geplanten Sammlung einverleibt: der 1627 als Bibliothekar an die Vaticana berufene Lucas Holstenius wurde der Hüter und Mehrer dieses Schatzes und gewährte dem nicht lange danach Italien bereisenden Rendsburger Gelehrten Marquardt Gude die Erlaubnis, sich Abschriften zu machen. Diese liegen jetzt in Wolfenbüttel und sind von den Bearbeitern des Berliner *Corpus inscriptionum latinarum* für die Ausgabe der Inschrift [3] verwertet. Aber auch R. Fabretti in seiner *Inscriptionum antiquarum explicatio* (Rom 1699) bringt den Text und beruft sich auf einen handschriftlichen Bericht des Kardinals Geori als Quelle. Wir erfahren aus den Begleitnotizen,

---

1 Die Zahl gibt de Waal S. 13, Armellini S. 717 setzt wie gewöhnlich Punkte.

2 Vgl. etwa S. Reinach Répertoire de reliefs Grecs et Romains III 57, 1. 238, 2. 265, 2. 266, 1. 421, 7. 474, 1: dort weitere Angaben.

3 *CIL* VI 3 n. 17985a nach Gude, Fabretti und einem verschollenen cod. Barberin. Text auch bei F. Buecheler Carmina epigraphica n. 856.

daß die Inschrift samt der Statue am 14. August 1626 aufgedeckt wurde zusammen mit anderen Statuenfragmenten und einigen Münzen des Kaisers Gallienus (253—260). Die Verse seien an dem finstern Platze sofort abgeschrieben, dann aber auf Befehl des Papstes mit Kalk überdeckt worden; die Statue selbst sei verborgen oder, wie manche Leute wissen wollten, in den Tiber geworfen. Man begreift diese Behandlung des unvermuteten Fundes, wenn man die holprigen Verse des zynischen Materialisten [1] liest:

*Tibur mihi patria, Agricola sum vocitatus,*
*Flavius idem ego sum discumbens, ut me videtis.*
*sic et aput superos annis quibus fata dedere*
*animulam colui nec defuit umqua Lyaeus.*
5 *praecessitque prior Primitiva gratissima coniuncxs*
*Flavia et ipsa, cultrix deae Phariaes casta*
*sedulaque et forma decore repleta,*
*cum qua ter denos dulcissimos egerim annos.*
*solaciumque sui generis Aurelium Primitivum*
10 *tradidit, qui pietate sua coleret fastigia nostra,*
*hospitiumque mihi secura servavit in aevum.*
*Amici qui legitis, moneo, miscete Lyaeum*
*et potate procul redimiti tempora flore*
*et venereos coïtus formosis ne denegate puellis:*
15 *cetera post obitum terra consumit et ignis*

Es ist bedauerlich, daß die Angaben über den Münzfund und sein Verhältnis zu dem Grabmal so unbestimmt sind, daß man keine Schlüsse daraus ziehen kann: wenn die Geldstücke einfach in der Erde neben den Marmorresten gefunden wurden, so beweisen sie natürlich nichts. Aber die Inschrift selbst liefert einen Anhalt zur Datierung. Der Sohn der Flavia Primitiva, und Stiefsohn [2] des Flavius Agricola, heißt Aurelius Primi-

---

1 Parallelen gibt O. Jahn in den Berichten d. Leipziger Ges. d. Wiss. phil.-hist. Cl. 1851, 178.
2 denn es heißt ausdrücklich *solacium sui*, nicht *mei generis*: das hat Buecheler gesehn.

tivius; vermutlich hieß also sein Vater Aurelius, doch tut das wenig zur Sache. Jedenfalls weist der Name Aurelius im letzten Grunde auf eine Bürgerrechtsverleihung durch einen der Kaiser mit Namen Aurelius hin: das sind Marc Aurel, Verus, Commodus und besonders Caracalla (161—217): vom III bis v Jahrhundert ist die Häufigkeit dieses Gentilnamens in ständigem Steigen begriffen [1]. Unsere Inschrift samt dem Grabmal stammt also frühestens aus dem Ende des II, wahrscheinlich jedoch erst aus dem III Jahrhundert.

Die Ausgrabung für das vierte Fundament legte den nördlichen Teil der alten Apsis bloß, sowie innerhalb dieses Halbkreises eine Anzahl Särge, die wie Radspeichen nach dem Altar als Achse gerichtet waren. Es fanden sich unter der Sargschicht einige Höhlungen voll von Gebeinen und Schädeln mit Gipsguß; in einem Winkel kam auch eine Kupfermünze zum Vorschein, über die aber nichts Näheres mitgeteilt wird. Der feste Boden wurde hier in einer Tiefe von 12 palmi = 2,64 m erreicht.

Was ergibt sich aus dem allem? Zunächst, daß direkt unter dem Fußboden der Peterskirche im frühen Mittelalter nicht wenige fromme Christen beigesetzt worden sind, die ihre letzte Ruhe „in der Nähe des Apostels" zu finden wünschten und Einfluß genug besaßen, diesem Wunsch Verwirklichung zu schaffen. Sodann aber, daß unmittelbar unter dieser christlichen Schicht sich ein heidnischer Begräbnisplatz befindet. Die Gräber ziehen sich am Nordrande der via Cornelia hin. Zwischen dieser Straße und der Confessio, unmittelbar am Petrusgrab vorüber lief eine Mauer, welche zu einem etwas reicher ausgestatteten heidnischen Grabdenkmal gehörte. Wenige Meter vom Petrusgrab entfernt hat etwa im III Jahrhundert jener Agricola aus Tivoli sein unerfreuliches Denkmal aufgerichtet, und nach Ausweis der bei den Leichenresten selbst

---

[1] Vgl. Pauly-Wissowa Realencyclopädie d. classischen Altertumswissenschaft II 2431 ff.

aufgefundenen Münzen sind um 150, 190, 260, ja 290 [1] noch in nächster Nähe der heiligen Stätte Heiden begraben worden. Das Grab des Petrus befand sich also, und das ist von entscheidender Bedeutung, auf einem noch 150—300 in ständigem Gebrauch befindlichen heidnischen Friedhof. Von altchristlichen Grabanlagen ist weder in der näheren noch in der weiteren Umgebung der Confessio irgendeine Spur zutage getreten. Die Behauptung des Liber pontificalis, dreizehn Päpste von Linus bis Victor hätten *iuxta corpus beati Petri in Vaticanum* ihre letzte Ruhestätte gefunden, und zwar in einer von Anencletus gebauten *memoria,* ist eine Legende des VI Jahrhunderts. Es ist bezeichnend für die Unkenntnis des Verfassers, daß er für Alexander, den siebenten in der Reihe, eine Ausnahme konstatiert und angibt, dessen Grab sei *via Numentana, ubi decollatus est, ab urbe Roma non longe miliario VII.* Es ist ganz richtig, daß an der bezeichneten Stelle ein Märtyrer Alexander begraben liegt nebst seinen auch im Liber pontificalis erwähnten Gefährten Eventius und Theodulus: wir haben ihre Grabschrift gefunden. Nur ist andrerseits sicher, daß dieser Märtyrer niemals Bischof von Rom gewesen ist [2].

Es ist ferner nicht unwichtig, daß die Fortdauer der heidnischen Begräbnisse neben dem Petrusgrab durch das ganze III Jahrhundert hin uns den Beweis liefert, daß es keine vorkonstantinische Peterskirche gegeben hat. Als Kaiser Konstantin den Befehl zum Bau einer Basilika über dem Grabe des Apostels gab, stand dort noch keine Kirche oder Kapelle: die Reliquien ruhten noch ad Catacumbas.

War aber der Platz des Petrusgrabes wenigstens gegeben? Wurde ein bestimmtes Grab als die ursprüngliche Ruhestätte des Petrus damals schon gezeigt, oder war es so, daß die Tradition nur allgemein die Gegend des Begräbnisses angab und ein eigentliches „Grab des Petrus" erst von dem Bau-

---

[1] Dabei ist zu beachten, daß die Münzen natürlich nur den Terminus post quem angeben.
[2] Duchesne Lib. pont. I p. XCII.

meister der Konstantinischen Basilika frei geschaffen wurde? Beides ist an sich möglich: eine Antwort gibt die Bauanlage der Kirche.

Bei den Bauarbeiten, die unter Paul V 1616 an der Peterskirche vorgenommen wurden, ist Jacob Grimaldi als Augenzeuge zugegen gewesen und hat uns einen Bericht geliefert, der für die Geschichte der alten Basilika von größter Bedeutung ist [1]. Wir erfahren hier, daß die Südmauer der Basilika ebenso wie die Säulenreihen der beiden Südschiffe auf den drei parallelen Mauern stehen, welche die Nordseite des Neronischen Circus bildeten. Der Baumeister hat sich diese heidnischen Fundamente zunutze gemacht und sich im Entwurf seines Planes sogar entscheidend dadurch bestimmen lassen. Denn durch diese drei Mauern war ihm nunmehr die Breite der Seitenschiffe vorgeschrieben und alle andern Verhältnisse der Basilica mußten darauf abgestimmt werden. P. Odilo Wolff [2] hat eine ansprechende Theorie entwickelt, nach der die alte Peterskirche auf Grund eines uralten und oft wiederholten Proportionskanons erbaut sei: aber die Nachprüfung seiner hexagrammatischen Konstruktionen an dem allein maßgebenden Plan Alfaranos zeigt, daß seine Vermutungen unzutreffend sind [3]. Einfache, in kleinen Zahlen auszudrückende Verhältnisse scheinen überhaupt nicht vorzuliegen. Möglich ist, weil dabei nur geringe Zeichenfehler bei Alfarano anzunehmen wären, etwa die

---

1 Text und Pläne hierzu im Anhang III.
2 Röm. Quartalschrift 1913, 5 ff.
3 Es muß z. B. nach seiner S. 11 in Zeichnung vorgeführten Theorie $AB = BT$ sein: bei Alfarano — ich benutzte die Reproduktion De Rossis in Inscr. Christ. Urb. Rom. II 229 und in Duchesnes Lib. pont. I 192 — ist AB 111 mm (stets bis Mauermitte gemessen) und BT 106 mm. $1/2$ OB = AI muß die Breite des Querschiffes sein: $1/2$ OB = $1/4$ AB = 27,8 mm, aber die Breite des Querschiffes ist 24,5 mm von Mauermitte zu Mauermitte, 21,5 mm im Lichten. Die Breite des Mittelschiffes GH müßte 32 mm sein, während sie nur 28,5 (resp. 30,7 mm) beträgt. Das sind zu starke Differenzen.

Annahme, daß die Doppelschiffe an beiden Seiten, das Querschiff und die Apsisöffnung gleiche Ausmessungen in die Breite gehabt haben [1]. Doch mag dem sein, wie ihm wolle, so viel steht fest, daß für den Bau der Basilika das südliche Seitenschiff der gegebene Anfang war. Von da aus wurde nach Norden fortgeschritten, die riesigen Erdmassen aus dem Abhang des Hügels, der in nördlicher Richtung anstieg, abgetragen und das Fundament für das gegenüberliegende Seitenschiff gelegt. Im Westen mußte Querschiff und Apsis angesetzt werden: wenn nun der Baumeister freie Hand hatte, die Stelle des Petrusgrabes auszusuchen, so hinderte ihn nichts, sie zirkelrecht genau in die Mitte der Apsis zu legen, wohin sie gehörte. Anders lag die Sache, wenn die Stelle von vornherein gegeben war. Dann brauchte nur eine Kleinigkeit in den Abmessungen versehen zu sein — etwa wenn man die Apsis erst nach dem Nordschiff in Angriff nahm — und die Grabstelle erhielt eine exzentrische Lage. Denn die Apsis mußte selbstverständlich in präziser Mittellage auf das Mittelschiff blicken und von beiden Seitenmauern gleich weit entfernt bleiben. War nun etwa die Nordmauer von Anfang an auch nur ein wenig zu südlich gelegt worden, d. h. ihre Entfernung von der Südmauer zu gering, so mußte bei durchgeführter Symmetrie der Westseite das unverrückbar festliegende Grab etwas nördlich vom Mittelpunkt der Apsis zu liegen kommen. Und das ist nun auch, wie die Ausgrabungen von 1626 gezeigt haben — siehe oben S. 147 — tatsächlich der Fall. Daraus dürfen wir den Schluß ziehen, daß das „Petrusgrab" da war, ehe der Bau der Peterskirche begann. Die für diese Folgerungskette notwendige Voraussetzung, daß es nämlich beim Bau mit einer gewissen Hast und ohne besondere Sorg-

---

[1] Breite der — je zwei — Seitenschiffe 21 mm, des Querschiffs 21,5 mm, der Apsis 22,2 mm im Lichten. Die wahre Breite der Apsis betrug 17,84 m, die Tiefe 9,812 m. S. De Rossi Inscr. Christ. Urb. II 235.

falt zuging, ist durchaus gegeben: man lese nur, was Grimaldi [1] über die Konstruktion aussagt.

Da aber vor Konstantins Bau dieses Petrusgrab leer war — der Leib des Apostels ruhte ja damals in S. Sebastiano — so ergibt sich die einleuchtende Folgerung, daß dieses Grab die Reliquie eben vor jenem Translationsjahr 258 geborgen haben muß. Es ist dann wahrlich keine übertriebene Kühnheit, das Vorhandensein dieser selben Stelle in den oft zitierten Worten des Gaius bei Euseb hist. eccl. II 25, 7 bezeugt zu finden:

ἐγὼ δὲ τὰ τρόπαια τῶν ἀποστόλων ἔχω δεῖξαι· ἐὰν γὰρ θελήσῃς ἀπελθεῖν ἐπὶ τὸν Βατικανὸν ἢ ἐπὶ τὴν ὁδὸν τὴν Ὠστίαν, εὑρήσεις τὰ τρόπαια τῶν ταύτην ἱδρυσαμένων τὴν ἐκκλησίαν.

Freilich hat man oft und mit großem Nachdruck behauptet, τρόπαιον könne hier nicht das Grab, sondern nur die Richtstätte des Apostels bezeichnen, und man zitiert gern als Beleg den Vers des Prudentius Peristeph. XII 7 ff.:

*Scit Tiberina palus, quae flumine lambitur propinquo,*
*binis dicatum caespitem tropaeis*
*et crucis et gladii testis.*

Man könnte auch darauf hinweisen, daß seit den Tagen Justins im Morgen- und Abendland [2] das Richtholz des Herrn, das

---

[1] *Basilicam ipsam brevi tempore a Constantino acceleratam fuisse fides oculata testabatur;* es folgen die Belege. Vgl. den ganzen Text im Anhang III. Die neueren Untersuchungen des Petrusgrabes, so dankenswert und notwendig sie an sich sind, haben für die in diesem Buche behandelte Hauptfrage bisher keine Bedeutung gehabt — soweit ich wenigstens sehen kann. Vgl. A. de Waal Röm. Quartalschr. 1912, 151 ff. 192 ff. Grisar ebd. 1892, 119 ff.

[2] Justin apol. I 55, 3 Origenes com. in Ioh. XX 36, 330 p. 376, 17 Preuschen, besonders oft Euseb vgl. die Indices der Berliner Ausgabe. Tertullian adv. Marcionem IV 20 p. 485, 10 Kroymann *per tropaeum crucis triumphavit,* den die Acta Montani Lucii etc. zitieren (ed. Franchi de' Cavalieri Röm. Quartalschr. Suppl. VIII p. 73, 7) und auf den im letzten Grunde der bekannte Vers des Venantius Fortunatus III 2 zurückgeht *Et super crucis tropaeo dic triumphum nobilem, Qualiter redemptor orbis immolatus vicerit.* Vgl. auch Cyprian ad Demetr. 26 p. 370, 16 Hartel.

Kreuz, mit Vorliebe als τρόπαιον bezeichnet wird und auf anderes mehr. Aber alles das beweist gar nichts, so wenig wie die etymologische Gelehrsamkeit, daß τρόπαιον von τροπή herkommt. Denn τρόπαιον heißt allerdings Siegesdenkmal, Siegeszeichen, kann auch gelegentlich ein Denkmal schlechthin bezeichnen [1], aber welcher Gestalt das Denkmal ist, sagt das Wort überhaupt nicht aus. An sich könnte die etwa durch einen Stein oder eine Tafel gekennzeichnete Richtstätte ebenso gut τρόπαιον heißen wie das Grab des Märtyrers: beide Stellen reden uns davon, daß er „die Welt überwunden" hat. Worauf sich des Gaius Wort bezieht, kann also nur der Zusammenhang entscheiden.

Erbes hat mit Recht darauf hingewiesen [2], daß die zitierte Gaiusstelle aus einer Streitschrift gegen den Montanisten Proklos stammt und augenscheinlich die direkte Erwiderung ist auf eine gleichfalls noch erhaltene Äußerung dieses Gegners: „Danach traten als Prophetinnen auf die vier Töchter des Philippus zu Hierapolis in Asia: deren Grab ist daselbst und das ihres Vaters." Diesem wilden Prophetentum stellt der Kirchenmann die apostolische Tradition Roms entgegen, verweist auf Petrus und Paulus als deren Träger, und — die Parallele ist zwingend — auf die τρόπαια, also die Gräber der Apostel als die Zeugnisse für ihre einstige Wirksamkeit in Rom. Welchen Wert man auf den Besitz solcher Gräber als Urkunden der Tradition legte, zeigt deutlich das gleichfalls von Erbes herangezogene [3] Schreiben des Polykrates von Ephesus, der Rom gegenüber die kleinasiatische Osterpraxis verficht und als ihre

---

1 Euseb in der Kirchengeschichte VII 18, 2 nennt das von der geheilten Blutflüssigen angeblich errichtete Bronzedenkmal τῆς ὑπὸ τοῦ σωτῆρος εἰς αὐτὴν εὐεργεσίας θαυμαστὰ τρόπαια.
2 Texte u. Unters. N. F. IV 1 S. 67f. Eus. III 31, 4 Erbes hat aber nicht die nötigen Folgerungen aus den Texten gezogen.
3 Eus. V 24, 2 ff. Erbes hat den Text aber nicht richtig verstanden; er fragt: „Warum also verweist Polycrates nicht auch auf das wohlbekannte Grab des Polycarp?" Das tut er ja doch!

Bürgen nennt die μεγάλα στοιχεία, „die in Asia schlafen": Philippus und zwei seiner Töchter in Hierapolis, die dritte in Ephesus; ebenda Johannes, Polykarp in Smyrna, ebenda auch Thraseas, Sagaris in Laodicea, ebenso Papirios und Meliton in Sardes. Diese Parallelen empfehlen die Deutung der τρόπαια auf Gräber in der angezogenen Gaiusstelle, und wenn, wie wir gesehen haben, der archäologische Befund die Gebeine des Petrus vor 258 an die Stelle der heutigen Confessio verweist, so dürfte der Beweis für die Richtigkeit dieser Deutung erbracht sein. Was man zur Zeit des Gaius, also um 200, auf dem Vatikan zeigte, war das Petrusgrab.

## XIV

Die heutige Paulskirche an der Straße nach Ostia, etwa 2 Kilometer vor Porta S. Paolo gelegen, ist im wesentlichen eine moderne, aber ziemlich getreue Erneuerung der 1823 durch einen Riesenbrand zerstörten alten Prachtbasilika: nur Teile des Chors und des Triumphbogens sind damals der Vernichtung entgangen. Die entscheidenden Daten der Baugeschichte gibt die Mosaikinschrift [1] des Triumphbogens:

*Theodosius coepit, perfecit Honorius aulam*
*doctoris mundi sacratam corpore Pauli.*

Wir können den Beginn des Baues noch genauer bestimmen durch ein kaiserliches Dekret, welches die Collectio Avellana [2] erhalten hat. Es ist von den drei Kaisern Valentinian, Theodosius und Arcadius an den Stadtpräfekten Sallustius gerichtet, der im Sommer 386 dies Amt bekleidete [3]. Darin wird dieser

---

[1] Buecheler Carmina epigr. n. 314. De Rossi Inscr. Christ. Urbis II 1 p. 81 zu 17a meint, die heute am Ort vorhandene Inschrift sei nicht die alte, sondern eine Rekonstruktion des XVII Jahrhunderts. Das mag angemerkt sein, obwohl es für die Beweiskraft des Textes bedeutungslos ist.
[2] Epistulae imperatorum, pontificum ed. Otto Guenther p. 46 f.
[3] Cod. Theod. XIV 1, 2. 3, 18. Rauschen Jahrbücher S. 232. Symmachus ed. Seeck (Mon. Germ. Auct. Ant. VI 1) p. CLVI.

aufgefordert, im Einvernehmen mit dem Papst einen Neubau der Paulskirche in die Wege zu leiten, da die Kaiser den Wunsch hegten, in der Erwägung, daß es sich um eine Stätte von alters her geheiligter Verehrung handle, die Basilika des Apostels prächtiger, weiter und höher zu gestalten [1]. Zu diesem Behufe sei die hinter der Apsis der Basilika am Tiberufer vorbeiführende Straße so weit zu verlegen, daß der für den Neubau erforderliche Raum gewonnen werde. Daraus ergibt sich zunächst, daß es im Jahre 386 bereits eine Paulskirche gab, daß diese aber dem Prunkbedürfnis der Kaiser nicht genügte und deshalb durch die nun bekannte Basilika ersetzt wurde. Wir werden bald sehen, wie die Ausgrabungen diesen Schluß bestätigen. Der Neubau geht der Urkunde zufolge „amtlich" auf eine Anregung aller drei Augusti des Jahres 386 zurück: deshalb trug er später den offiziellen Namen einer Basilika *trium dominorum nostrorum*. Das wissen wir durch die Inschrift auf dem Halsband [2] eines Schäferhundes, der gehörte *ad basilica apostoli Pauli et ddd. nnn. Filicissimi pecor(arii)*.

Es wird in dem Schreiben aber auch davon gesprochen, daß der Stadtpräfekt mit dem Papst Fühlung nehmen möge [3]. Ein Zeugnis von dem erfreulichen Ausgang dieser Konferenz

---

[1] *Desiderantibus nobis contemplatione venerationis antiquitus iam sacratae, basilicam Pauli apostoli pro sanctimonio religionis ornare, pro quantitate conventus amplificare, pro studio devotionis attollere...* Es muß darauf hingewiesen werden, daß nicht von einer *antiquitus iam sacrata basilica* die Rede ist, wie manchmal behauptet wird: die *veneratio* ist *sacrata*. Dann heißt es in § 2: *Ac si placuerit tam populo quam senatui, iter vetus, quod basilicae praeterit dorsum quodque ripae Tiberini amnis adiacet, innovari, ita ut praesens via spatiis futuri operis applicetur, eatenus per architectos futurae basilicae diriget formam, quatenus se planities extructioni amica praetulerit.* Zur Lage siehe Plan 5 in Anhang IV.

[2] De Rossi im Bull. d'arch. christ. 1874, 63. 1878, 67 und Taf. 1.

[3] § 2 *Quare participato examine cum venerabili sacerdote intimatisque omnibus et magnificentissimo ordini* (dem Klerus) *et Christiano populo, quae iubemus, sublimitas tua rem diligentiore tractatu et plena rerum inspectione discutiat. Ac si placuerit* usw. vgl. Anm. 1.

ist noch heute in der Kirche zu sehen: eine Säule, die einst die erste vom Altar aus im linken Seitenschiff war und jetzt in der nördlichen Vorhalle steht, trägt am oberen Ende des Schaftes die Inschrift[1] *Siricius episcopus tota mente devotus.* Die zugehörige, heute im Kreuzgang des Klosters befindliche Basis trägt eine lange, zum größten Teil unleserliche Inschrift: der Anfang ist entziffert und lautet: *Columna Paula[na?] natale X [.... cons.] Valentiniani Aug. IIII et Neoteri v(iri) c(larissimi) administrante Fl. Filippo vir[o clarissimo...].* Die Konsuln ergeben das Jahr 390 und der als Administrator bezeichnete Flavius Filippus[2] dürfte der den Bau leitende kaiserliche Kommissar sein. Aber was bedeutet *natale X...?* De Rossi will es zu *natale X[IIII Kal. Dec.]* ergänzen und hier das *natale dedicationis,* den 18 November als Kirchweihtag der Paulskirche erwähnt finden: aber der Zeitraum von der ersten kaiserlichen Verordnung 386 bis 390 ist zu klein, um in ihm die Kirche bis zur Weihe fertiggestellt werden zu lassen. Überdies sagt die Inschrift des Triumphbogens ausdrücklich *perfecit Honorius aulam*: Honorius hat 395—423 regiert, unter ihm hat also die dedicatio stattgefunden[3]. Viel näher liegt es, die

---

1 Abbildung bei Grisar Gesch. Roms I S. 284 vgl. 832. Über diese Säule und ihre Basis Näheres bei De Rossi Musaici, dessen Worte ich im Anhang IV abdrucke.

2 Vielleicht ein Sohn des Fl. Philippus, der 348 Consul ordinarius war. Vgl. Cod. Theod. ed. Gothofredus-Ritter VI 2 p. 74 f. O. Seeck Briefe des Libanios (TUNF XV 1) 237.

3 (Duchesne Lib. pont. I p. 195 n. 71) folgert aus dem Namen *basilica ddd. nnn.* (s. o. S. 158), daß schon vor dem Tode Valentinians II 392 *la nouvelle basilique avait déjà son administration.* Das mag vielleicht gelten, wenn man unter *administration* die Verwaltung der zur Kirche gehörenden Ländereien versteht: die Basilika selbst braucht deswegen noch lange nicht fertig zu sein. Und ob sie nicht auch noch nach 392 eine Weile lang ihren ersten Namen behielt? Die *basilica nova,* welche der *comes et mechanicae professor* Cyriades nach einem Schreiben des Symmachus (ep. V 76 ed. Seeck Mon. Germ. Auct. Ant. VI 1) 387 baut, kann nicht die Paulskirche sein (so Grisar Gesch. Roms I 360), da sie bereits 384—385 in des Symmachus Relationes 25 (p. 299, 23 Seeck) erwähnt wird.

von De Rossi nur gestreifte andere Möglichkeit ins Auge zu fassen, daß nämlich die Inschrift den Tag der Errichtung der ersten Säule angibt. Aber wie ist dann die Lücke hinter *natale X* zu ergänzen? De Rossis Vorschlag findet anscheinend seine Analogie in einer mauretanischen Inschrift [1] *[in n]omine Christi domini dei [et sal]batoris nostrum iussu De.... domus orationis fac[ta est et dedicata] celebrante viro reverentissimo domno A.... natale idibus Oct[obribus] felicit[er].* Aber bei unserm Text kann, wie gesagt, von dem *natale* der Kirche aus sachlichen Gründen keine Rede sein. Es kommt dazu, daß der hinter *X* verfügbare Raum zu klein ist, um für irgendein Monatsdatum auszureichen. KAL. NON. ID. nebst dem doch mindestens aus drei Buchstaben bestehenden Monatsnamen nehmen mehr Platz ein, als durch die vier Punkte der Abschrift De Rossis angedeutet sein kann. Er selbst hat den Raum hinter PAVLA...., der auch durch 4 Punkte bezeichnet ist, durch die Buchstaben NA für genügend ausgefüllt erachtet. Es kann also hier gar kein Monatsdatum gestanden haben. Eine andere Möglichkeit eröffnet die Vergleichung einer zweiten afrikanischen Inschrift [2], die noch dazu gleichfalls ein Säulenkapitell schmückt. Sie lautet *natale domni Ciru[lae pr]idie Kal. [Oc]tobres.* Da hat die Errichtung der Säule — oder die Weihe der Kirche — am *natalis* des vandalischen Patriarchen Cyrila unter Hunerich [3] stattgefunden: es wurde also zur Vornahme der feierlichen Handlung ein kirchlicher Festtag benutzt, der freilich nicht so bekannt war, daß man das Monatsdatum ganz hätte weglassen können: es wurde dahinter gesetzt. Folgen wir dem uns durch diese Inschrift gewiesenen Weg, so ergibt sich als die allen sachlichen wie räumlichen An-

---

1 Corp. Inscr. Lat. VIII 2 p. 970 zu n. 8429.
2 C. I. L. VIII 2 p. 969 n. 10904. Vgl. De Rossi Bullett. crist. 1880 p. 167f., wo die Säuleninschriften gesammelt sind, welche Könige und Bischöfe als Kirchengründer bezeichnen.
3 Er ist aus Victor Vitensis bekannt und leitete das karthagische Religionsgespräch von 484. Vgl. Hefele Konziliengeschichte II[2] 613.

forderungen entsprechende Ergänzung NATALE X[PI] = *natale Christi* mit der üblichen Abkürzung, und die Inschrift besagte: „Paulussäule, Weihnachten 390 unter der Oberleitung des Flavius Filippus, Exzellenz, . . ." vermutlich ging es weiter „durch Bischof Siricius errichtet" usw. Der Unterbau der Basilika war demnach Weihnachten 390 so weit vorgeschritten, daß die erste Säule des Seitenschiffes feierlich durch den Papst an ihre Stelle gesetzt werden konnte. Es verdient Beachtung, daß der Liber pontificalis von alledem nichts meldet.

Übrigens scheinen auch für diese Kirche besondere Ziegel in der kaiserlichen Werkstätte hergestellt zu sein, denn Nicolai berichtet in seiner Beschreibung der Paulskirche [1], er habe einmal im Gebälk einen Ziegel gefunden mit der Marke *d(ominus) n(oster) Fl(avius) Valentinianus Aug(ustus)*.

Aus den Worten der vorhin behandelten kaiserlichen Urkunde ergab sich, daß im Jahre 386 bereits eine kleinere Paulskirche vorhanden war. Ihre Spuren sind 1834 bei der Fundamentierung der gegenwärtigen Apsis und 1850 beim Bau des Baldachins gefunden worden: der Architekt Belloni [2] hat darüber Bericht erstattet und eine Planskizze veröffentlicht. Im Gegensatz zur späteren, nach Westen gewendeten Kirche war sie in der üblichen Weise mit der Front nach Osten gerichtet, wie ja auch die Peterskirche. Ihr Umfang war sehr bescheiden, da ihre Länge der Breite des späteren Querschiffs entsprach: vor dem Portal erstreckte sich ein quadratisches Atrium. Äußere Anhaltspunkte für die Zeit ihrer Errichtung sind — soweit meine Quellen reichen — nicht zutage getreten, weder Münzen noch Ziegelstempel noch bautechnische Beobachtungen er-

---

[1] Corp. Inscr. Lat. XV 1 n. 1659 nach Nicolai Basilica di S. Paolo 1815 p. 264. De Rossi Inscr. Christ. II 1 p. 347.

[2] Paolo Belloni Sulla grandezza e dispositione della primitiva basilica ostiense, Roma 1853. Das Werk ist mir leider jetzt nicht zugänglich. Ich benutze das Referat bei Lanciani Pagan and Christian Rome p. 150 f. Der dort abgebildete Plan ist schematisch; Vertrauen erweckt dagegen der Plan bei O. Marucchi Éléments III 136, den ich als Nr. 6 im Anhang IV wiedergebe.

lauben uns einen sicheren Schluß [1]. Doch ist hier noch die Hoffnung auf erneute Ausgrabungen vorhanden, die dem sorgfältiger geschulten Auge des modernen Archäologen vielleicht Antwort auf Fragen geben, die frühere Generationen kaum zu stellen wagten. Der Liber pontificalis [2] schreibt den Bau dem Kaiser Konstantin zu, und es ist in jeder Hinsicht wahrscheinlich, daß er damit das Richtige trifft. Daß die Reliquien des Paulus nicht ad Catacumbas liegen blieben, wenn die des Petrus wieder an ihre alte Grabstätte zurückkehrten, daß man nicht Paulus vergaß, wenn man dem Petrus eine Kirche baute, versteht sich fast von selbst. Auffällig ist nur der Umstand, daß die basilica Pauli so überaus bescheiden gestaltet wurde, während Petrus eine mächtige Prachthalle bekam: das ist der stichhaltigste Grund, der manche Gelehrte zur Annahme einer vorkonstantinischen Erbauung der kleinen Paulskirche geführt hat. Aber die Ortsuntersuchungen Stevensons [3] haben mit dem neuen Licht, das sie über die Topographie der via Ostiensis und die bereits erwähnten (o. S. 158) Angaben der kaiserlichen Urkunde von 386 verbreiteten, zugleich auch die eben hervor-

[1] Aus den Buchstabenformen der Bronzeplatte auf dem Grabe des Paulus läßt sich die uns hier beschäftigende Frage nicht entscheiden: Grisar Röm. Quartalschr. 1892, 123 ff. führt sie als Zeugen des Konstantinischen Ursprungs ins Feld. Er gibt Taf. VIII eine Abbildung. Erbes (Texte u. Unters. N. F. IV 1, 85) hat demgegenüber auf eine im Lateran aufbewahrte Inschrift aus der Zeit des Siricius als Schriftparallele verwiesen und daraus geschlossen, die Grabplatte sei mit dem Theodosianischen Neubau gleichzeitig. Aber ebenda findet sich auch eine Inschrift vom Jahre 331 (E. Diehl Inscriptiones Latinae Taf. 32 oben Mitte), welche dieselben eigenartigen Formen des VPRO aufweist. Es folgt aus der Schriftform also höchstens Entstehung der Inschrift um das IV Jahrhundert herum — was ohnehin niemand bezweifelt.
[2] Vita Silvestri 34, 21 p. 60, 11 Mo. *Eodem tempore fecit Augustus Constantinus (et domnus Constantius Augustus* add. D[1,2]) *basilicam beato Paulo apostulo ex suggestione Silvestri episcopi, cuius corpus ita recondit in aere et conclusit sicut beati Petri.*
[3] E. Stevenson Topografia della via Ostiense, Nuovo Bull. crist. 1897, 283 ff. und L'area di Lucina, ebd. 1898, 60 ff. 70 ff., hier auch auf Taf. V ein Plan, wonach unsere Abbildung 5 in Anhang IV.

gehobene Wunderlichkeit endgültig erklärt[1]. Das Grab des Petrus lag nämlich zwischen der heutigen via Ostiensis und einer andern, etwas südlicher in sie einmündenden Straße, welche vom Tiberufer herkam und wahrscheinlich die Fortsetzung eines von der alten porta Trigemina[2] ausgehenden, am Tiber entlang laufenden Weges[3] war. Es war also, wenn man nicht die Straßen völlig zerstören wollte, gar keine Möglichkeit zur Anlage einer großen Basilika geboten. Erst die Kaiser des Jahres 386 verfügten die Aufhebung oder vielmehr Verlegung der unbequemen Nebenstraße: aber nun war die Folge, daß man den neuen Prachtbau mit der Front nach Westen legen mußte, da nur in dieser Richtung eine Ausdehnung möglich war. Die nach Ostia führende, für den römischen Verkehr unentbehrliche Hauptstraße konnte man nicht auch noch überbauen, zumal unmittelbar hinter ihr das Gelände hügelig anstieg.

Über die nähere Umgebung des Paulusgrabes haben wir, obwohl die Grabungen mitten im XIX Jahrhundert ausgeführt sind, nur sehr dürftige Notizen. Hinter der Apsis der kleinen Basilika fand man das polygonale Pflaster der bewußten Nebenstraße. Bei der Errichtung des Tabernakels stieß man in nächster Nähe des Paulusgrabes auf ein völlig intaktes heidnisches Columbarium[4], leider ohne es genauer zu untersuchen. Es ist nicht unwichtig, daß Stevenson[5] entlang der via Ostiensis gegenüber der Paulskirche eine ganze Reihe heidnischer Co-

---

[1] Ausgesprochen hat das schon Lanciani Pagan and Christian Rome 150 ff.

[2] Kiepert-Huelsen Formae[2] I Nl.

[3] Den Beginn der Straße gibt die Zeichnung bei Kiepert-Huelsen III RSh: sie führt durch das heutige mattatoio.

[4] Stevenson N. Bull. 1897, 304 f. 319: *Erigendosi un nuovo tabernacolo sulla confessione dell' apostolo, e perciò in luogo vicinissimo alla sua tomba, fu scoperto, quasi ai dì nostri, un colombario pagano intatto. Quanto è a deplorare, se esso avea ancora i suoi titoletti sepolcrali, che questi non siano stati notati e trascritti diligentemente!* Vgl. auch De Rossi Inscr. II 1 p. 349 n. 8. Grisar Gesch. Roms I 221. Lanciani Pagan and Christ. Rome 151.

[5] N. Bull. 1898, 62.

lumbarien und Grabmonumente festgestellt hat: sie gehören zum Teil noch der guten Kaiserzeit an; Ziegelstempel des zweiten und dritten Jahrhunderts haben sich gefunden. Aber auch die südlich der Paulskirche in die via Ostiensis einmündende Nebenstraße war von heidnischen Gräbern gesäumt: sie sind 1897 aufgedeckt worden [1], und Stevenson hat ihre Zugehörigkeit zu diesem abzweigenden Wege festgestellt. Altchristliche Grabstätten sind in der ganzen Umgebung des Paulusgrabes nicht gefunden worden: Katakombenanlagen sind ohnehin ausgeschlossen, da die ganze Gegend im Überschwemmungsgebiet des Tiber liegt. Wir haben also ganz ähnliche Verhältnisse vor uns, wie sie sich beim Petrusgrab ergeben haben.

Die bedeutsame Frage, ob auch in der Paulskirche die Grabstelle älter sei als die Basilika, läßt sich hier fast mit noch größerer Sicherheit mit Ja beantworten. Was in aller Welt hätte den Baumeister sonst bewegen können, die Kirche in diese von den Wohnplätzen der Gemeinde weit abgelegene, den Tiberüberschwemmungen ausgesetzte Gegend zu bauen? Wenn ihm die Tradition nur ein *iuxta viam Ostiensem* an die Hand gab, so ließen sich nähere und bezüglich des Baugrundes günstigere Plätze an der Straße nach Ostia in Menge finden. Aber die Not des zwischen zwei Straßen eingeklemmten Ortes hat sogar die im übrigen durch die Jahrhunderte hindurch festgehaltene Parallelisierung der beiden Apostel durchbrochen. Während dem Petrus ein mächtiger Prachtbau erwuchs, mußte sich Paulus fürerst 50 Jahre lang mit einem kleinen Kirchlein begnügen: das wäre nicht eingetreten, wenn der Bauleiter den Ort frei hätte wählen können. Wir dürfen getrost den Analogieschluß zum Petrusgrabe ziehen, daß um 200 schon an der Stätte der heutigen Confessio das Grab des Paulus gezeigt wurde, aus dem man 258 die Reliquien entnahm, um sie unter Konstantin [2] wieder zurückzuführen.

---

1 Stevenson N. Bull. 1898, 68.
2 De Waal hat in der Röm. Quartalschr. XV (1901) 244 den Versuch gemacht, die Tagesdaten dieser Überführung zu bestimmen. Sicher erscheint mir, daß die *translatio Pauli apostoli* am 25 Jan.

## XV

Die bisherige Untersuchung hat gezeigt, daß sich die Tradition des heutigen Petrus- wie des Paulusgrabes bis auf etwa das Jahr 200 feststellen läßt. Man hat diesen beiden Grabstellen im Jahre 258 die Gebeine der Apostel entnommen, um sie ad Catacumbas zu sichern. Unter Konstantin sind die Reliquien jedoch wieder an ihren Ort zurückgekehrt und seit der Zeit unberührt daselbst geblieben.

Es erhebt sich nun die entscheidende Frage, ob sich auch für die Zeit vor 200 bis zum Tode der Apostel Gründe beibringen lassen, welche die Glaubwürdigkeit der Tradition zu erhärten geeignet sind. Denn eins ist für die kritische Betrachtung über jeden Zweifel erhaben: die bloße Tatsache, daß man um 200 in Rom zwei Gräber als die des Petrus und des Paulus zeigte, ist für sich allein kein entscheidender Beweis. Im Gegenteil: der Zusammenhang, in dem unser Zeuge für 200 von den Gräbern spricht, ist geeignet, zunächst unser Mißtrauen wachzurufen. Es ist damals die Zeit des erstarkenden römischen Selbstbewußtseins. Wir sehen im Osterstreite zum ersten Mal einen römischen Bischof seine heimische Praxis als für alle Kirchen maßgebend hinstellen. Im Kampf mit

---

stattgefunden hat, weil das Mart. Hier. diese Notiz bietet (p. 13 De R.). Die *inventio corporis sancti Pauli apostoli* — natürlich die der Gebeine im Grab von S. Sebastiano — bucht zum 12 Dezember nur das von Durand aus einem verschollenen Codex gemachte Excerpt $R^3$ (vgl. De R. p. 152 und p. XXXV): aber es kann richtig sein. Dagegen hat die Notiz des Mart. Hier. zum 8 Febr. *Romae depositio sancti Pauli episcopi* nichts mit dem Apostel zu tun. De Waal will *epi* in *api = apostoli* ändern, weil Papst Paul I nicht gemeint sein könne: den hätte man *papae* genannt. Er vergißt hinzuzufügen, daß das Mart. Hier. überhaupt älter ist als Paul I † 767, woraus also folgt, daß ein auswärtiger Bischof Paul gemeint sein muß. Soll man etwa die Reliquien des Apostels am 25 Jan. in die Paulskirche überführt und bis zum 8 Febr. über der Erde haben stehen lassen? Dann hätte man wohl besser mit der Translation bis zum 8 Febr. gewartet.

der Gnosis und mit dem Montanismus berief man sich mit steigendem Nachdruck auf die apostolische Tradition, als deren Bürgen im Abendlande Petrus und Paulus, die Begründer der Christengemeinde in Rom, immer und immer wieder angerufen werden: Irenaeus und Tertullian sind uns dafür klassische Zeugen. Wenn nun im theologischen Streit eine morgenländische Kirche ihre besonderen apostolischen Zeugen vorführte und zur Verstärkung des Eindrucks auf deren noch vorhandene Gräber hinweisen konnte — wie wir es im Osterstreite sehen — was lag da näher, als auch in Rom nach den Gräbern des Petrus und Paulus zu suchen und sie schließlich zu finden? Die Forderungen einer dogmatisch beeinflußten Praxis haben in der Kirche noch immer über historische Bedenklichkeiten den Sieg davongetragen. Als Ambrosius im Kampf gegen die Kaiserin Justina eine volkserregende Hilfe brauchte, fand er die Gebeine der hll. Protasius und Gervasius. Als Kyrill den Isiskult zu Menuthis bei Alexandria lahmlegen wollte, entdeckte er die Reliquien der hll. Kyros und Johannes sogar unter erschwerenden Umständen. Und wenn man auch im zweiten Jahrhundert sicher noch nicht diese unbekümmerte Großzügigkeit des Findens von bis dahin unbekannten Heiligen samt ihren Gräbern besaß, die wir im vierten und fünften Jahrhundert staunend vermerken: es bleibt doch eine recht naheliegende Vermutung, daß die Römer, um den Orientalen nicht nachzustehen, gegen Ende des zweiten Jahrhunderts das Bedürfnis empfunden haben, auch die Gräber ihrer Apostel vorweisen zu können. Von diesem Wunsche bis zu seiner Erfüllung ist dann nur ein kleiner Schritt. Wo die Lokaltradition fehlte, konnten Kombinationen oder auch Visionen helfend eintreten und zur — rein historisch gesprochen — völlig willkürlichen Festlegung zweier beliebigen Grabstellen führen.

Es gilt nun, zu prüfen, ob die uns sonst bekannten Umstände diese an sich wahrscheinliche Vermutung unterstützen oder ihr widersprechen. Zunächst: sind Petrus und Paulus überhaupt in Rom gestorben?

## Das Zeugnis des Klemens von Rom 167

In dem langen Schreiben, welches im Auftrag der römischen Gemeinde Klemens an die Korinther gerichtet hat, um die dort ausgebrochenen inneren Zwistigkeiten zu schlichten, begegnet eine für die Beantwortung dieser Frage bedeutsame, wenn nicht gar entscheidende Stelle. Der Verfasser setzt seinen Lesern auseinander, daß ζῆλος καὶ φθόνος, Eifer und Neid, die Wurzeln ihrer inneren Unruhen sind, und beginnt dann nachzuweisen, daß diese Leidenschaften zum bösen Ende zu führen pflegen. Er bringt zunächst Beispiele aus dem Alten Testament von Kain dem Brudermörder bis zu Saul, der David verfolgte. „Doch — so fährt er C. 5 fort — genug der alten Beispiele: laßt uns zu den Helden der jüngsten Vergangenheit kommen, nehmen wir die tapferen Beispiele unseres Geschlechtes! Um Eifers und Neides willen wurden die größten und gerechtesten ‚Säulen' verfolgt und mußten bis zum Tode ringen. Stellen wir uns vor Augen die guten Apostel! Den Petrus, der um ungerechten Eifers willen nicht eine oder zwei, sondern vielerlei Mühsal ertrug und so als Märtyrer zu dem verdienten Ort der Herrlichkeit einging. Um Eifers und Neides willen hat Paulus den Siegespreis der Geduld bewiesen: siebenmal in Fesseln, als Flüchtling, gesteinigt, als Herold im Osten und im Westen hat er den edlen Ruhm seines Glaubens gewonnen. Gerechtigkeit hat er gepredigt der ganzen Welt und ist bis zur Grenze des Westens gedrungen und hat als Märtyrer vor den Gebietenden gestanden: so ist er aus der Welt geschieden und zu dem heiligen Ort eingegangen, er, das höchste Vorbild der Geduld. Diesen Männern, die fromm gewandelt waren, gesellte sich eine große Schar Auserwählter, die, unter vielen Qualen und Martern um Eifers willen leidend, ein herrliches Beispiel unter uns wurden. Um Eifers willen verfolgt, haben Frauen als Danaïden und Dirken furchtbare und unmenschliche Mißhandlungen erlitten, sind in die sichere Bahn des Glaubens gelangt und haben tapfere Ehre gewonnen, ob sie auch schwach am Leibe waren. Eifer hat Frauen ihren Männern entfremdet und das Wort unseres Vaters Adam verkehrt: Das ist Bein von meinem Bein und Fleisch von meinem Fleisch. Eifer und Streit hat große Städte zerstört und große Völker entwurzelt."

Es folgen also auf die Beispiele der alten Geschichte solche der jüngsten Vergangenheit, und daran schließen sich, kümmerlich nachschleppend, zwei Gemeinplätze: auch Ehe und Staat werden durch Eifer zerstört. Aber bei den neueren Beispielen wird dem Prediger das Herz weit: er vergißt, die Sätze scharf auf sein Thema zu spitzen, und singt lieber in feiernden Worten das Lob der Märtyrer. Sie alle gehören ja zu seiner γενεά: das jetzt lebende Geschlecht rechnet sie noch zu den Seinigen, von denen man anders redet, wie von den Zeugen der Vorzeit. In zwei Gruppen führt er diese Beispiele der Gegenwart vor. Zuerst die Apostel, die er mit einem der Urgemeinde entstammenden Ausdruck die „Säulen" nennt: Paulus hatte Gal. 2, 9 von Petrus, Jakobus und Johannes als von den „Säulen" gesprochen, die Römer haben auch ihm selbst diesen Ehrentitel gegeben. Dann kommt die Schar der einfachen Gemeindeangehörigen, Männer und Frauen, deren Namen neben den Aposteln gar nicht genannt werden. Das ἐν ἡμῖν gibt, wenn auch mit leichtester Betonung, einem Gegensatz Ausdruck. Petrus und Paulus als „Säulen" stehen für sich in einsamer Größe, die übrigen Märtyrer sind die „unter uns" aufgestandenen Beispiele, die der Verfasser in gewissem Sinne mit Stolz als seinesgleichen empfindet. Auch 55, 2 begegnet, wie die Kommentare anmerken, ein solches ἐν ἡμῖν: es heißt da „unter uns Christen" im Gegensatz zu den vorangehenden Beispielen der Heiden.

Also Petrus und Paulus sind nach der Meinung des Klemens den Märtyrertod gestorben und zwar, wie sich weiterhin ergibt, noch unter Nero. In den folgenden Worten werden nämlich unzweifelhaft die Opfer der Neronischen Verfolgung geschildert. Die unglücklichen Frauen, welche die vom Stier geschleifte Dirke, die im Tartarus leidenden Danaustöchter im Circus darstellen mußten, erläutern in unheimlicher Weise das *pereuntibus addita ludibria* des Tacitus (Ann. XV 44). Und diese Märtyrer werden unzweideutig als die Genossen der Apostel im Tode bezeichnet. Es ist keine rhetorische Gruppierung — dann müßte im Präsens gesprochen werden: „Diesen Männern gesellt sich eine große Schar Auserwählter" — sondern historischer Bericht im Aorist: „Diesen Männern gesellte sich eine große Schar", damals, zu der Zeit, als sie das Martyrium erlitten. Das darf man natürlich nicht presssen und daraus einen entscheidenden Beweis für den Tod der Apostel eben in der Neronischen Verfolgung konstruieren, obwohl die Sache an sich möglich, vielleicht sogar nicht unwahrscheinlich ist. Nur so viel ergibt sich mit Sicherheit, daß das Martyrium der Apostel zeitlich in die Nähe der Neronischen Verfolgung fallen muß, und zwar höchst wahrscheinlich nicht hinter sie. Die „Schar der Auserwählten" erscheint dem Klemens wie ein Gefolge der beiden apostolischen Fürsten. Und da es keinem Zweifel unterliegt, daß diese Menge zu Rom — ἐν ἡμῖν — den Tod erlitt, so ist das Nächstliegende die Annahme, daß auch die Apostel ebenda ihr Geschick erfüllten: so fügen sich alle Züge zu einem einheitlichen Bilde zusammen.

Aber wie nun, wenn ἐν ἡμῖν in anderem Sinne, als bisher angenommen wurde, einen Gegensatz bezeichnet? Diese „Schar der Auserwählten" sind die Beispiele des Märtyrertums „unter uns" d. h. in Rom — im Gegensatz zu den Aposteln, die in der weiten Welt umherzogen und da — etwa am Ende des Westens im fernen Spanien oder wer weiß wo — ihr letztes blutiges Zeugnis ablegten. Der Aorist συνηθροίσθη ist kein Gegengrund gegen diese Auffassung, da auch so die Neronische Zeit beide Märtyrergruppen vereinigen würde. Die Art, in der von Paulus gesprochen wird, scheint diese Auffassung sogar nahezulegen. Aber wie steht's mit Petrus? Von irgendwelchen Reisen des Petrus wird kein Wort gesagt: wo soll er den gestorben sein, wenn nicht in Rom? Die einfachste, auch tatsächlich oft gegebene Antwort ist: in Jerusalem! Aber wie kommt Klemens denn dazu, gerade ihn hier allein zu nennen? Wenn er den Beispielen des Alten Bundes solche τῆς γενεᾶς ἡμῶν folgen lassen will, warum nennt er dann nicht zuerst Stephanus und die beiden Jakobus, die doch sicher auch zu Jerusalem starben und der preisenden Erwähnung wohl wert waren? Vielleicht, wird man sagen, weil er nur die beiden Hauptapostel anführen wollte: aber damit trägt man einen dem Zusammenhang völlig fremden Gedanken ein. Und so gut wie die römische „Schar" hätten jene andern Jerusalemer Zeugen wahrlich auch genannt werden können. Nun, so ist vielleicht Petrus anderswo gestorben: wir wissen nicht mehr wo; ob es Klemens wußte, mag dahingestellt sein: nur daß er als Märtyrer gestorben ist, weiß Klemens sicher. Also die uns und zweifellos auch ihm bekannten Jerusalemer Märtyrer erwähnt Klemens nicht, weil er nur die Hauptapostel nennen will. Aber er soll trotzdem so wenig Interesse für den „Hauptapostel" Petrus haben, daß er — und auch seine Gemeinde — es nicht für der Mühe wert hält, nach dem Ort seines Todes zu fragen? Es ist schlechterdings ausgeschlossen, daß je eine authentische Kunde von seinem Martyrium ohne Ortsangabe umlief: sie mußte also zu finden sein. Und wenn diese Kunde um 100 noch erreichbar war, also auch dem Klemens vorlag und nur zufällig von ihm nicht verwertet wird: wie ist es zu erklären, daß sie spurlos verschwunden ist, und vor allem, daß nie ein Ort Rom den Ruhm streitig gemacht hat, das Grab des Petrus und des Paulus zu besitzen? Das Argument wiegt schwer, viel schwerer, als man gemeinhin anzunehmen geneigt ist.

Wir haben noch andere alte Zeugen, welche dem Petrus seinen Platz in Rom anweisen. Nicht freilich die Apostelgeschichte, in der Petrus nach dem Jerusalemer Apostelkonzil 15, 7 nicht mehr erwähnt wird. Aber der erste Petrusbrief ist nach 5, 13 ἐν Βαβυλῶνι, d. h., aus der apokalyptischen Sprache in die landläufige übersetzt, zu Rom geschrieben und zwar in der Gesellschaft von Männern, die zum vertrauten Kreis des Paulus gehören: Silvanus und Markus[1]. Das ist

---
[1] Col. 4, 10, Philem. 24 ist Markus in Rom.

beweiskräftig, auch wenn das Schreiben nicht von Petrus verfaßt ist, denn es bezeugt unter allen Umständen das frühzeitige Bestehen einer festen Tradition von einem römischen Aufenthalt des Petrus. Und wenn Ignatius an die Römer schreibt [1]: „Nicht wie Petrus und Paulus befehle ich euch", so bekommt das Wort vollen Klang nur unter der Voraussetzung, daß diese beiden Apostel die traditionellen Gesetzgeber der römischen Gemeinde waren. An die Trallianer schreibt Ignatius fast wörtlich dasselbe [2], aber ohne Namen von Aposteln zu nennen: sie waren ja keine apostolische Gemeinde. Aber wo er den Ephesern etwas ganz Ähnliches [3] sagt, bezeichnet er sie als Παύλου συμμύσται — die Gemeinde hat den Paulus jahrelang in ihrer Mitte gehabt. Das macht auch das Zeugnis seines Römerbriefs kräftig.

In Summa: Alle ältesten Quellenaussagen aus der Zeit um 100 werden klar und leicht verständlich, passen gut in den Zusammenhang und stimmen zueinander bei der von ihnen deutlich nahegelegten Annahme, daß Petrus in Rom geweilt habe und daselbst den Märtyrertod gestorben sei. Jede andere Vermutung über das Ende des Petrus schafft Schwierigkeit auf Schwierigkeit und kann nie auch nur eine einzige Quelle als positive Stütze für sich anführen. Es ist mir unerfindlich, wie man angesichts dieses Tatbestandes mit der Entscheidung schwanken kann.

Für Paulus gilt im allgemeinen das Gleiche: Klemens und Ignatius nennen ihn mit Petrus zusammen, und daß er in Rom

---

1 4, 3 οὐχ ὡς Πέτρος καὶ Παῦλος διατάσσομαι ὑμῖν· ἐκεῖνοι ἀπόστολοι, ἐγὼ κατάκριτος.
2 ad Trall. 3, 3 οὐκ εἰς τοῦτο ᾠήθην, ἵνα ὢν κατάκριτος ὡς ἀπόστολος ὑμῖν διατάσσωμαι.
3 ad Eph. 12, 1. 2 οἶδα τίς εἰμι καὶ τίσιν γράφω. ἐγὼ κατάκριτος, ὑμεῖς ἐλεημένοι· ἐγὼ ὑπὸ κίνδυνον, ὑμεῖς ἐστηριγμένοι. πάροδός ἐστε τῶν εἰς θεὸν ἀναιρουμένων, Παύλου συμμύσται. Zuletzt hat Th. Zahn in seiner Einl. in das Neue Test. II[3] S. 22 ff. diese ganze Frage ausführlich behandelt.

gewesen ist, bezeugen sowohl die Gefangenschaftsbriefe als die Apostelgeschichte geradezu. Aber eben weil wir über ihn etwas mehr wissen, erwachsen einer genaueren Erkenntnis des Tatbestandes neue Schwierigkeiten. Die Apostelgeschichte erzählt, wie Paulus in Rom eintrifft und die Erlaubnis bekommt, eine eigene Wohnung für sich und den ihn bewachenden Soldaten zu beziehen. Dann predigt er den Juden, und schließlich heißt es: „Er blieb aber volle zwei Jahre in seiner eigenen Mietswohnung und empfing alle, die ihn besuchten, predigte das Reich Gottes und lehrte über den Herrn Jesus Christus mit allem Freimut ungehindert." Mit diesen Worten schließt die Apostelgeschichte unvermutet: warum erzählt sie nicht das Ende des Paulus?

Der Antworten auf diese Frage gibt es mancherlei. Mit dem Predigen des Paulus in Rom — so meint Jülicher[1] — ist das 1, 8 aufgestellte Programm erfüllt. Was im Leben der Apostel kein Zeugnis für den Geist Gottes ablegt, wird nicht aufgezeichnet, nichts aus ihrer Vorgeschichte, aber auch nicht ihr Sterben: dies letztere nicht, weil der Verfasser nicht wie bei Christus von der nachfolgenden Auferstehung erzählen konnte. Die Freude späterer Geschlechter an den Details eines Martyriums als solchen kennt er noch nicht. Karl Holl[2] hat uns aber gezeigt, daß die Erzählung vom Tod des Stephanus bereits völlig von der Anschauung beherrscht ist, daß der Märtyrer in der entscheidenden Stunde überirdische Geistesgaben empfängt, mit leiblichen Augen die jenseitige Welt und den Herrn erschaut und davon Zeugnis ablegt. Das auch von Paulus zu berichten sollte sich nicht gelohnt haben? Und wenn schon das Thema 1, 8 verhieß, von „dem Zeugnis der Apostel in Jerusalem und in ganz Judaea und Samaria und bis ans Ende der Erde" zu erzählen[3] — gehörte denn für diesen

---

[1] Einleitung in das Neue Test.⁶ 399.
[2] Ilbergs Neue Jahrbücher f. d. klass. Altertum 1914 I 524f.
[3] καὶ ἔσεσθέ μου μάρτυρες ἔν τε Ἱερουσαλὴμ καὶ ἐν πάσῃ τῇ Ἰουδαίᾳ καὶ Σαμαρίᾳ καὶ ἕως ἐσχάτου τῆς γῆς.

Schriftsteller, der den Märtyrer sogar μάρτυς nennt[1], der Märtyrertod etwa nicht zu dem „Zeugnis"? War er nicht vielmehr das fast notwendige Siegel, das für die Echtheit der mündlichen Predigt die Bürgschaft der Tat erbrachte? Nein, wenn der Verfasser vom Märtyrertod des Paulus wußte, so mußte er ihn erzählen, denn er gehörte mehr wie vieles andere, was er bringt, zu seinem eigentlichsten Thema.

Aber seine Stellung zum römischen Staate hinderte ihn daran, wendet Eduard Schwartz[2] ein. So wie er die Erzählung gestaltet oder richtiger umgestaltet hatte, konnte das Ende nur sein, daß der Kaiser ein auch juristisch ungerechtes Urteil fällte. Mit dieser Auflehnung gegen die kaiserliche Justiz hätte er sich um den Erfolg seiner Redaktionsarbeit gebracht und den Gegensatz zwischen Christentum und Staatsgewalt, den er leugnet, scharf und drastisch hervortreten lassen. So ließ er das Ende des Prozesses fort. — Ein Redaktor muß ja ungeschickt sein, sonst könnte ihn der Kritiker nicht erwischen: aber hier scheint mir diese Eigenschaft das erlaubte Maß zu übersteigen. Daß der Redaktor einer im Martyrium gipfelnden Geschichte die Darstellung zugunsten des römischen Staates färbt, ist leicht möglich: nicht aber, daß er sich dies Nebenmotiv so über den Kopf wachsen läßt, daß er schließlich auf die Durchführung des Hauptmotivs überhaupt verzichtet. Und in den Tagen eines Trajan und Tacitus wäre es doch wahrlich kein so unerhörter Gedanke gewesen, den römischen Staat und seine guten Beamten in der Weise der Apostelgeschichte zu preisen, und doch dem Bluthund Nero üblen Angedenkens die ungerechte Hinrichtung des Paulus zur Last zu legen.

Ich sehe keine Möglichkeit, das Fehlen des Martyriums in der Apostelgeschichte aus einer Absicht des Verfassers herzu-

---

1 Act. 22, 20 Holl S. 523 Auch der heidnische Prophet bezeugt bisweilen durch seinen Tod die Wahrheit seiner Prophezeiung, vgl. Lietzmann Weltheiland 37.

2 Göttinger Nachr. phil.-hist. Cl. 1907, 299; P. Wendland Urchristl. Literaturformen 322 Anm. 1 hält das für „wenigstens eine mögliche Erklärung des Schlusses der Acta".

leiten. Auch daß er von einem solchen Ende seines Helden nichts wußte, kann nicht wohl der Grund sein, denn die über der letzten Reisebeschreibung liegende Abschieds- und Todesstimmung, die jeder Leser unmittelbar empfindet, zeigt deutlich, daß der Erzähler der tragischen Katastrophe seines Helden zustrebt [1]. Es mag sein, daß diese Färbung erst vom Verfasser der Apostelgeschichte stammt, und daß die ihm vorliegende schriftliche Quelle nur bis zur Ankunft in Rom reichte. Das nimmt Wendt [2] an, und Norden [3] hat das Abbrechen der Quelle vor dem Tode des Helden in Philostrats Apollonios als Parallele dazu aufgerufen. Aber Philostrat bringt dann eben doch aus anderweitiger Tradition den fehlenden Abschluß, und unser Autor hatte zum mindesten, wie die Stimmung seines Berichtes zeigt, die gleiche Absicht. So kann nur ein äußerer Umstand ihn an der Durchführung seines Planes gehindert haben. Möglich, daß ihm die um 100 in der römischen Gemeinde bekannten, uns durch Klemens angedeuteten Haupttatsachen nicht genügten, und er über der Suche nach eingehenderen Mitteilungen hinweggestorben ist. Zahn [4] läßt ihn sogar mit reichlichem Material ein drittes Buch planen und beruft sich darauf, daß 1, 1 nicht vom πρότερος, sondern vom πρῶτος λόγος gesprochen wird; das ist freilich eine wenig tragfähige Basis [5].

Aber so oder so ist klar, daß man aus dem abrupten Schluß der Apostelgeschichte nicht die Folgerung ziehen darf, der Verfasser habe von dem römischen Martyrium seines Helden nichts gewußt: und das ist es, worauf es hier ankommt.

Es muß noch mit einigen Worten auf die „spanische

---

[1] Wendland Literaturformen 314 Anm. 2; Jülicher Einleitung [6] 395.
[2] Die Apostelgeschichte (in Meyers Kommentar) [9] 39.
[3] Agnostos Theos 332.
[4] Einleitung in das Neue Test. [3] II 377.
[5] Ich hätte in Apollinaris I (1904) 14 Anm. 1 auch besser getan, aus ἕκαστος statt ἑκάτερος nichts zu schließen.

Reise" des Paulus eingegangen werden ¹. Klemens gebraucht an der behandelten Stelle nicht bloß die allgemeine panegyrische Wendung, Paulus habe „Gerechtigkeit der ganzen Welt gepredigt", sondern fügt noch die spezielle Weiterung hinzu, er sei bis zum τέρμα τῆς δύσεως gelangt: daß damit nur Spanien gemeint sein kann, sollte nicht mehr bestritten werden. Auch dem Muratorischen Fragmentisten ² ist die Tatsache einer Reise Pauli nach Spanien etwas Wohlbekanntes, und er setzt seinen Lesern auseinander, warum Lucas nichts davon berichtet. Man hat nun vielfach diese spanische Reise als ein Ergebnis fabulierender oder dogmatischer Reflexion über den im Römerbrief 15, 24 von Paulus selbst ausgesprochenen Plan erklärt, und es ist unzweifelhaft, daß wir die Nachricht so zu behandeln haben würden, wenn sie uns nur bei einem Schriftsteller späterer Zeit begegnete. Nun steht sie aber in dem Schreiben einer Gemeinde, in deren Mitte Paulus jahrelang gelebt hat und gestorben ist, einem Schreiben, das etwa 30 Jahre nach dem Tode des Apostels verfaßt ist, so daß die ältere Generation ihn persönlich gekannt hat. Ich weiß, daß Legenden sich schnell bilden, daß sie gerade in der ersten Zeit nach dem Tode des Helden besonders üppig wuchern, und ich würde es nicht beanstanden, im Klemensbrief von unerhörten Zeichen und Wundern des Apostels berichtet zu lesen. Aber zur Ent-

---

1 Die Frage ist jüngst von E. Dubowy Klemens v. Rom über die Reise Pauli nach Spanien (Bardenhewers Bibl. Studien XIX 3) 1914 mit größter Gründlichkeit erörtert worden, so daß ich für alle Einzelheiten auf diese Studie verweisen kann. Er setzt sich besonders auch mit F. Pfister Reliquienkult im Altertum I 266 ff. 399 auseinander.
2 Z. 35—39 (Kleine Texte 1 ² S. 7) *Lucas optimo Theophilo comprendit, quae sub praesentia eius singula gerebantur, sicuti et semota passione Petri evidenter declarat, sed et profectione Pauli ab urbe ad Spaniam proficiscentis.* So ist natürlich zu lesen. Pfister möge nach dem von ihm (Reliquienkult I 267 Anm. 934) betonten Prinzip, den Text „so zu nehmen, wie er ist", einmal das ganze Fragment übersetzen und zugleich eine kanongeschichtliche Würdigung geben.

wicklung von Wanderlegenden im Sinne der von Pfister behandelten gehört Zeit: weder Ptolemaios I noch Seleukos I werden ihren Kindern erzählt haben, der große Alexander habe alle Völker vom kaspischen Engpaß bis zu den Säulen des Herakles unterworfen. So ist es auch schwer denkbar, daß Klemens von Paulus rühmt, er sei bis nach Spanien gereist, wenn die Hälfte seiner Gemeinde wußte, daß er Rom nicht verlassen hatte. Nach Spuren dieser Reise in der spanischen Kirchengeschichte braucht man darum noch nicht zu suchen: wo sind denn beispielsweise die Spuren der Wirksamkeit des Paulus in Galatien? Ernsthafte Gründe gegen die Behauptung des Klemens können nicht ins Feld geführt werden, und so scheint es mir billig, sie zu glauben. Wer sie trotzdem für Legende hält, kann freilich nicht widerlegt werden und hat den Vorteil, das Martyrium des Paulus gleich an die Erzählung der Apostelgeschichte anknüpfen zu können.

Wir kehren zur Hauptfrage zurück. Alle Wahrscheinlichkeit spricht dafür, daß Petrus und Paulus unter Nero zu Rom den Märtyrertod gestorben sind. Aber das beweist nicht das Mindeste für die „Echtheit" der um 200 gezeigten Gräber: gerade für die entscheidende Zeit von 64—200 fehlen uns alle Zeugnisse, und die vorhin aufgeführten Verdachtsmomente bleiben in vollem Umfang bestehen. Aber wo die literarischen Quellen versagen, da tritt die Arbeit des Spatens ergänzend ein und liefert uns ein Moment, das geeignet ist, die Wagschale zugunsten der Echtheit sinken zu lassen. Wenn nämlich die Grabstellen frei erfunden sind, so muß das, wie gesagt, um 170 geschehen sein. Um diese Zeit war das eigentümliche Begräbniswesen der Christen in eigenen Katakombenbezirken schon völlig entwickelt. Wenn man also die Gräber der beiden Apostel entdecken wollte, so lag nichts näher, als sie in einer der vielen christlichen Anlagen ausfindig zu machen, wo die Umgebung dem religiösen Gefühl entsprach und wo vor allem eine ungestörte Verehrung der heiligen Stätten möglich war. Statt dessen liegen beide Gräber an der Landstraße inmitten heidnischer Grabanlagen: beim Petrusgrab sehen wir sogar, daß das zweite und dritte Jahrhundert hindurch dauernd in nächster Nähe der Gruft Heiden beigesetzt worden sind. Beim Paulusgrab ist wenigstens ein Kolumbarium in unmittelbarer Nachbarschaft bezeugt: es ist nicht zu bezweifeln, daß weitere Ausgrabungen das Bild analog dem bei Petrus beobachteten ergänzen werden. Also beide Gräber liegen auf rein heidnischen Friedhöfen an der Straße: von christlichen Gräbern älterer Zeit ist bei beiden nichts zu entdecken. Wer sollte wohl um 170 an diesen zum Kult völlig ungeeigneten Plätzen, in dieser unsauberen Umgebung die heiligsten Stätten Roms erfunden haben? Bei Petrus könnte man zunächst vermuten, man habe sein Grab um seines Todes unter Nero willen neben den Neronischen Circus angesetzt — ein recht schwaches Argument. Warum sollte man denn Paulus in jene abgelegene Gegend weit vor den Toren gelegt haben? War er nicht ebensogut unter Nero gestorben? Und weiterhin: Wer um 170 auf die Suche nach den unbekannten Gräbern des Petrus und Paulus gegangen wäre, der hätte unzweifelhaft die beiden apostolischen Gründer seiner Gemeinde nicht nur auf einem christlichen Friedhof, sondern auch brüderlich beieinander gesucht und gefunden! Nein, der Tatbestand an beiden Orten spricht gegen spätere Erfindung. Es löst sich jede Schwierigkeit, wenn Petrus wirklich dort begraben wurde, wo sich jetzt Bramantes Kuppel wölbt, und Paulus seine letzte Ruhe fand, wo sich die Halle der drei Kaiser dehnt.

## ANHANG

### I

Zur Papstchronologie S. 7.

Bei der Nachprüfung der Zahlen anläßlich der Korrektur habe ich gesehen, daß es nützlich ist und die Nachprüfung wesentlich erleichtert, wenn ich die Berechnungsweise in jedem einzelnen Fall genau angebe. Ich beginne auch hier von rückwärts. Nr. 18) 6 Febr. (VIII Id. Febr.) — 6 April (VIII Id. Apr.) = 2 Monate; 7—12 April = 6 Tage. Die Zahl des Index 2 M. 7 T. ergibt sich, wenn man den Anfangstermin einrechnet, also vom 6 Febr. — 5 April 2 Monate zählt. Nr. 17) 18 Jan. — 18 Sept. = 8 M. 19 Sept. — 7 Okt. = 19 T. Catalogus und Index zählen den Anfangstermin mit, rechnen also die 8 Monate vom 18 Jan. — 17 Sept. oder rechnen nach lateinischem Datum 18 Jan. (XV Kal. Febr.) — 17 Sept. (XV Kal. Oct.), ohne den Anfangstermin mitzuzählen. Nr. 16) Vom 31 Jan. (pr. Kal. Febr.) — 31 Dez. (pr. Kal. Ian.) wird man in jeder Form 11 volle Monate zählen. Nr. 15) 2 Juli (VI Non. Iul.) — 2 Jan. (IV Non. Ian.) = 6 M. 3—10 Jan. = 8 T. Hier rechnet also auch der Catal. nicht den Anfangstermin ein. Nr. 14) 18 April (XIV Kal. Mai) — 17 Aug. (XVI Kal. Sept.) gibt 4 Monate weniger 1 oder lat. 2 Tage. Ist der Todestag der 26 Sept., so ist zu rechnen 18 April (XIV Kal. Mai) — 18 Sept. (XIV Kal. Oct.) = 6 M. 19—26 Sept. = 8 T. Nr. 12) Vom letzten Juni bis letzten Dezember sind 6 Monate, 1—15 Jan. = 15 Tage. Die 16 Tage des Index ergeben sich, wenn man vom 30 Juni — 30 Dez. 6 Mon. rechnet. Nr. 11) 17 Dez. (XVI Kal. Ian.) — 17 April (XV Kal. Mai) = 4 M. 18—22 April = 5 Tage. Nach lateinischem Datum gerechnet (— XVI Kal. Mai, 16 April) erhält man 4 M. 6 T. Die Zahl des Catalogus 4 M. 7 T. ergibt sich nur, wenn man nach lat. Datum rechnet und den Anfangstag voll zählt, also xvi Kal. Ian. (17 Dez.) — xvii Kal. Mai (15 April). Nr. 10) 4 Jan. (pr. Non. Ian.) — 4 Dez. (pr. Non. Dec.) = 11 M. 5—7 Dez. = 3 T. Wäre der 8 Dez das richtige Todesdatum, so käme man auf den 5 Jan. als Anfangstag, der 274 ein Montag, 275 ein Dienstag ist. Nr. 9) 5 Jan. (Non. Ian.) — 5 Dez. (Non. Dec.) = 11 M. 6—30 Dez. = 25 Tage. Nr. 8) 22 Juli (xi Kal. Aug.) — 22 Dez. (xi Kal. Ian.) = 5 M. 23—26 Dez. = 4 T. Nr. 7) Nach dem Index (1 J.) 10 M. 23 T. ist zu rechnen 14 Sept. (xviii Kal. Oct.) —14 Juli (pr. Id. Iul.) = 10 M. 15 Juli — 6 Aug. = 23 T. Oder nach dem Catalogus (2 J.) 11 M. 6 T.; dann ist zu rechnen vom letzten August bis letzten Juli 11 Monate, 1—6 Aug. = 6 Tage: das ergibt den 31 August als Anfangstermin. Nr. 6) Der Index rechnet (6 J.) 5 M. 2 T.: diese 2 Tage sind der 1 und 2 August; also führen die 5 Monate vom letzten Juli zurück zum letzten Februar, der zwischen 252 und 257 nur 252 (29 Febr.) und 257 (28 Febr.) auf einen Sonntag fiel. Der Catalogus notiert (4 J.) 2 M. 21 T. Das ergibt: 12 Mai (iv Id. Mai)—12 Juli (iv Id. Iul.) = 2 M. 13 Juli — 2 Aug. = 21 T. Nr. 5) Der allein einen brauchbaren Sonntag ergebende 26 Juni (253) kommt bei der Fristzahl des Index 8 M. 10 T. nur durch eine künstliche Rechnung heraus: 26 Juni (vi Kal. Iul.) —23 Febr. (vii Kal. Mart.) also bei Einrechnung des Anfangstages und lateinischem Datum = 8 M. 24 Febr. — 5 März im Gemeinjahr = 10 T. Im Schaltjahr 252 könnte man 25 Febr. —5 März = 10 Tage rechnen: aber die 8 Monate wären vom vi Kal. Iul. (26 Juni) — vi Kal. Mart. (24 Febr.) oder v Kal. Iul. (25 Juni) — vi Kal. Mart. (24 Febr.) oder vom 24 Juni — 24 Febr. oder vom 23 Juni — 24 Febr.: alles führt nicht auf einen Sonntag: das ist 252 der 20 Juni. Die Zahlen des Index (3 J.) 3 M. 3 T. ergeben 2 Dez. — 2 März = 3 M. 3—5 März = 3 T. Aber der 2 Dezember ist 253 ein Freitag und erst 255 — was nicht in Betracht kommen kann — ein Sonntag. Nr. 3) Der Ausgangspunkt 10 Jan. 236 liegt als

Sonntag durch Nr. 2 fest: vom 10—20 Jan. — so das liturgisch sichere Datum — sind 10 oder 11 Tage, je nachdem man den Anfangstag mitzählt (Index) oder nicht (Catalogus): aber die Monatszahl ist stets 0. Nr. 2) Die Zahlen des Index (12 J.) 1 M. 12 T. führen ungezwungen auf den 22 Nov. (x Kal. Dec.) —22 Dez. (xi Kal. Ian.) = 1 M. 23 Dez. — 3 Jan. = 12 T. Die Zahl des Catalogus 1 M. 10 T. ergibt den 24 Nov.

II
S. Sebastiano Plan 1 zu S. 111 ff.

P. STYGER hat die große Freundlichkeit gehabt, mir gegen Ende September d. J. seinen neuen Aufsatz „Gli Apostoli Pietro e Paolo ad Catacumbas sulla via Appia" (Römische Quartalschrift 1915 Heft 3) zu senden, in dem sich auch Ergänzungen zu dem ersten Ausgrabungsbericht finden. O. Fasiolo hat in diesem Heft ein dringendes Desideratum erfüllt: er liefert uns endlich einen den gesamten heutigen Gebäude- und Katakombenkomplex umfassenden Plan von S. Sebastiano. Ich gebe daraus in etwas vereinfachter Zeichnung das für uns wichtige Mittelstück: namentlich von den Katakomben sind nur in der nordöstlichen Partie einige Kammern und Gänge wiedergegeben. Übrigens hat auch de Waal im Katholik 1915 Heft 6 S. 395—411 einen kurzen Bericht über Stygers Ausgrabungen erstattet. Zu S. 111 sei noch ergänzend bemerkt, daß über den Ziegelstempel CLAVDIANA Genaueres zu finden ist *CIL* xv 1 n. 1563 ff.

 *A* die Platonia
 *B* sog. Domus Petri (S. 109)
  *C* Vorhalle der Memoria Apostolorum
 *D* Grabraum der Apostel
 *EF* zwei Kolumbarien des I Jahrhunderts
  *G* Grab des hl. Sebastian in der Katakombenhalle

Plan 1

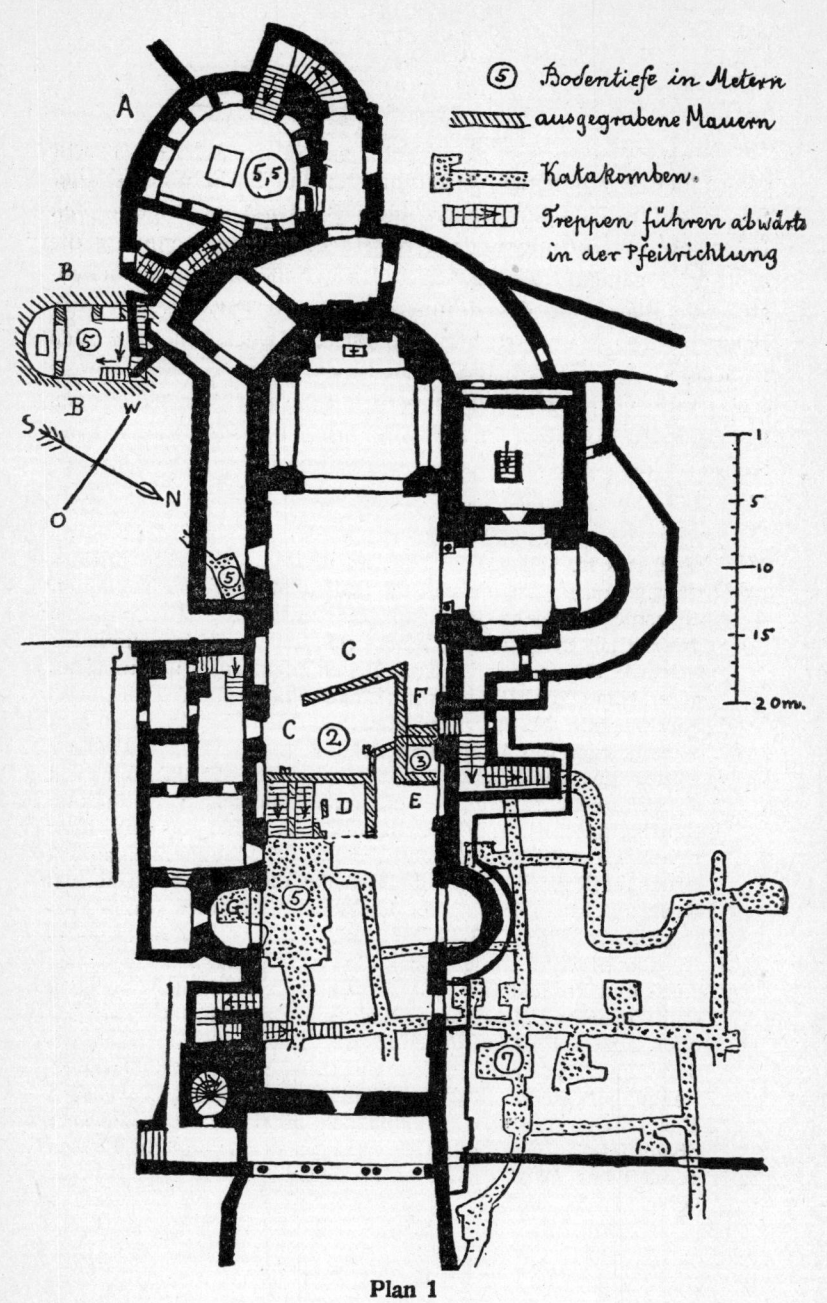

## ANHANG II

Plan 2 zu S. 116 ff.

Einen Plan seiner Ausgrabungen in S. Sebastiano gibt Styger auf S. 75 seines ersten, oben S. 116 Anm. 2 genannten Berichtes. Ergänzungen dazu bietet eine neue Zeichnung, die als Fig. 1 seinem zweiten Aufsatz beigegeben ist. Der nebenstehende Plan gibt das Resultat der beiden Stygerschen Aufnahmen: weggelassen sind die für unsere Zwecke nur störenden mittelalterlichen Grabanlagen. Die Beschreibung S. 117 f. konnte ich gerade vor dem Druck noch mit Stygers Verbesserungen seiner ersten Angaben in Einklang bringen. Im übrigen freue ich mich der weitgehenden Übereinstimmung mit seinen Darlegungen.

    S Grab des hl. Sebastian
BAD massive Basalt-Lavamauer, auf BA die Malerei und Inschriften.
GH ebensolche Mauerreste.
    ✱ die Stelle, wo ein Sarg mit Leiche und der mittelalterlichen Inschrift S. *Favianus ic reqiesit* gefunden wurde: in unmittelbarer Nähe zur Rechten und Linken waren die Apostelgräber nach Angabe des Privilegs von 1520: siehe S. 114.
    NT Kolumbarien des I Jahrhunderts
    KL Verbindungsmauern, vor denen je eine 0,15 m hohe Stufe läuft.
    F Aschenurne, die als Brunnen dient: abgebildet in Stygers zweitem Bericht fig. 2. Das Wasser lief in den nach SW aus dem Raum führenden Ablaufkanal. Das Quadrat bei *K* zeigt einen andern Brunnen (Regenfänger vom Dach des Raumes *BAD*?) an, der in den gleichen Kanal unter der Mauer *K* hindurch sein Wasser abgab.
    CP Pilaster
RR' Tuff- und Ziegelmauer. Styger meint, diese Mauer habe eine nur 1 m hohe Balustrade gebildet und der Raum sei nach SW offen gewesen. Der Pfeiler *P* habe zusammen mit einem andern über *R* hinaus gegenüber *C* gelegenen das Dach getragen, vgl. seine Rekonstruktion im zweiten Bericht fig. 3. Das scheint mir unmöglich, da der Raum *RR'TAB*, wie auch Styger jetzt annimmt, für Agapen und andere liturgische Zwecke gedient hat. Also mußte er notwendig neugierigen Blicken verschlossen sein.

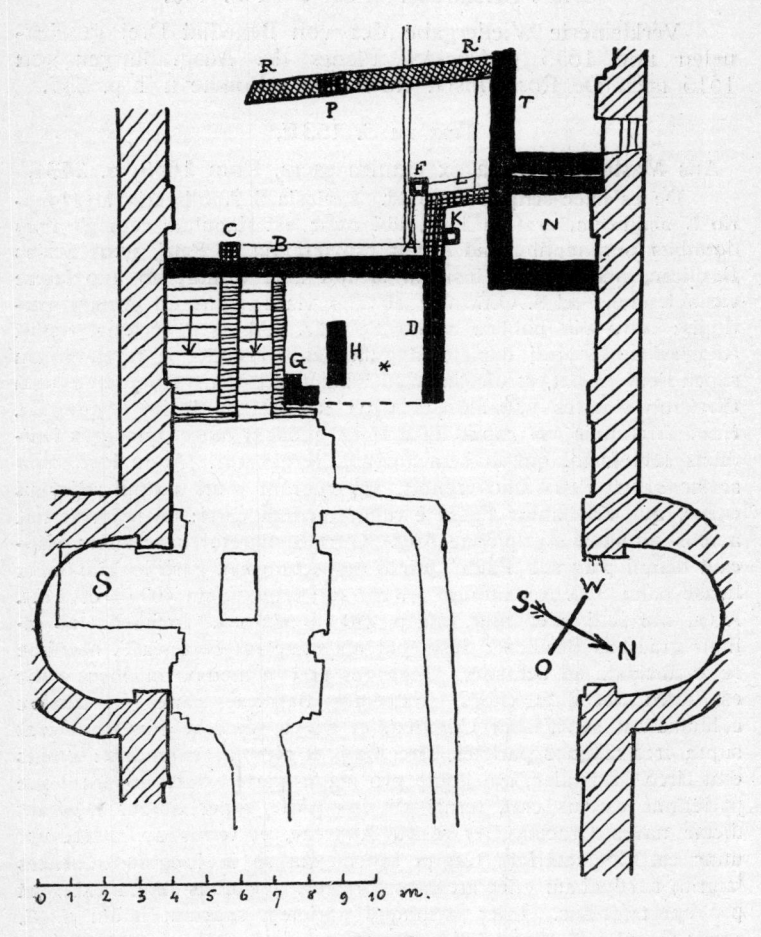

Plan 2

## III

Die Peterskirche. Plan 3 zu S. 143.

Verkleinerte Wiedergabe des von Benedikt Drei gezeichneten und 1635 gedruckten Planes der Ausgrabungen von 1615 nach De Rossi Inscr. christ. urbis Romae II 1 p. 235.

Text zu S. 153 ff.

Aus Martinelli, Roma ex ethnica sacra, Rom 1653, p. 343 f.

De ea haec scripsit Grimald. Ecclesia S. Apollinaris, ab Honorio I. aedificata, erat in loco, ubi nunc est stabulum cum pluribus domibus pertinentibus ad Archipresbyteratum S. Petri, iuxta Scalas Basilicae, quae domus insulam faciunt ante forum; ab uno latere vicus tendens ad S. Officium; ab alio via tendens ad portam Turrionis; retro via publica sancti Spiritus. Ab ista ecclesia, inquit Anastasius, Honorij decreto singulis Sabbathis Litania ad Basilicam sancti Petri exibat, et dicebatur ad Palmata, retinens antiquum nomen Circi ob victores palmatos in Circi ludibus, donis ibi honestatos. Nam Circi finis vel caput ibi erat ex quodam muro, quadratis lapidibus fabrefacto, qui in semicirculum vergebatur. Anno 1616. dum scalae sancti Petri amoverentur, apparuerunt muri antiqui reticulati crassi, qui videbantur fuisse è ruinis turrium Circi: ibi repertus fuit aereus nummus Agrippinae Aug. Dum fundaretur haec altera Vaticani templi pars sub Paulo Quinto inspectum est, Circi longitudinem fuisse palm. 720. romanorum (= *161 m*); latitudinem 400 (= *89,5 m*). Area, ubi ludi edebantur, lata p. 230 (= *51,5 m*). Incipiebat ab infimis gradibus Basilicae; desinebat ubi nunc est Ecclesia S. Marthae retro absidam ad occasum. Obeliscus erat in medio, qui locus nunc est retro Sacellum chori. Extremus Basilicae paries et duplex columnatum sanctissimi Crucifixi, et sancti Andreae fundatum erat supra tres magnos parietes Circi Caij, et Neronis supradicti: similis erat circo Caracallae, qui hodie pro maiori parte extat; altis utrimque parietibus cinctus erat, ternis ab una parte super quibus extabant dictae naves Crucifixi, et sancti Andreae, et ternis ab altera, ubi nunc est Coemeterium Campi sancti, qui se in longum trahentes lateritij sustinebant olim arcuatos fornices, in quibus sedilia extabant pro spectatoribus. Inter utrumque parietem spacium latum p. 42. semis erat[1]. A capite ad pedes nullum impedimentum, sed tanquam ambulationes, et curritoria è ruinis ipsis, conspiciebatur. Horum

---

[1] D. h. der Zwischenraum zwischen je 2 Mauern betrug 42½ Palm (= 9½ m), also zwischen den drei Nordmauern 85 Palm, ebenso den Südmauern 85 Palm, in Summa 170 Palm. Das stimmt etwa zu seiner Angabe der Gesamtbreite des Circus auf 400 Palm: denn die Arena ist 230 Palm breit = 400—170. Die Mauerdicke ist nicht eingerechnet. Aber alle diese Zahlen sind sehr obenhin angegeben.

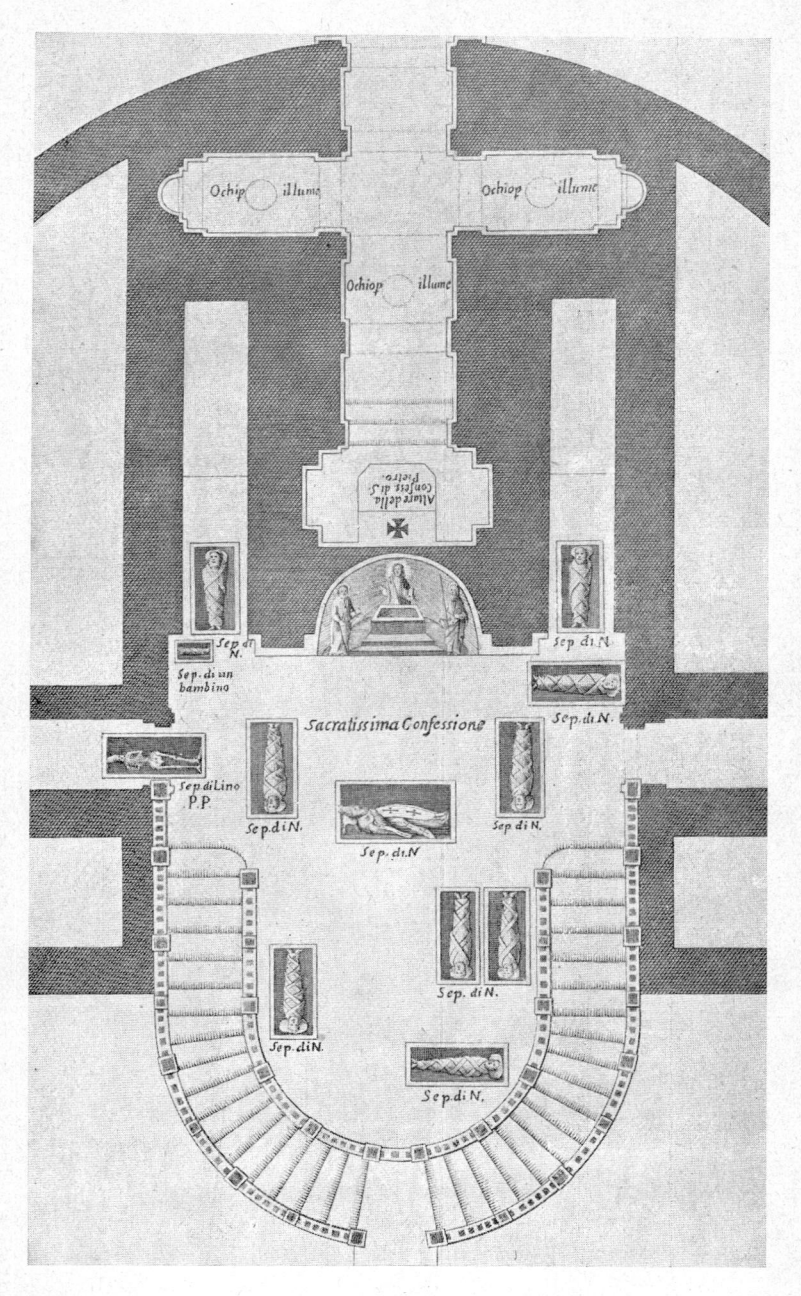

Plan 3

Plan 4

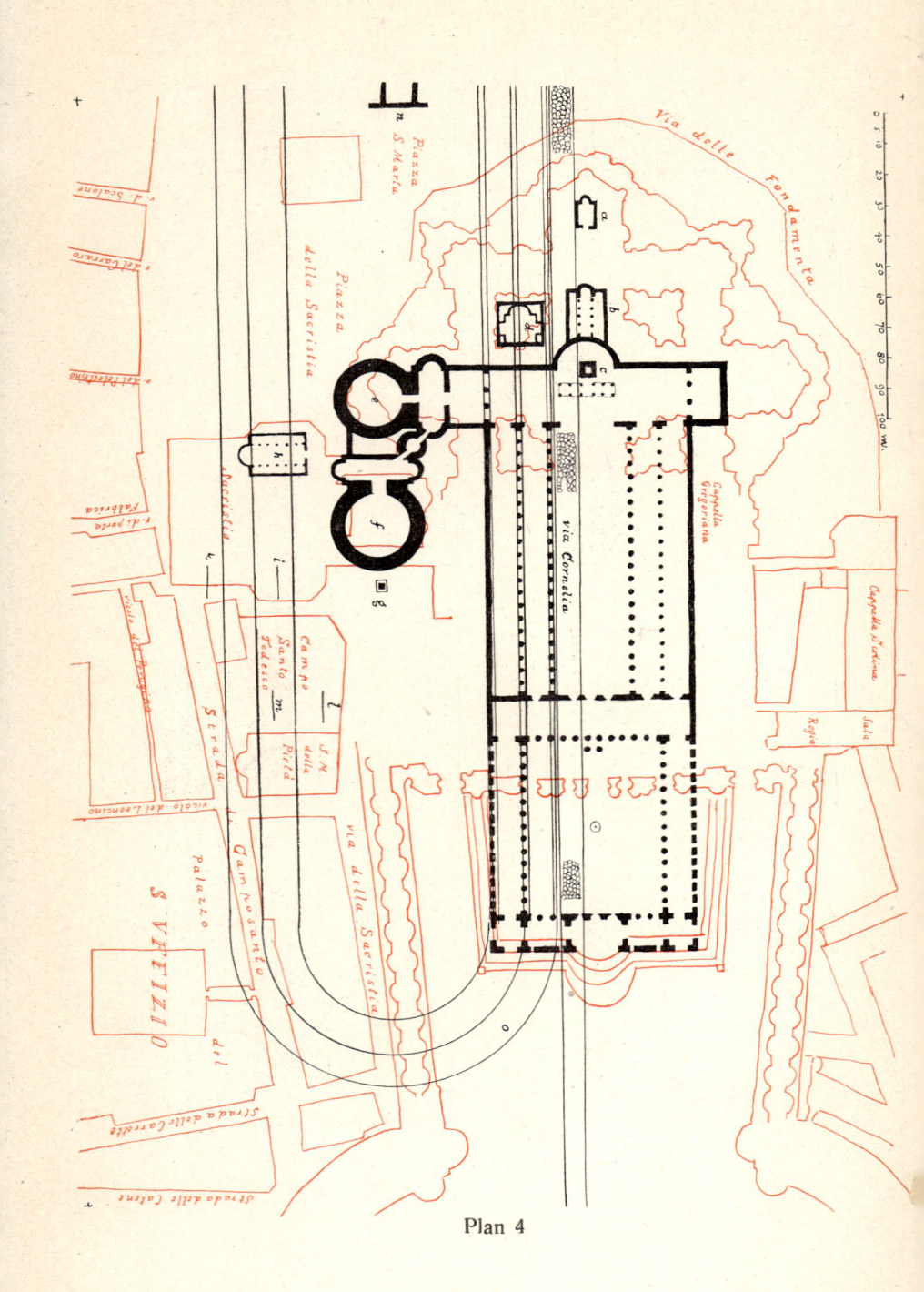

parietum postremum in Circum respicientem, dum terra fundamenti
chori egereretur, mensurandum curavi. Altus erat paries ipse ab
area palmis 31. semis latus p. 14. fundatus p. 30. Antiquae Vatic.
Basil. à Constantino Max. fabrefactae facies anterior, Apsis et muri
extremi, ac illi super columnis surgentes, qui tecta gravi pondere
sustinebant è laterum tophorumque fragmentis, Circo, adiacentibus-
que aedificijs eversis, celeri opera, rudique arte aedificati fuerunt.
Basilicam ipsam brevi tempore à Constantino acceleratam fuisse fides
oculata testabatur. Capitella partim absoluta partim imperfecta: bases
multae columnis absimiles: Fenestrae arcuatae, lateritiae primùm, postea
germanico opere marmoreae effictae. Limina ex magnis marmoribus,
quae ablata esse ex Circi, vel alterius aedificij ruinis pars inferior terra
obruta indicabat, cum sub uno ex his modicè arcuato Rosae sculptae
erant; in altero literae legebantur CVM SPECVLATOR, quas, iudi-
catum est, arcum, seù locum speculatorium ipsius forsitan Circi signi-
ficasse. Haec de Circo.

## Die Peterskirche. Plan 4 zu S. 153.

Der Zeichnung liegt zugrunde R. Lanciani Forma urbis
Romae 1:1000 (Mailand 1893) Blatt 13, aber der Maßstab ist
erheblich verkleinert; weggelassen sind die mittelalterlichen An-
bauten der alten Peterskirche. Rot sind die neue Peterskirche
und die heutigen Bauten und Straßenzüge gezeichnet: die bei
Lanciani fehlende Sakristei der Peterskirche ist, freilich nach
unzulänglichen Quellen, an ihre Stelle gesetzt.

*a* Coemeterium fontis S. Petri, eine frühmittelalterliche Grabkapelle.
 de Rossi Inscr. II 1 p. 349 n. 8.
*b* Mausoleum des Sex. Anicius Probus † c. 390, vgl. Pauly-Wissowa
 Realencycl. I 2205 n. 45. *CIL* VI p. 389. de Rossi p. 347 n. 6.
*c* Confessio S. Petri
*d* Monasterium S. Martini, vor 732 erbaut vgl. Kehr Regesta pont.
 Italia I 145.
*e* Kapelle S. Petronillae, ursprünglich Mausoleum des Honorius
 † 423 und seiner Gemahlin Maria, der Tochter Stilichos, † c. 407,
 vgl. Pauly-Wissowa VIII 2283. Dessau Inscr. lat. sel. n. 800.
 Kiepert-Huelsen Formae urbis Romae[2] 131.
*f* Kapelle S. Andreae, ursprünglich wohl gleichzeitig mit *e* als
 Kaisergrab erbaut, vgl. Duchesne Lib. pont. I p. 265.
*g* Obeliscus Neronis
*h* Monasterium S. Stefani minoris, erbaut von Papst Stefan II
 (752—757): Kehr 148.
*ik* innere und äußere Linie der Südseite des Circus, wenn man den
 Obelisk als Mittelpunkt nimmt. Meine Zeichnung des Circus
 folgt Lanciani, dessen Grundlagen ich nicht kenne.
*lm* innere und äußere Grenze des Circus, wenn Grimaldis Angaben
 richtig sind.
*n* Kirche S. Marta, 1538 errichtet auf den Mauern eines antiken
 Gebäudes.
*o* Stelle, wo sich die bei Grimaldi genannte Kirche S. Apollinaris
 ad palmata befand.

## IV

Die Paulskirche. Plan 5 zu S. 158.

Lage der ältesten Paulskirche und der Basilika der drei Kaiser an den Straßen: nach Stevenson N. Bullett. d'archeol. crist. 1898 Taf. V.

Plan 6 zu S. 161.

Die älteste Paulskirche nach O. Marucchi Éléments d'archéol. chrétienne III 136.

Text zu S. 159

De Rossi Musaici: S. Paolo, Arco di Placidia fasc. 15 f. Blatt 38[r] nach freundlicher Mitteilung K. Holls.

Nella nave sinistra della nuova basilica sul sommo scapo della colonna prima, computando dall'altare, ultima dalla porta fu inciso: SIRICIVS EPISCOPVS APΩ TOTA MENTE DEVOTVS; a mezzo fusto fu ripetuto EPISCOPUS DEVOTUS [1]. E nella base fu scritta una lunga epigrafe, ora tutta lacera e lacunosa, segnata coi nomi dei consoli dell'a. 390, che comincia così: APΩ COLUMNA PAULA.... NATALE X.... CONS. VALENTINIANI AUG. IIII ET NEOTERI VC ADMINISTRANTE FL. FILIPPO VIRO CLARISSIMO: ciò che segue è di lettura ed interpretazione difficilissime, nè giova allo scopo presente decifrarlo [2]. Nella gola della base sono effigiati gli istromenti

---

[1] Questa particolarità osservata dopo che fu colcata a colonna ed assottigliata per collocarla nel vestibolo delle porte laterali, è riferita soltanto dal Moroni Diz. di erud. st. eccl. XII p. 206. Assottigliato il fusto della colonna le citate lettere sono perite.

[2] V. Margarini Inscr. bas. s. Pauli n. 256; Giorgi nelle note al Baronio ed. Luc. VI p. 69. 70; Muratori Thes. inscr. p. 392, 2. 3; Marangoni Cose gentilesche p. 336; Marini ap. Mai Script. vet. V p. 191, 4; Nicolai l. c. p. 208 n. 433. Non è questo il luogo di discutere le varianti ed i supplimenti della difficilissima epigrafe. Nella lacuna dopo Paula.... lo spazio è appena capace di tre o quattro lettere, nè v'è traccia di punto o segno di abbreviatura dopo Paul,

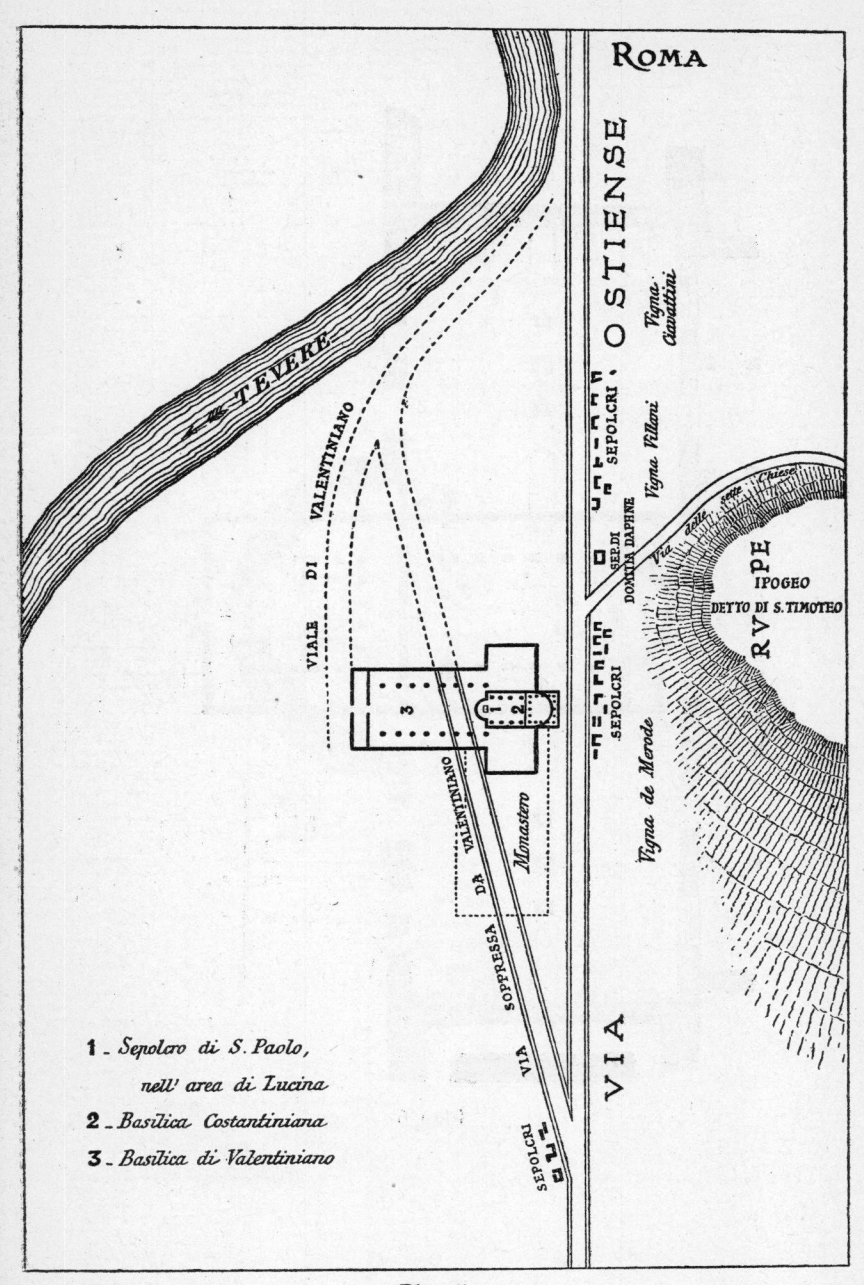

Plan 5

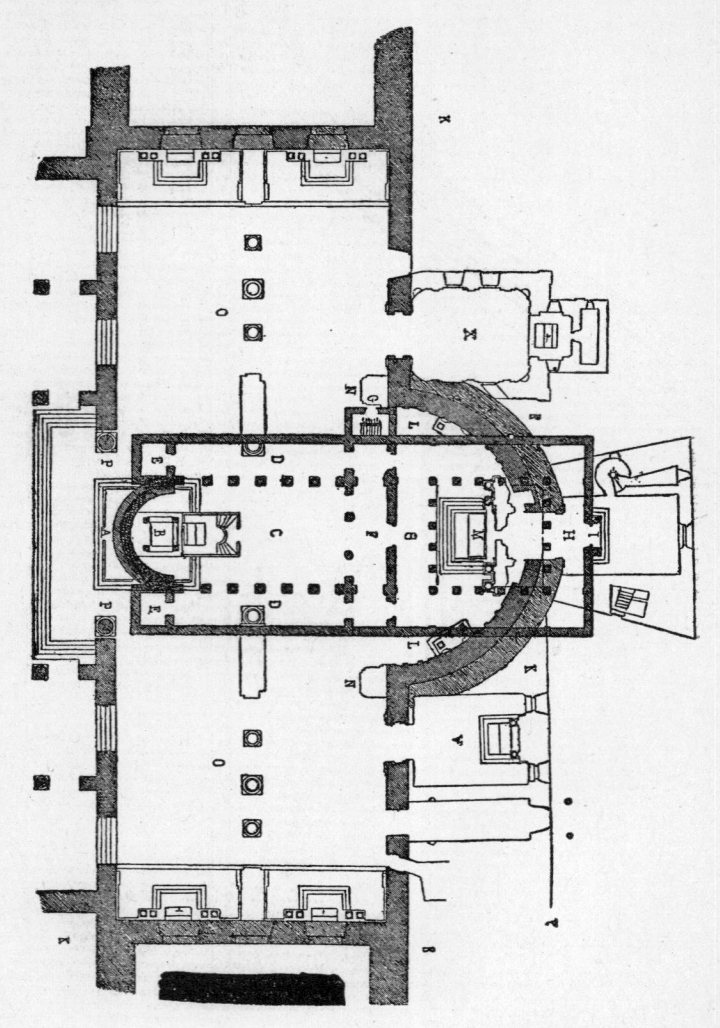

Plan 6

fabbrili delle arti muraria e marmoraria. Questo adunque è monumento del principio o del compimento dell'edifizio, e dell'erezione della prima o dell'ultima colonna della nuova basilica. Il nome di Siricio in cima alla colonna dee essere confrontato cogli esempi monumentali dei secoli quinto e sesto di nomi di vescovi compienti e dedicanti i sacri templi, segnati sui capitelli delle colonne[1]. Perciò la memoria d'un NATALE X (*KAL.* ...) innanzi alle note dell'anno 390, scritta su cotesta base, sembra indicare piuttosto il giorno del compimento e della dedicazione della basilica (*NATALE DEDICATIONIS*) che quello dell'erezione della prima colonna. Il giorno X .... che non conviene a veruna delle commemorazioni dell'apostolo, conviene al *NATALE DEDICATIONIS* della basilica, per consuetudine immemorabile anche oggi festeggiato nel dì XIIII *kal. Decembres.* In ogni modo è certo, che vivente Valentiniano II imperatore occidentale fu solennemente notata la memoria della fabbrica della nuova basilica, col nome del papa Siricio TOTA MENTE DEVOTUS, dell'amministratore dell'opera Flavio Filippo e del NATALE (aedis sacrae) nell'a. 390.

che inviti a leggere P a u l*i apost.* Perciò stimo probabile, che quivi sià stato scritto P a u l a *n a,* epiteto forse nuovo, ma regolarmente dedotto da Paulus, come Galbana (horrea) da Galba.

[1] V. Bull. christ. 1880 p. 164—168.

Frommannsche Hofbuchdruckerei (Hermann Pohle) in Jena. — 4534.

A. Marcus und E. Webers Verlag in Bonn

# Tabulae in Usum Scholarum
Editae sub cura **Johannis Lietzmann.**

Wie die vom gleichen Herausgeber und Verlag veröffentlichten „Kleinen Texte für Vorlesungen und Uebungen" es sich zur Aufgabe stellen, Quellenschriften von geringem Umfang in einer Form und Ausstattung vorzulegen, die sie zur Grundlage des wissenschaftlichen Unterrichts geeignet erscheinen läßt, so sind diese Tafelwerke dazu bestimmt, das für die historisch-philologischen Fächer wichtigste Anschauungsmaterial in einer Gestalt zu bieten, welche technisch allen Anforderungen der Wissenschaft entspricht und dabei doch einen für den Studenten erschwinglichen Preis anzusetzen gestattet. Denn es ist allerdings für den akademischen Unterricht von höchster Bedeutung, daß der Lernende auch die für die Schulung seines Auges bedeutsamen Lehrmittel selbst besitzt und sie nicht nur gelegentlich auf den Bibliotheken oder in den Museen zu Gesicht bekommt. Der Preis von ca. 6 Mark für das gebundene Exemplar wird deshalb möglichst beibehalten werden.

1. **Specimina codicum Graecorum Vaticanorum** collegerunt Pius Franchi de'Cavalieri et Johannes Lietzmann. 1910. XVI S. 50 Tafeln in Lichtdruck. Geb. in Leinenband 6 M. Auf Karton gedruckt in ganz Pergament 12 M.
2. **Papyri Graecae Berolinenses** collegit Wilhelm Schubart. 1911. XXXIV S. 50 Tafeln in Lichtdruck. Geb. in Leinenband 6 M., in ganz Pergament 12 M.
3. **Specimina codicum Latinorum Vaticanorum** collegerunt Franciscus Ehrle S. J. et Paulus Liebaert. 1912. XXVI S. 50 Tafeln in Lichtdruck. Geb. in Leinen 6 M., in ganz Pergament 12 M.
4. **Inscriptiones Latinae.** Collegit Ernestus Diehl. 1912. XXXIX S. 50 Tafeln in Lichtdruck. Geb. in Leinen 6 M., in ganz Pergament 12 M.
5. **Handschriften der Reformationszeit,** ausgewählt von Georg Mentz. 1912. XXXVIII S. 50 Tafeln in Lichtdruck. Geb. in Leinen 6 M., in ganz Pergament 12 M.
6. **Antike Porträts** bearbeitet von Richard Delbrück. Ausgewählte Porträtköpfe auf 62 Lichtdrucktafeln und zahlreichen Abbildungen im Text. Geb. in Leinen 12 M., in ganz Pergament 20 M.
7. **Inscriptiones Graecae** collegit Otto Kern. 1913. XXIII S. 50 Tafeln in Lichtdruck. Geb. in Leinen 6 M., in ganz Pergament 12 M.
8. **Specimina codicum orientalium** conlegit E. Tisserant. 1914. XLVII S. 80 Tafeln in Lichtdruck. Geb. in Leinen 20 M., in ganz Pergament 30 M.

**A. Marcus und E. Webers Verlag in Bonn**

# Der Weltheiland
### Eine Jenaer Rosenvorlesung mit Anmerkungen
#### von **Hans Lietzmann**

59 Seiten. 1909. Preis: Mark 1.—

Inhalt:

Vergils vierte Ekloge. Das goldene Zeitalter in der römischen Lyrik. Horaz und Sertorius. Das Säkulum. Alexander der Große als Weltkönig. Die Diadochen und die Sotervorstellung, ihr Gottkönigtum. Cäsar und Augustus als Weltheiland. Vergil und Horaz über die augusteische Zeit. Augustus und die Heilandsidee. Die spätere Kaiserzeit. Die orientalische Wurzel der römischen Heilandsidee: Babylonisches und Ägyptisches Gottkönigtum. Ägyptische messianische Weissagungen. Die Messiasidee in Altisrael und im jüdischen Volke. Das Urchristentum. Der Chiliasmus. Der Heilandsbegriff des Paulus.

# Jüdisches und Heidnisches
### im christlichen Kult
### Eine Vorlesung
#### von
## Gerhard Loeschcke

IV. 36 S. 80 Pfennige.

Der Verfasser zeigt, über alte und neue Forschungen referierend, wie der christliche Kultus in dem jüdischen wurzelt und von seiten des heidnischen beeinflußt worden ist. Die Geschichte des Kirchenjahrs, die Entstehung der Tauf- und Meßliturgien, das Aufkommen der Heiligen- und Bilderverehrung und anderes werden mehr oder weniger ausführlich skizziert. Anmerkungen verweisen auf die wichtigsten Quellenstellen und die wichtigste Literatur und dienen zugleich der kritischen Auseinandersetzung mit der bisherigen Forschung.